献　给

中国钱币学会成立四十周年
中国钱币博物馆成立三十周年

中国钱币学会　中国钱币博物馆丛书

中国古代钱币铸造工艺研究

周卫荣　孟祥伟　杨　君　陈　旭／著

科学出版社

北京

内 容 简 介

本书是目前国内第一本系统研究中国古代铸钱工艺的专著。从钱币的产生、范铸工艺的应用与传承到铸钱工艺自成体系的发展演进，都有专业的、学术的论述与深入的研究。尤其是，本书深刻阐述了中国古代铸钱工艺的演进发展方向，即尽可能降低成本、提高效率，并就铸钱领域的两大技术发明——叠铸和翻砂工艺作了专门的论证。此外，本书还首次将铸钱工艺与钱范真伪的鉴定作了富有成效的探讨。

本书适合于钱币学、考古学、冶铸史等领域的专业研究人员及广大钱币爱好者阅读参考。

图书在版编目（CIP）数据

中国古代钱币铸造工艺研究/周卫荣等著. —北京：科学出版社，2022.9
（中国钱币学会 中国钱币博物馆丛书）
ISBN 978-7-03-073094-7

Ⅰ.①中… Ⅱ.①周… Ⅲ.①古钱（考古）-铸造-研究-中国
Ⅳ.① K875.64

中国版本图书馆 CIP 数据核字（2022）第 163916 号

责任编辑：孙 莉 董 苗 / 责任校对：邹慧卿
责任印制：赵 博 / 封面设计：北京美光设计制版有限公司

斜 学 出 版 社 出版
北京东黄城根北街 16 号
邮政编码：100717
http://www.sciencep.com
北京厚诚则铭印刷科技有限公司印刷
科学出版社发行 各地新华书店经销
*
2022 年 9 月第 一 版 开本：720×1000 1/16
2025 年 5 月第七次印刷 印张：14 3/4 插页：6
字数：300 000
定价：128.00 元
（如有印装质量问题，我社负责调换）

中国钱币学会　中国钱币博物馆丛书
编　委　会

序

对一个拥有五千多年文明的文物大国而言，钱币类的小文物常常会被人忽视或者说轻视，因为它不仅小而多，而且多而繁杂，不如青铜器、玉器、瓷器等看得震撼，夺人眼球，所以，近年来越来越被人们冠以小众之名。钱币的铸造工艺差不多也有类似的际遇——遭轻视，常常会有人仅凭其在其他方面获得的铸造知识或早年金石学家们的一些说辞就转而拿来论述钱币之铸造，有的甚至基于对钱币的一些表象的认知就推导、谈论钱币的铸造。这是要不得的，钱币的铸造工艺，虽然不像青铜重器铸造那么复杂，但其专门性非常强，没有深入的研究与感悟很难掌握其真谛。不仅如此，事实上钱币铸造业是中国古代青铜器铸造工艺的直接传承者，青铜时代之后发达的范铸工艺思想及其技术精华皆由铸钱业所继承，并由其不断向前推进，直至近代融入工业化的铸造生产之中。

我们对古代铸钱工艺进行深入研究始于 2002 年，当时，基于多年来对铸钱工艺的探索积累，我在中国钱币博物馆申请了"中国古代范铸法铸钱工艺研究"课题，并邀请了中国科学技术大学、北京科技大学相关研究者及湖北省钱币学会、鄂州市钱币学会、鄂州市博物馆的同志组成课题组。我们首先从考古调查入手，先后赴陕西、山西、河南、安徽、湖北、广东、广西等省（自治区）就铸钱遗址、遗存展开调查研究，获得了许多以往不曾了解到的第一手资料，在此基础上，我设计了模拟实验技术路线，并划分出具体实验课题，分配给北京科技大学和中国科学技术大学的硕士、博士研究生作为学位课题进行深入研究。在研究过程中，我就模拟实验中发现的一些工艺技术方面的疑难问题，带领课题组同志调研了我馆、中国国家博物馆、上海博物馆、南京博物院、镇江博物馆及安徽的几家博物馆，结合馆藏实物反映出来的一些具体特征作深入剖析，从而在石范的烘焙与浇铸温度、铜范的表面保护层等方面取得了重要技术突破，顺利完成课题任务并结项，同时荣获了"2005 年度全国银行科技发展奖二等奖"。

但课题的结项并不意味着研究工作的结束，课题研究中涉及的一些重要问题及结项时提出的有些观点，后来我一直还在思考、探寻，因为我的研究生涯崇信"三重证据"，尤其是在有关科技史与科技考古研究方面的研究工作，所有的研究结论要有"三重证据"的支撑，而这一课题中提出的几个重要观点，显然还没有达到这一点。

第一个是先秦时期陶范的制作工艺问题。早年我在写《中国传统铸钱工艺初探》一文时，曾根据燕下都明刀币范及其半成品范的刻痕，提出"钱范是在范泥成型、烘干之后用刀直接刻制"的观点，但在此次课题研究中，我采纳了课题组部分成员基于早期青铜器的模范工艺的认识提出的"陶范皆应出自模印"的观点，引入模拟实验，并写入课题结项报告和《中国古代铸钱工艺及其技术成就》一文中。然而，在 2006 年我们馆举办铸钱工艺展时，我发现这一观点有问题，馆藏的空首布范和明刀范皆为直接刻制。后来，我又进一步调研了侯马、新郑、燕下都和临淄等地的铸造遗存，证实出土的空首布范、明刀币范和齐刀币范皆系刻制，而非出自模印。尽管我没有就此问题再专门写文章，但在对钱币学会和一些高校开展的系列讲座中，我都作了说明和更正。

第二个是关于汉代铸钱铜范的祖范问题。在 2004 年"中国古代范铸法铸钱工艺模拟实验研究"课题结项报告及参与课题研究的学生发表论文时，我们曾有这样的结论，即汉代铸钱铜范的祖范系石范，具体由滑石类石材刻制而成。得出这样的结论，主要来自两个方面的认识，一是几乎所有的五铢铜范及其陶阳模（铸造铜范的阳文陶范）钱型中间皆有一个小圆滴，它应来自刻铣钱腔的钻头；二是课题组当时认为泥（陶）坯不适宜铣、刻，因此不便于做祖模（范），而滑石非常方便刻和铣，是很好的作模材料。于是，我们推定汉代五铢铜范的祖范应该是石范，并据此设计了模拟实验。应该说这一推定是有一定合理性的，经历了西汉早年大规模的石范铸钱后，人们刻制石范有了丰富的经验，而滑石祖范不仅刻制容易，也便于翻范操作。然而，一直以来西安及周边铸钱遗址出土有大量的陶阳模和为数不少的铜范，但至今为止，出土的五铢石范中，能认定为石祖范的，寥寥无几。所以，我觉得这一结论作得并不充分，还有待出土实物的确证。而另一方面，基于青铜时代青铜器铸造的丰厚经验，应该说，人们用泥料作陶祖范来铸造铜范应该是不成问题的，因为几乎所有青铜器的祖模（范）都是陶的，这有安阳、周原、侯马等地商周铸铜遗址遗存为证；当然，铸钱遗址也没有明确报道过有对应的五铢或其他陶祖范的出土。所以，这一问题我一直还在思考求证之中。

第三个是蚁鼻钱范的制作工艺问题。基于中国古代范铸法铸钱工艺模拟实验研究的结论，2006 年我们在开展蚁鼻钱铸造工艺模拟实验研究的专项课题时，就蚁鼻钱铜范的铸造作了两项假定，一是蚁鼻钱范的祖范是石范，二是蚁鼻钱上的钱文是在泥模上模印的。整个模拟实验我们即按照这两个假定设计、展开，课题虽然顺利结项，但事后的研究发现，蚁鼻钱的钱文几乎个个不同样，古人采用模印的可能性很小，当然石祖范也只是假定而已，并没有考古实物的佐证。

第四个是翻砂铸钱的工艺过程问题。虽然我们已有翻砂铸钱工艺起源方面的文章，也大致论述了翻砂工艺的发展历程，但至今为止，还没有能对早期翻砂工艺的过程作出具体说明，因为翻砂遗址没有多少遗存可以用来证明其的工艺细节。尽管唐宋时期文献中已经提到用沙模铸造，但都极其简略。直到明末宋应星的《天工开物》才有较具体的记载；但即便是按《天工开物》的记载，我们的模拟实验也未能证实宋应星描述的"随手覆转"即可完成或面或背的沙箱造型操作。所以，古代翻砂铸钱的具体工艺过程，还有待做进一步的研究。

此外，关于翻砂铸钱的祖钱（雕母）及古代钱币的铸后加工工艺，至今为止也未能开展具有实证性质的科学研究。所以，到目前为止，我们的《中国古代钱币铸造工艺研究》能够告诉大家的，主要是有关中国古代铸钱工艺发展的理论框架，具体体现在这么几个方面：一是中国古代铸钱工艺发展的主线与脉络，二是关于古代钱币铸造三大主体工艺即块范铸钱、叠铸和翻砂的渊源与工艺思想传承，三是研究古代铸钱工艺的学术价值及其现实应用，许多有关中国古代钱币铸造技术细节问题的研究还任重道远。

周卫荣

2021 年 12 月 23 日于北京西交民巷 17 号

目　　录

第一章

绪　　论

中国是世界上最早铸造和使用货币的国家之一，自春秋晚期（公元前6世纪）起至20世纪初近代机制币的广泛使用，大约铸行了两千五百年的时间。中国古代货币有别于其他早期文明国家货币最显著的特色，即从一开始就选择了青铜，不仅如此，而且也是世界上使用青铜货币历时最长的国家，从春秋晚期至明代中期（嘉靖年间）[1]，大约两千余年，基本上未曾间断，并始终占据主导地位。中国古代货币无论是它产生的时代还是其本身的内涵，都离不开青铜时代、青铜文化和青铜铸造技术。因此，欲研究中国古代钱币的铸造工艺必须从青铜时代开始。

第一节　青铜时代价值体系与一般等价物的形成

中国的青铜时代大约起于公元前2000年前后（相当于夏文化的早期），大致跨越了夏商周三个朝代，以其精湛的铸造技艺和琳琅满目的青铜器为标志，是中国历史上极其灿烂的时代。三代以后，随着青铜时代的结束，青铜文化衰落，青铜器逐渐退出历史舞台。但是，青铜范铸技术之精华，其工艺思想，并未消亡，而由铸钱业继承并不断向前推进。也就是说，铸钱工艺与青铜范铸工艺不但是一脉相承的，而且是青铜范铸技术之延续和发展，只有站在这一认识层面上，才能很好地把握、理解和解读我国古代的铸钱工艺及其相关问题。

一、中国古代货币的产生

中国古代什么时候开始有货币，或者说中国古代货币从什么时候开始算起，一直是个有趣且有争议的话题。有人认为中国有五千年的货币史，也就是说货币

---

[1]　我国自明代嘉靖年以后改用黄铜铸钱，参见周卫荣：《我国古代黄铜铸钱考略》，《中国钱币》（第2辑），中国金融出版社，1992年。

史跟文明史同步[1]。这种观点的出发点，是认为进入文明社会就会有交换，有交换就会有货币。这种观点看似自然、客观，其实是不能成立的，因为有交换不一定就有货币，中国古代在相当长的时期内进行着以货易货的物物交换（甚至在进入现代社会之后，比如 20 世纪六七十年代，在货币流动性严重不足时，还不时发生着物物交换），货币只有在社会经济活动进入买卖关系，有等价交换思想时才会产生。一些论著中经常提及的"抱布贸丝"，原文《诗经·卫风·氓》："氓之蚩蚩，抱布贸丝。匪来贸丝，来即我谋。"讲的也是我国古代早期（西周初至春秋中期）的以物易物场景。

那么中国什么时候开始有货币？中国的货币历史该从什么时候算起呢？简单的回答是，一个社会只有当它需要货币的时候，货币才能产生。

中国自新石器时代中后期以来，广袤辽阔的区域就是一个典型的农耕社会，农耕社会自给自足是其基本的生产生活方式，鲜有买卖交易。夏商，一般称其为古国与方国的时代，人们在自己的领地上耕种生活，鲜有交换；西周是中国历史上严格意义上的分封时代，天子王畿之外皆为大大小小之封国或受封之国，人们耕种领地，尽享山泽之利，有限的交换主要来自国与国之间的礼尚往来或下对上的朝贡与上对下的赏赐。货币是固定地充当一般等价物的特殊的商品，没有买卖关系的存在和发展，就不可能有经济学意义上的货币。

二、贝是什么？

有人把贝的出现认作货币的产生，也即是认为贝是最早的货币，这一观点亦是没有依据的。贝乃海洋生物之壳，是天然之物，怎能与经济社会中买卖关系的一般等价物画等号呢？从广泛的考古出土情况来看，贝更多地指向的是一种饰品，或更早的是"神物""灵物"，具有某种生命象征及再生意涵的宗教信物。远古时期，自然条件恶劣，生命极其脆弱，夭折的生命众多，人的寿命短暂，祈求上苍庇护，确保种族繁衍自然成为人们本能的愿望与追求。贝，由于其特有的外观，使人们将其与生命、新生儿联系起来，用于表达某种含意，所以，人们对贝的崇拜实际上源于生命崇拜，或许产生于母系社会的女阴崇拜（生殖崇拜）。另外，从具体的出土情况来看，早期贝的出土皆来自墓葬，夏代墓葬出有海贝，商代墓葬出有海贝，西周墓葬出有海贝，春秋战国墓葬及车马坑中也出有海贝（图 1-1）。

---

[1] 马飞海：《中国历代货币大系·1 先秦货币·1 总论》，上海人民出版社，1988 年。

图 1-1 山东临淄春秋车马坑出土马络头

墓葬中，最有代表性的当属西周贵族墓的"荒帷"，如山西翼城大河口墓地出土的荒帷，用数以千计的贝及少量蚌壳等物什编织而成……从种种迹象来看，早期贝之用途可能专为"事死"和某种特定的仪式而用。以前，人们论述贝是货币，经常以《尚书·盘庚》（中）篇中的"兹予有乱政同位，具乃贝玉"作文献佐证，姚朔民在《"具乃贝玉"新说》一文明确指出，"此处的贝玉不是指财富，而是指丧礼中为死者实口的葬具，即饭含"[1]。其实，贝用作口含，早在夏代甚至新石器时代末期就已经有了。在陕西临潼姜寨发现的属于仰韶文化早期半坡类型文化遗存 M275 中，就有 30 枚海贝分别置于死者的头部、口部和腹部[2]；甘肃玉门火烧沟遗址发掘的一批年代与夏代相当的墓葬中亦发现将海贝放置在口内的现象[3]。

因此，如果说把海贝认作是币的话，那应该是指其特定的礼币属性，而不是后世人们理解的用于市场买卖的一般等价物的货币的币。当然不排除商周时期（尤其是在西周）在特定的情况下，贝在贵族之间用于货物互换交易。如亢鼎铭文（图 1-2）："乙未，公大保买大珠于样亚，才五十朋。公令亢归样亚贝五十朋以鬱（郁）瓶、卣坛、牛一。亚宾亢驲金二钧。亢对亚宁，用乍父己。夫册。"

---

[1] 姚朔民：《"具乃贝玉"新说》，《中国史研究》2002 年第 2 期。

[2] 半坡博物馆、陕西省考古研究所、临潼县博物馆：《姜寨——新石器时代遗址发掘报告》，文物出版社，1988 年，第 410 页。

[3] 甘肃省博物馆：《甘肃省文物考古工作三十年》，《文物考古工作三十年》，文物出版社，1979 年，第 139—153 页。

图 1-2 亢鼎铭文

尤其是至战国，金属铸币已较普遍使用，但形形色色各种材质的仿贝，如铜仿贝、金仿贝、银仿贝、石仿贝、玉仿贝、骨仿贝、陶仿贝、蚌壳仿贝，仍然层出不穷，大量存在，这本身也说明贝的本质应该就是饰品。山东孙永行先生所著《齐地贝币》一书就收录了齐临淄故城及周边地区出土的 15 种各色仿贝 300 余枚[1]。

三、铜　　贝

　　铜贝，即铜仿贝，以往由于人们把海贝与货币画等号，视作最早的货币。因此，当河南安阳、山西保德出土铜仿贝时，有人就按简单的逻辑将其定为最早的铜铸币。其实，无论是从它们放的位置还是从伴出物来判断，都很难与货币挂钩。河南安阳的铜仿贝与陶、玉、石、骨、蚌等器共出（图 1-3）；山西保德的铜仿贝与海贝和车马器同在一起，且有玉、骨、琥珀、绿松石珠等伴出（图 1-4）。就出土情况来看，铜仿贝应指向作装饰之用，而非货币类财富，撰写报告的吴振录先生也指出保德铜仿贝"似作辔饰"之用[2]。特别是，至战国四大类货币已经铸行之后，铜仿贝仍有发现，如临淄齐故城遗址就出土有铜仿贝[3]，这更说明了铜仿贝的本质是饰品，而非货币。

图 1-3 商代殷墟妇好墓出土的青铜贝饰

图 1-4 商代保德铜仿贝

　　[1] 孙永行：《齐地贝币》，齐鲁书社，2014 年。

　　[2] 吴振录：《保德县新发现的殷代青铜器》，《文物》1972 年第 4 期。

　　[3] 孙永行：《齐地贝币》，齐鲁书社，2014 年。

第二节 青铜称量货币的产生与发展

从中国古代社会的整体发展状况来看，青铜时代的后期，具备产生一般等价物的条件。

众所周知，中国的青铜时代是辉煌非凡的时代。她的辉煌，不仅仅是给后世留下无数精美的青铜器，并且奠定了中国礼仪文化的基础，中国社会的政治结构、等级地位和意识形态、礼乐制度等等都直接用青铜器表现出来。不仅如此，由于青铜制作技术的登峰造极，无比发达，事实上，青铜时代后期，青铜几乎可以制作当时社会人们想要的任何东西，礼器、兵器、乐器、工具、农具，以及装饰件和其他人们能想象出的任何物件。至此，客观地说，中国社会不仅形成了青铜文化，并且形成了全社会的青铜崇拜。所以，金文中有大量青铜用于贡献、赏赐、赋税、罚没、俸禄以及支付等的记载。利簋（武王）铭曰："王在阑师，赐右史利金（图1-5）。"[1] 禽簋（成王）载："王伐盖（奄）侯，周公某（谋）禽祝，禽又（有）（脤）祝，王易金百寽。"[2] 过伯簋（昭王）载："过伯从王伐反荆京，寽金。"[3] 翏生盨（厉王）载："王征南淮夷……翏生从，……寽戎器，寽金。"[4]《尧典》"金作赎刑"，孔颖达疏："古之赎罪者皆用铜，汉时改用黄金"。《诗·大雅·泮水》曰："憬彼淮夷，来献其琛，元龟象齿，大赂南金。"

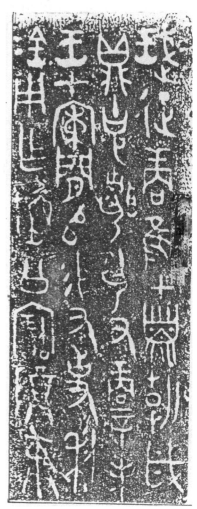

图 1-5 利簋铭文

---

[1] 临潼县文化馆：《陕西临潼发现武王征商簋》，《文物》1977年第8期。

[2] 郭沫若：《两周金文辞大系图录考释》（下），科学出版社，1957年，第12页。

[3] 郭沫若：《两周金文辞大系图录考释》（下），科学出版社，1957年，第54页。

[4] 马承源：《关于翏生盨和者减钟的几点意见》，《考古》1979年第1期。

如此等等，不胜枚举。可见，青铜的用途得到广泛的认识，青铜的价值为社会所普遍认同，并成为公众所想的财富。因此，客观上青铜已经具备了作为一般等价物的资格。所以说，中国青铜时代青铜文化的影响，不仅仅是体现在青铜器上，更重要的是给中国社会带来了青铜的价值观念。这使人们不仅广泛而且深入地认识了青铜的价值，并根深蒂固地树立了青铜的价值体系。这是中国古代为什么铸币从一开始就选择了青铜，并且沿用两千余年，而不像西方那样选择白银和黄金的根本所在，也是彭信威先生在其名著《中国货币史》一书序言中所指出的，为什么"西汉的五铢钱"在清末还能流通的根本所在。

客观上看，在青铜时代，青铜不管以什么形状出现，都可以衡以重量来行用，这不仅在上述文献和青铜器铭文中有所反映，在出土实物中也有所体现。据河南蔡运章先生报告，青铜块和青铜器残片在河南洛阳、陕西周原的西周墓葬和青铜窖藏中屡有出土[1]。1964 年至 1971 年，洛阳市文物工作队在洛阳北窑村西发掘清理了 370 座西周贵族墓葬，出土了大量的青铜礼器、兵器和车马器等残片。20 世纪七八十年代，陕西周原地区也出土了大量的青铜块和青铜器残片，如 1972 年，云塘上务子村发现的青铜器窖藏中，出土青铜厚重礼器的残片就达 20 余千克；同年 5 月又出土铜铃、大编钟等残片 10 余千克[2]。江南这些年来从宁镇地区至浙北地区，也屡屡出土了大量西周至春秋早期的青铜块，比较

图 1-6　1975 年金坛县出土的青铜块

典型的有：① 1975 年，句容县城东公社西庙大队一座土墩墓中出土青铜块 150 多千克[3]；② 1975 年 5 月，金坛县城东公社电力大队社员在平整一土堆时，发现一几何印纹陶罐，内满盛青铜块共 70 余千克（图 1-6）[4]；③ 1984 年，昆山县兵希镇盛庄村发现两个窖藏土坑，出土青铜块 100 多块，重量从十几克到几百克不等，同时伴有一些兵器、农具、工

［1］ 蔡运章：《论商周时期的金属称量货币》，《中原文物》1987 年第 1 期。

［2］ 蔡运章：《论商周时期的金属称量货币》，《中原文物》1987 年第 1 期。

［3］ 刘兴：《谈镇江地区出土青铜器的特色》，《文物资料丛刊》（第 5 辑），文物出版社，1981 年。

［4］ 镇江市博物馆、金坛县文化馆：《江苏金坛鳖墩西周墓》，《考古》1978 年第 3 期。

具的残件[1]。江南地区出土的青铜块，已经有过详细的调查和科学分析，它们大都有切割使用的痕迹，而且其合金组成也为典型的高铅青铜，类同于中国早期铸行的尖首刀和空首布[2]。特别是 1988 年，在浙江仙居县横溪区湫山乡还发现了青铜器具、青铜块与楚大布和蚁鼻钱同盛于一陶罐的窖藏[3]，这不仅验证了青铜称量货币使用的普遍性，而且表明了青铜与青铜货币在人们价值观念上的等同性。另外从人文类比的角度来看，西方古希腊、古罗马、古埃及等地区，在铸币产生之前，也曾有过使用金属称量货币的类似阶段，所不同的是西方主要是使用贵金属（金、银），但也有使用青铜块的。

第三节 青铜铸币的产生

在支付交换的场合，处处都要借以称重量来实现是很不方便的，特别是在商品交换中，因此，随着青铜称量货币在实际应用中的发展，人们必然想到借助特定的形状赋予一定的重量，以便于使用。于是各个地区由于传统习惯和文化背景的不同，各种不同形状的雏形货币就产生了，各种形状的货币之间，尽管重量各不相同，但通过称重也都能相通。随着青铜作为价值财富与交换中介的发展，青铜铸币的产生便势之必然，因为每每要依靠天平来实施交换是很不方便的，一旦这类交换频繁发生，那么固定形态的铸币就必然诞生。从现有的考古材料来看，最早能称之为铸币的，即是后人称之为空首布的"钱"，代表性出土物是山西侯马铸铜遗址出土的耸肩尖足空首布（图 1-7）和河南新郑郑韩故城出土的平肩弧足空首布（图 1-8）。但这两地出土的大型空首布是否一定是用于市场交易买卖的钱币，还需要专门的学术论证。因为，春秋晚期铜的价值很大，作为主要服务于普通民众日常使用的单位货币，能否用得了如此大的价值，尚有待进一步的考证。提出这样的疑问，主要是来自如下几个方面的考量：一是日常交易用货币买卖的，主要是平民百姓，而在春秋时期，普通民众能否用得起如此大价值的货币，目前来看还是缺乏直接的依据。二是先秦时期，两个有具体时间指向性的国家楚国和秦国，使用货币的时间都较晚。绝大多数楚金版和蚁鼻钱皆出土于安徽寿县及周边地区，极少在楚的腹地湖北荆州一带出土，而楚国迁都寿春（寿县）的

---

[1] 昆山市文管会记录资料。

[2] 周卫荣：《中国古代钱币合金成分研究》，中华书局，2004 年，第5—30 页。

[3] 金祖明、王子芳：《仙居发现窖藏青铜器》，《中国文物报》1988 年 8 月 12 日。

图 1-7　耸肩尖足空首布　　　　　　　图 1-8　平肩弧足空首布

年代是确切的，在公元前 241 年，无疑这是一个不能忽视的问题，这说明楚国大量使用货币的时间应当在战国晚期。《史记·秦始皇本纪》载："惠文王二年'初行钱'。"秦惠文王二年即公元前 336 年，这个时间也是比较晚的。楚国和秦国是春秋战国时期的大国，尤其是战国时期影响很大，与中原诸国的交往甚密，经济上不可能独立于列国之外，因此，完全有理由相信，其他诸国真正使用货币的时间也应当不会相去太远。

这两地的大型空首布到底是什么，该怎么解读？从当时的社会发展状况来看，不排除首先是一种礼用之物。农耕中心地区，人们把珍贵的青铜铸成农具铲形，用于某种农事祭礼场合，表达某种心愿。后来，或成为贵族之间礼尚往来之物，也就是礼币。进入战国之后，随着市场买卖的兴起，逐步发展成为人们日常买卖交易的中介，当然，其分量、形态也随之小型化，也即成为战国时期的小型空首布。

对早期青铜铸币（布币、刀币、圜钱和蚁鼻钱）的产生，学术界大都认为源于相应的工具或农具，即：布币，由实用的农具铲递变而来，最初使用的，就是真正的农具铲子，随着支付、交换等使用场景的发展，逐步演化为空首布；刀币，由工具"削"逐步演化而来，最初使用的就是真正的刀削工具；圜钱，由纺轮演化而来；蚁鼻钱，由铜仿贝演化而来。对于这一传统的说法，有几大疑点难以解释。第一，考古资料证实，无论是商代还是周代，就农具而言，最多的还是石制农具，青铜用作农具较少，客观上似不存在农具演变出货币的基础。第二，空首布、尖首刀的始铸年代不晚于春秋晚期，但他们与实用器具之间尚有很大的距离，如确实存在这种递变关系，则在后代的批量出土物中，应当伴有其较原始的形态存在，因为这种递变关系必然是缓慢的，逐步发生的，且在使用中还应有滞后现象，不可能一下子统统改貌、绝迹。事实上，后来的情况正是这样的，汉初的出土物中，常伴有秦和先秦的东西；宋代的窖藏中伴有汉、唐、五代的东西等等。但这种现象至今为止在早期的出土文物中却未有发现，也就是说，原来的"工具嬗变"理论缺乏考古学依据。第三，蚁鼻钱为楚地铸币，可至今为止，出土的铜仿贝都在河南、山西、山东等中原地区，而在楚地恰恰没有出土，怎样解释其递变关系？第四，定形铸币从一开始就采用了远不同于实用器具的高铅青铜，如尖首刀含铅达 40%—50%，空首布含铅 30% 左右，而一般的实用器具其含铅量大都较低[1]。第五，目前尚无发现有整批窖藏农具铲、工具削作为货币形式出现的情况。

因此，从实际情况来看，中国古代的青铜铸币是在青铜器鼎盛时代之后的青铜称量货币的基础上发展起来的，它的基本思想是为了赋予一定重量以便于支付、交换（可以枚计算）而赋予一定的形状。但不同的地区，基于不同的政治、经济、文化背景，会选择不同的器形，如重农的地区可能选择铲形，重渔猎的地区选以刀形等等。它们的出现，并不是由实用器具在交换实用中嬗变而来，而纯粹是为限制一定的重量以便于使用的结果。所以，从一开始人们就尽量多地掺杂铅，以使其重量趋于最大化，并节省相对稀缺的铜料。在器形上，中原农耕地区货币取形于农具"钱"，北方与沿海地区货币取形于"削"，而非实物渐变而来。具体器形上，除了后来广泛铸行的四大形态货币外，应当还有其他的形式存在。这些造型各异的原始铸币，分属不同的方国或地区，随着其政治的兴衰变更、经济的发展，有的货币就被淘汰了；有的铸形货币，如铲形、刀形得到了广泛的应用，并得到了进一步的发展，必须指出的是，在还没有得到充分发展之前，也就是雏形铸币时期，最根本的衡量方式应当还是称重，也就是说，称重是青铜货币最根本的交换形式。后来的铸币，在相当长的时期内皆以重量冠名，半两、五铢，并沿用数百年至隋朝，也是有力的证明。

第四节 独特的模范熔液浇铸体系

中国古代从青铜时代伊始就形成了独具特色的模范浇铸工艺体系，这与其土

---

[1] 周卫荣：《中国古代钱币合金成分研究》，中华书局，2004 年，第 5—22 页。

地、气候和资源等自然条件有直接的关系。中国古代属典型的大河流域农耕文明，很早就开始了农耕种植业，人们在一定区域内的土地上过着稳定而相对封闭的定居生活，在掌握农耕种植技术的同时，也逐渐认识了黏土的性质，并将其应用于生活。

远古时代的中国，大部分地区属于黄土覆盖区，黄黏土非常适宜于制造陶器。同时，中国古代的铜矿资源分布广泛，且相对集中。业已发现，湖北大冶、安徽铜陵、江西瑞昌、山西中条山、陕西商洛地区、甘肃白银、新疆、云南等地都有较丰富的铜矿资源[1]，并很早就被开采使用。随着对制陶、采矿和冶炼技术的掌握和不断成熟，以黏土作为原料的模范浇铸体系便应运而生。

陶（泥）范及其铸造具有下列优良性能：一是良好的可塑性，人们可以用选配好的黏土捏塑、雕刻出各式各样的器件；二是良好的复印性，人们可以通过高温烧制出的陶硬膜，复印出反向的陶范；三是具有足够好的软硬度和强度，湿泥范具有较好的可变性，而经过高温焙烧后的陶范具有足够的强度和硬度；四是具有足够好的耐火度和化学稳定性；五是收缩、膨胀率低；六是具有足够好的高温退让性；七是具有优良的充型性能[2]。商周时期，青铜合金与铸造技术越来越成熟，"后母戊大方鼎""四羊方尊"等重器及各类工艺复杂的礼器皆能铸造（图1-9）。春秋中期以后广泛使用各类组合范技术和铸接技术，不仅能铸造复杂礼器和实用器，各式各样繁复的装饰器件、摆件皆能铸造，中国古代青铜货币的范铸技术和工艺也就是在此基础上传承发展而来的。青铜由于其液态熔液流动性好、冲型效果好且具有较高的硬度，非常适宜模范熔液浇铸而不适合打制，所以，当春秋后期铸造空首布时，人们自然选择了业已发展成熟的发达的模范熔液浇铸体系（图1-10、图1-11、图1-12）。

中国古代铸钱工艺的发展大致经历了三个发展阶段，即块范竖式浇铸（春秋—汉代）、叠铸（西汉—南北朝）和翻砂（北朝—民国）。中国古代铸钱工艺的发展有其自身的演进方向。一是尽可能降低成本、提高效率，因为钱币是经济领域的产物，铸造量巨大，成本高一点低一点，结果完全不一样。二是尽可能保持钱币重量和成色的一致性。钱币是一般等价物的特殊商品，是交换中介，客观上要求其尽可能保持重量和成色的一致。在块范铸钱阶段，理论上同一钱腔浇铸出的钱重量一致，而同一合金配比铸造的钱，成色大致相同；但每一块范重复使用

---

［1］刘诗中：《中国先秦铜矿》，江西人民出版社，2003年，第49页。

［2］谭德睿：《中国青铜时代陶范铸造技术研究》，《考古学报》1999年第2期。

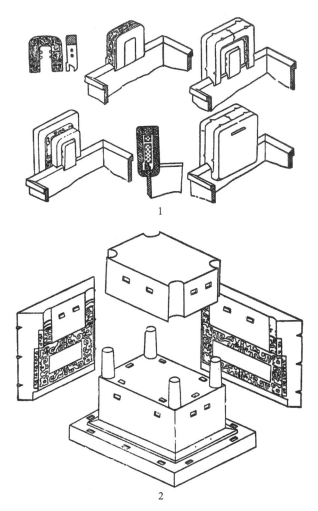

1

2

图 1-9 后母戊鼎铸型及装配方法

图 1-10 洛阳博物馆藏商代陶鼎范　　　图 1-11 商代冶铸遗址出土的铜矿石

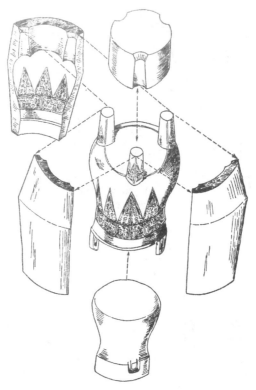

图 1-12 商代铜鼎铸造合范示意图

的次数非常有限。至叠铸阶段，不仅铸造效率明显提高，理论上每一块叠铸范母复制出的钱范具有很高的一致性，而同一合金配比铸造的钱，成色相同。至翻砂铸钱阶段，不仅铸造效率大大提高，另一方面，理论上由同一母钱翻制出的钱，其重量都相当，掌握好合金配比，就能实现铸造的钱币具有重量和成色广泛的一致性。

第二章
块范工艺铸钱

块范工艺，亦即块范竖式浇铸，是中国古代早期铸钱的基本形式，它是从简单、小型青铜器件的铸造工艺中传承过来的，有单面（型）范和双面（型）范（图2-1），在春秋后期以降的数百年内，广泛用于铸钱业。在块范浇铸阶段制范材料主要有泥（陶）、石、青铜等三种基本材质。

图 2-1　箭镞块范

春秋时期是我国金属铸钱的肇始期，所铸钱币后世称为空首布，所用范皆为泥质经高温烧制硬化的，或者称陶范。由于空首布不仅体形较大，而且有专属的空銎，需要在面背组合范中加入专门的泥芯方能铸成，所以都是一范一型一浇铸，用过的范常常都是破损的。当然，在第一次浇铸后，范本身（尤其是范内型腔）若无明显损伤，再次使用也不是不可以。从山西侯马铸铜遗址出土的空首布范来看，范体呈灰褐色圆角长方体，背底略小，中央高，两侧低，但比较平整；侧面一周有宽1厘米的凹槽，一侧有两竖道合范符，分型面及范腔有一层灰黑色涂料（图2-2；图版一,2）[1]。从范的构造来

图 2-2　空首布陶范

---

[1]　山西省考古研究所：《侯马铸铜遗址》，文物出版社，1993年。

看，系一范一钱的块范，头部竖式浇铸。战国是我国早期铸币大发展的时期，所铸钱币种类繁多，并且随地域的不同、时间的推移而变化。铸范除了大量使用泥范外，还发展了石范和金属范，并从春秋时的单型腔发展到了多型腔，但浇铸工艺与春秋时期是一脉相承的。总体来说，先秦时期的块范铸钱概况大致如下：

（1）布币范：春秋至战国早期皆陶（泥）范，战国中期见有石范，战国晚期见有金属范；水口皆开在布首，属块范竖式浇铸。

（2）刀币范：大多数为陶范，个别见有石范（成白刀）；水口开在环柄部，属块范竖式浇铸，未见有金属铸范。

（3）蚁鼻钱范：到目前为止发现的蚁鼻钱范皆是阴文铜范，属上开口竖式浇铸块范。

（4）半两钱范：业已发现的战国秦半两范为阴文铜范，也为上开口的竖式浇铸，构造与上述布币范、刀币范相同。

秦朝不仅统一了中国，也统一了货币，承接战国秦国，一致推行半两钱。铸钱工艺秦朝也承接了战国秦国，但构造上似有所进步，不仅有图2-3式铸范，还出现了图2-4、图2-5式铸范，按照蒋若是的分类法[1]，分别为"分流直铸式""直流分铸式"和"分流分铸式"，实际上是主浇道与支浇道的设计类型不同，图2-4式

图 2-3　战国秦半两铜范

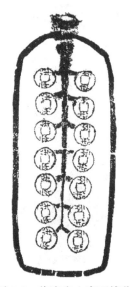

图 2-4　临潼出土半两钱范

---

［1］ 蒋若是：《秦汉半两钱范断代研究》，《中国钱币》1989 年第 4 期。

的钱范铸造成效（包括铸造效率和冲型质量）肯定优于图 2-3 式，图 2-5 式的铸造成效又优于图 2-4 式。显然，三种范式反映了铸钱工艺的演进、发展，第三种范式吸取了第一种和第二种方式的优点，在工艺上有了明显的进步。

西汉铸钱仍沿用块范竖式浇铸，但有两个显著的特点：

第一，石范频繁使用。在汉半两时期，石范频繁使用，且普遍形体大、范腔多，钱腔数动辄 50—60 以上。图 2-6 为一件 60 枚钱腔的半两钱石范。

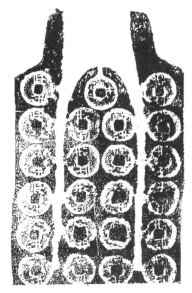 

图 2-5　半两钱范　　　　　　　　　图 2-6　半两钱石范

第二，阴文铜范大量出现。半两钱时期，阴文铜范已有较多出土，从制作水平来看，有的较精美，有的较粗糙，大概是既有官铸也有私铸。范块渐趋增大，钱腔数已达 12 枚和 14 枚。到五铢钱时期，阴文铜范的使用更加普遍，陕西省澄城县坡头村一次就出土了阴文五铢铜范 41 块[1]，或许当时朝廷铸钱皆用阴文铜范。范块也愈来愈大，两侧从单排发展到双排，范面钱腔已多达 40 余枚。范的制作非常精致，不仅造型美观、布局合理，两边还开设了排气道，技术水准之高，就传统的块范竖式浇铸而言，堪称登峰造极。图 2-7 为一件 14 枚钱腔的半两钱铜范（精），图 2-8 为一件 12 枚钱腔的半两钱铜范（粗），图 2-9 为一件双排 42 枚钱腔的五铢钱铜范。

---

[1]　陕西省文管会、澄城县文化馆联合发掘队：《陕西坡头村西汉铸钱遗址发掘简报》，《考古》1982 年第 1 期。

  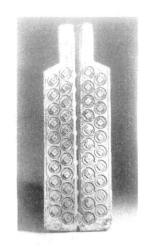

图 2-7　半两钱铜范　　　　图 2-8　半两钱铜范　　　　图 2-9　五铢钱铜范

　　石范和铜范较之于陶范，优点是较为坚固耐用，一块范可以多次使用，这样不仅节省人力、物力，降低了成本，而且大大提高了劳动生产效率。这些变化是西汉范铸技术发展提高的体现，同时也反映出人们在长期铸钱实践中不断寻求技术进步的方向，即降低成本、提高效率。

第一节　陶范铸钱

　　陶范铸造工艺源于青铜时代青铜范铸工艺，在春秋战国时期被用于铸造空首布、刀币等，此时一般采用将陶面范与陶背范两两相合的方式竖直浇铸。从目前发现的燕刀币陶范、齐刀币陶范的半成品，以及对其制范工艺的研究来看，战国陶范的制作方法以陶泥制坯然后刻制钱腔为主流方法。至秦汉时期陶质钱范多用作背范，与石范、铜范配合使用，偶尔用作面范（叠铸范除外）。

一、铸钱陶范的考古调查

1. 山西侯马东周铸铜遗址

　　该遗址出土有空首布范和铜贝陶范。铜贝陶范呈长方形，系面范，上有 6 枚贝模，分为两列，每列 3 枚（图 2-10；图版一二，2）；耸肩尖足空首布陶范由面背组合范和范芯构成（图 2-2、图 2-11）[1]。

―――――――――――――

　　[1]　山西省考古研究所：《侯马铸铜遗址》，文物出版社，1993 年。

图 2-10 铜贝陶范

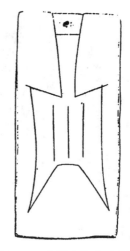

图 2-11 空首布陶范示意图

2. 燕下都遗址

该遗址为东周时期燕国的都城遗址，考古发掘出土了大量战国时期燕国货币"明刀"铸范，但大都是使用后的碎范（陶质）[1]，较完整的范见有 4 刀范（图 2-12）和 5 刀范（图 2-13）。明刀范是水口开在环柄部的竖式浇铸范。图 2-14 是一件典型的陶范半成品，5 型腔，中间一枚已经刻成，左右两侧各有两枚已刻出轮廓线但尚未制成铸腔，说明钱范是在范泥成型、烘干之后用刀直接刻制。另齐刀陶范中也有此类半成品范发现[2]。

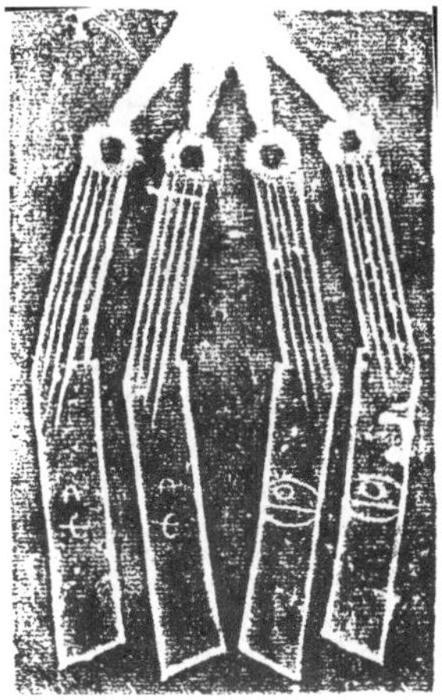

3. 中山国遗址

图 2-12 明刀陶范

在河北省平山县中山国灵寿城官营手工业遗址，考古发掘出土了一批使用过的属于战国中期前后的"成帛"刀币陶范、石范和明刀（图 2-15）、"蔺"字布陶范（图 2-16）和石范[3]。显然，刀币是环柄部开水口，布币是头部开水口，皆系竖式浇铸。

---

[1] 河北省文物研究所：《燕下都》，文物出版社，1996 年，第 865 页。

[2] 陈旭：《齐刀币制范及铸造工艺的新研究》，《中国钱币》2018 年第 5 期。

[3] 陈应祺：《中山国灵寿城址出土货币研究》，《中国钱币》1995 年第 2 期。

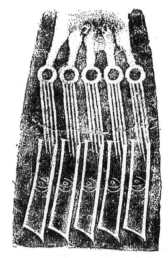

图 2-13　明刀陶范

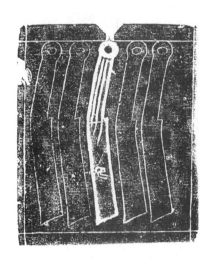

图 2-14　明刀陶范

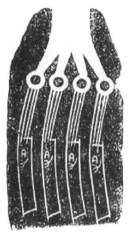

图 2-15　刀币陶范

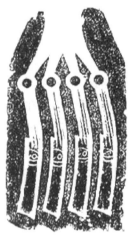

图 2-16　"蔺"字布陶范

4. 临淄齐故城遗址

山东临淄齐国都城遗址考古发掘出土了不少齐刀陶范，与其他遗址一样，大都是使用后的残范[1]，较完整的如图 2-17。显然，与燕明刀类同，齐刀也是环柄部开口的竖式浇铸范。2015 年，山东临淄安平故城出土了一批完整的齐刀币陶范[2]。

---

[1]　山东省钱币学会：《齐币图释》，齐鲁书社，1996 年。

[2]　陈旭：《齐刀币制范及铸造工艺的新研究》，《中国钱币》2018 年第 5 期。

5. 莒国故城遗址

山东莒县莒国故城遗址考古发掘出土了一批齐明刀陶范（图 2-18），同出的还有刀币及铜渣，也系环柄部开口、竖式浇铸[1]。

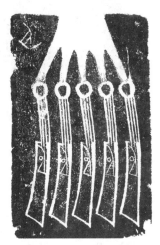

图 2-17　临淄出土齐刀陶范　　　　图 2-18　莒县出土齐明刀陶范

6. 郑韩故城遗址

河南新郑郑韩故城遗址，20 世纪 80 年代以来先后出土了多种战国货币陶范，计有空首布、锐角布、圆足布、楚大布、连体布和圜钱，其中还发现了一块石质大圆足布残范及炉壁、炉渣和铜渣等[2]。这些布范全是布首开水口的竖式浇铸范（圜钱为上开口）（图 2-19、图 2-20）。比较重要的遗址主要有三处：一是 1992 年大吴楼铸铜遗址南部出土有"公"小锐角布面、背范 7 件，大锐角布面、背范 3 件，同时出土"蔺"大圆足布面、背范 32 件及许多熔铜炉残块、炉砖、铜渣等[3]。二是 1993 年郑韩故城小高庄铸铜遗址，出土有"蔺"与"离石"大圆足

图 2-19　郑韩故城出土
布币陶范

---

[1]　苏兆庆：《山东莒县出土刀币陶范》，《考古》1994 年第 5 期。

[2]　蔡全法、马俊才：《新郑郑韩故城出土的战国钱范、有关遗址及反映的铸钱工艺》，《中国钱币》1995 年第 2 期。

[3]　河南省文物考古研究所：《河南新郑新发现的战国钱范》，《华夏考古》1994 年第 4 期。

图 2-20　郑韩故城出土布币陶范

布面、背范和小圜钱背范 184 件[1]。三是 2003 年郑韩故城西南城墙外的新郑市监狱新址，发掘了一处专门铸造空首布的作坊遗址，出土了丰富的陶质空首布范、范芯、熔炉块、浇包、制范工具等物品[2]。

图 2-21　山东省博物馆藏赒化圜钱陶范

除上述遗址出土的钱范外，各地零星出土和博物馆收藏的先秦铸钱陶范也有一定数量。比如 1985 年，山西夏县禹王城遗址内发现有一处先秦冶炼铸造作坊，出土一块比较完整的平首布陶范，范上有两枚平首布钱腔[3]；1995 年，洛阳市发现有两块基本完整的平肩弧足空首布陶范[4]；山东省博物馆藏有一件赒化圜钱陶范，此范为上开口的竖式浇铸块范[5]（图 2-21）。从以上出土及发现的钱范例举中可以看到，不论是先秦还是汉代的陶范，它的铸造工艺及流程

---

　　[1]　蔡全法、马俊才：《战国时代韩国钱范及其铸币技术研究》，《中原文物》1996 年第 2 期。

　　[2]　河南省文物考古研究所：《新郑监狱春秋铸钱遗址发掘简报》，《中国钱币》2012 年第 4 期。

　　[3]　张童心、黄永久：《夏县禹王城庙后辛庄战国手工业作坊遗址调查简报》，《文物季刊》1993 年第 2 期。

　　[4]　蔡运章、张书良：《洛阳发现的空首布钱范及相关问题》，《中原文物》1998 年第 3 期。

　　[5]　山东省钱币学会：《齐币图释》，齐鲁书社，1996 年，第 495 页。

基本都是一致的，所以本章以其中的空首布、齐刀币铸造为例，对此类范铸工艺
进行详细的解读。

二、空首布范的工艺特征

2003 年，郑韩故城新郑监狱春秋铸钱遗址出土了 1400 余块空首布范与 5600
余块范芯，为研究空首布范的工艺特征提供了有力的实物依据[1]。河南省文物考
古研究所（现河南省文物考古研究院）在发掘简报中，依据出土的这些钱范对其
工艺特征也进行了分析。

发掘者发现这些空首布范均为上窄下宽的梯块状，每合范的外形大小、形状
几乎各不相同，具有明显的一范一制特征（图 2-22）。每范范面均为平面，上部
挖刻上宽下窄、面宽底窄的浇道。浇道的上部为浇口杯位置，中部为范芯头和内
浇道的位置，下部为空首布首的型腔位置，两范相合形成的浇口为较规整的六棱
形。面范浇道中范芯头对应处均有形状各不相同的凹坑，是范芯的卯坑和认范记
号。范面的中部和下部挖刻空首布体部型腔，均有郭线和三道平行等距状阴刻直
线钱筋。其中中央钱筋位于布身和布首型腔的中心线上。型腔和浇口外围为平整
的范面（分型面），个别范面的一角挖刻有不同的认范记号。范体一般正面宽大、
底面略窄小，形成四个周面向内倾斜的平面。在四侧面的近底部、个别在中部挖
刻有一周横截面大多呈倒三角形的环状沟槽，其中个别还残存有捆绳的空洞和加
固泥，说明这周沟槽是捆绳加固范体不致散落所专用。沟槽的两侧面均为规整的
刀削面，许多槽底上残存有多道刀挖泥块的痕迹。一侧面的上口分布有 1—2 处
刻有凹坑和竖线的合范记号。底面不平，四角多数抹成圆角，多数范的中间挖有
形状各异的凹坑。凹坑外围和坑壁底上多见密集的手指按窝痕，许多凹坑上还残
存有明显的刀挖痕迹（图 2-23）。个别范底面周边还刻有横向的捆绳沟。少数范
背面没有挖制洼坑，底面近平，密布指按痕。因范背凹坑各异，推测和范形、大
小一样，也是找盒范的重要特征。从范面平整、侧斜面平整、底面均有指按痕的
情况分析，制范时是有近梯形模框。发现的范块均已浇铸过，大部分呈泥质灰陶
状，个别局部呈灰红色，型腔内的青灰色浇铸痕明显，分型面多数呈黑灰色，浇
口杯内多残留有铜渣痕迹。

---

[1] 河南省文物考古研究所：《新郑监狱春秋铸钱遗址发掘简报》，《中国钱币》2012 年
第 4 期。

图 2-22　新郑监狱出土空首布陶范　　　　图 2-23　陶范背面刀挖痕迹

范芯是空首布銎腔部位的内范，浇铸时一个范芯夹在正背范的浇道中形成完整的合范（图 2-24）。每个范芯分为芯头和芯体两部分。芯头面范一侧有凸出的榫，与面范上的卯坑扣合；芯头另一侧刮削有宽凹而薄的内浇道与銎型腔相连。銎腔正面和背面中间各刮削有一个位置不固定、大小不统一的三角形芯撑，极个别范芯留有偏于一侧的三角形芯撑。各范芯正背面三角形芯撑部位大致相对应，形状大小也基本一致，一些大小差别较大。发掘者推断一些芯头部位几乎完全相同的芯范为一套合范塞泥刻制而成。泥型取出后，再由工人刮削芯头以下的銎体表面近 1 毫米厚的泥型形成銎型腔，其间预留三角形芯撑，挖内浇道。阴干后入窑烧制为芯范成品。也就是说每个芯范只能用一次，而每一套空首布背面范理论上可以使用多次。

图 2-24　空首布陶范范芯

三、陶范铸钱工艺流程——以齐刀币为例

（一）齐刀币范的工艺特征

通过对历年来在临淄齐故城的宫城内，即齐都镇西南齐故城南部的安合庄铸

钱遗址[1]中出土的"齐大刀"范进行对比研究,发现有两种陶范存在[2]。一种为做工精美、文字纤细的三字刀范（图2-25）,而另一种为做工较粗、文字粗犷的三字刀范（图2-26）。两种刀范对比见表2-1。

表 2-1　齐刀币两种刀范对比

特征＼种类	细字刀币范	粗字刀币范
陶质	陶质细腻,含沙量少	陶质较粗,含沙量大
钱模线条	刻画细腻,线条精美	刻画粗犷,不修边幅
文字线条	细如针尖,纤秀有力	深峻粗放,字体较大,粗钝
文字特点	化字均写作"化",背文有"上""土""卜""吉"等	"化"、反"化"字并存,背文有"生""甘""禾"等
总体性状	质量好	质量差

图 2-25　文字纤细的三字刀陶范　　　　图 2-26　文字粗犷的三字刀陶范

　　同一铸钱遗址齐刀币范风格差别会如此之大,可能存在以下两种情形:①此两类刀币范制造时间不同。因为如果在同一遗址同时铸钱,制范工艺及铸币风格、文字等不会有如此大的差别。②两者之间有一段停铸期,即在安合庄遗址停铸了较长的一段时间后,又恢复铸币。因为如果在时间上延续不断铸钱的话,钱范风格也不会变化这么大。在出土的刀币中也正好有这两类刀币相对应,一类是质量很高、铸造精美的细字齐刀（图2-27）,一类是质量较差、铸造较粗的粗字齐刀（图2-28）,且这两类刀币往往不同坑出土,也证明了停铸期存在的可能性。

[1]　临淄文物志编辑组:《临淄文物志》,中国友谊出版社,1990年。
[2]　陈旭:《山东临淄新发现齐刀币铸造遗址》,《中国钱币》2011年第1期。

图 2-27　细字齐刀　　　　　　　　　　　图 2-28　粗字齐刀

从齐国的历史发展来看，也存在停铸的可能。公元前284年，燕将乐毅伐齐，大败齐师，仅莒和即墨两城未破，曾占领齐国达五年之久（公元前284—前279年），这一时期齐国可能被迫停铸货币。与此同时，燕人在临淄铸造燕刀币，临淄出土大量的燕刀币和燕刀币范即是证明（图2-29）[1]。公元前279年田单复国，从莒迎齐襄王回临淄后又恢复铸钱，这时国力已不可同日而语，又要加快铸币以补国需，所以铸币风格发生变化，钱范和铸币质量有所下降亦在情理之中。由此可以推测，在公元前284年前齐国使用细字齐刀，公元前284年至前279年停铸，公元前279年至前221年齐亡，近六十年间使用粗字刀币。铸期与所铸货币特征见表2-2。

表 2-2　不同铸期的齐刀币特征统计表

特征＼时间	公元前284年以前	公元前284—前279年	公元前279—前221年
种类	细字齐刀	齐刀空白期	粗字齐刀
钱币特点	铸造精美，铜质精良，流铜很少	没铸齐刀	铸造粗劣，铜质较差、流铜较多
出土状况	四、五、六字刀存在较多	燕国在临淄铸燕刀	四、五、六字刀很少存在

[1]　陈旭：《山东临淄出土燕明刀范》，《中国钱币》2001年第2期。

续表

时间 特征	公元前 284 年以前	公元前 284— 前 279 年	公元前 279—前 221 年
背文	背文种类较少，背文有 "土""工""日""上""吉""卜" "匕"等	—	背文种类增多，出现了 "安""且""易""至""禾""方" "丘"等
文字特点	字体纤细规整，美观大方，变化 不大	—	字体粗犷、笔画粗钝随意，变化较大

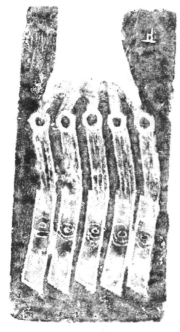

图 2-29　临淄出土燕刀币范

有了上面的结果，就可以通过出土刀币的类型及伴出的其他齐币内容，对其分期、埋藏时间等问题做出一个正确的判断。近几年，出土过两批刀币，由于完整性较好，能很好地反映这两类刀币出土的具体情况。一批是淄博本地出土，共一百多枚，皆为细字齐刀，制作精良，四字、五字、六字共出了近三十枚，其余皆为三字刀，另有一枚"节墨法化"小四字刀，同出几十枚赗化、益四化和益六化，这是目前国内包括小四字刀在内全部类型齐国货币同出的唯一一个实例，没有粗字齐刀共存。这批齐国货币的发现，可以说明以下几个问题：①皆为早期类型细字齐刀，没有晚期类型粗字三字刀，可以推断是乐毅伐齐时或之前埋藏的。古人往往在遇到战乱时将不便携带的贵重物品埋入地下，这批刀币极有可能是乐毅伐齐时埋藏。②基于这一埋藏时间，可以进一步推断小节墨刀和赒化、益四化、益六化的铸造年代不晚于战国中期，也就否定了部分专家认为的这类钱币是乐毅伐齐后铸造的观点，肯定了山东省钱币学会《齐币图释》提出的赒化钱的铸造时间不会晚于齐湣王时期的论点。③由于出土钱币中有两枚六字刀，其埋藏时间又早于齐襄王返国的时间，这样也就否定了六字刀是为纪念齐襄王返国所铸造的纪念币的观点，从而也就否定了第二字是"返"字的解释（目前有建、造、返、徙、途等多种）。

另一批是济南出土，全部为粗字三字刀，制作精粗不一，背文丰富，数量有数百枚，但没有出一枚细字三字刀和四、五、六字刀[1]。它证明了以下几点：①全部为粗字刀，说明这批刀币是田单复国以后铸造的（公元前279—前221年）。②这批刀币背文丰富，形制略有差别，证明这批刀币铸造时间跨度较大，故应是在公元前221年秦灭齐时埋藏的。③证明了细字与粗字齐刀不同坑出土的现象。解决了两类刀币不同铸造时间的问题，就可以找到细字与粗字齐刀不同坑出土的原因，即乐毅伐齐时齐国还没有铸造粗字刀，故因战乱埋藏的皆为细字三字刀和早期流通的四、五、六字刀。秦灭齐国时，粗字齐刀已铸行流通了近六十年，所以因战乱埋藏的刀币多为粗字刀，即使偶尔有少部分细字刀或四、五、六字刀同出，也是乐毅伐齐时没有被埋入地下而一直在民间流通的那部分。

通过以上研究，同时认识到一个与之相关的问题，那就是收藏界往往将制作精美的细字刀币称为石范刀，即用石范铸造的刀币，精美的三、四、五、六字刀均划归石范刀系列。将制作较劣的粗字三字刀币称为陶范刀，即用陶范铸造的刀币。这种说法是不能成立的，事实上齐刀币铸造皆是由陶范铸造而非石范铸造，有以下几点可以证明：①就目前而言，山东境内尚无一块正式出土的齐刀币石范出土，包括博物馆收藏的齐刀范，均为陶范，业内称青州博物馆收藏有两块石刀币范，经核实也为陶范。②齐刀币最大的铸钱遗址在临淄齐故城安合庄一带，业已出土的大量陶质刀范也证明了这一点。刀范未见完整的，有细字刀范和粗字刀范两种，从细字刀范的做工与刻划字体看，都极其精美，且与细字刀币风格完全一致，并未见所谓齐刀石范。③目前所发现的背文为"辟封"的陶质刀范，制作精美，只有"节墨之法化"五字刀有此背文[2]，这一点也可以证明五字刀为陶范所铸而非石范所铸。④从铸造工艺上讲，陶范比石范更适合铸造，因为陶范有更

---

[1] 陈旭：《山东济南出土齐国刀币》，《中国钱币》2007年第2期。

[2] 朱活：《古钱新典（上）》，三秦出版社，1991年。

好的退让性、透气性，易于铜液流动，冲型效果好，且更细腻、更容易造型、刻划，所以，铸出的刀币，刀型优美，文字流畅，边廓细腻，刀面平整，而这正是石范难以达到的。后来的西汉石范半两就是例证，字体虽清晰，但大多粗钝，且表面常常呈橘皮状或雨丝状的收缩纹，而齐刀币中并无此种现象。

基于上述论述，细字刀、粗字刀皆由陶范铸造，迄今为止，尚未发现有齐刀币石范，所谓的"石范刀"，还应是"陶范刀"。

2016 年 4 月，山东省淄博市临淄区皇城镇张家庄村西南头，村民在建蔬菜大棚时，发现了一批齐国三字刀陶范，所出刀范完整品较多，并有不少未完成品（半成品）和前所未见的齐刀范面世。出土的这批刀范地点位于安平故城内的西南角，故城南北长 2000、东西长 1800 米，面积 3.6 平方千米，基本系长方形，唯东南角向内凹进。春秋时期，安平城曾为纪国的酅邑，《史记·齐太公世家》载："伐纪，纪迁其邑。"纪季以酅入于齐，齐改酅为安平。战国时，田单封安平君。安平城在淄河以东，与淄河以西的齐国故城临淄隔河相望，距离约三千米左右，城内西南角即是张家庄（图 2-30）。

这批刀范大约有数十块，同时还出土了一枚三字刀头，刀头形制与刀范完全符合（图 2-31）。刀范出土时存放情况较好，多数是整齐码排在一起，有数套两块正背相合、锈结在一起，都为夹砂灰陶，长 270—275、宽 130—135、厚 29—35 毫米，范号有 H、V、九、N、口等多种，刀背文有"土""木""艹"等，背面有的有指窝，有的没有，这批刀范从文字特点和夹砂较粗的情况来看，皆属晚期粗字刀范类型（图 2-32）[1]，并包含有范坯、半成品范和成品范等几个类型：

（1）光面范坯

大多两两相合黏结在一起，打开后相合的两面都经过磨平，平整光滑，对合后严丝合缝，无任何刻划痕迹，两范侧面有合范符相互对齐，夹砂胎质颜色青灰（图 2-33；图版九，1）。

（2）刻划了刀币轮廓线的范坯

大都两两相合，侧面有合范符，两块对合面上分别刻划有齐刀币的面背轮廓线及浇道轮廓线，夹砂胎质颜色青灰（图 2-34；图版九，2）。

（3）半成品刀范

即完成了一半的刀范，面背刀身和刀柄已刻制完成，刀环和浇道还未刻制完成，背文"土"字已刻，面文三字未刻，夹砂胎质颜色青灰（图 2-35；图版一〇，1）。

---

[1] 陈旭：《齐刀币制范及铸造工艺的新研究》，《中国钱币》2018 年第 5 期。

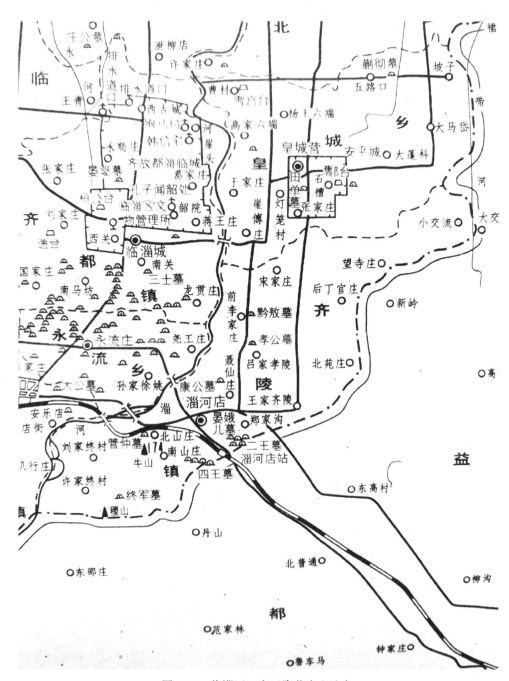

图 2-30　临淄区三字刀陶范出土地点

（图片来源：临淄文物志编辑组：《临淄文物志》，中国友谊出版公司，1990 年）

图 2-31　三字刀头

图 2-32　晚期粗字刀范

图 2-33　合范符　　　　　　　　　　图 2-34　刻线范坯

图 2-35　半成品刀范

（4）成品刀范

面背各有三枚刀币型腔，带有范号，铸造使用痕迹明显，刀身处皆烧为红灰色，两范结合处皆黑色，夹砂范胎为灰色，胎质明显较半成品的胎质硬（图 2-36；图版一〇，2）。

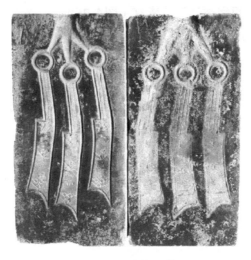

图 2-36　成品刀范

（5）反正面刀范

也为成品刀范，仅出一块，即一面为面范，另一面为背范，铸造使用痕迹明显，刀身处皆烧为红灰色，两范结合处皆黑色，夹砂范胎为灰色，胎质明显较半成品的胎质硬。

此次安平故城刀范的发现是继临淄安合庄、青州前范王庄、西辛战国墓后又一处新的出土地点，这三处齐刀范的特点和基本情况如下：

（1）临淄安合庄齐刀范

安合庄铸钱遗址，历年曾有多次刀范出土，遗址位于齐故城小城内的西南部，在村西南约 120 米，南距小城南墙约 50 米，遗址高出周围地面约 1.5 米，这里曾多次出土过齐刀币的钱范，遗址的规模较大，东西长 190、南北宽 130 米，面积约 2.4 万平方米。1965 年，根据钱范出土地的相关情况，为寻找齐故城铸钱遗址，山东省文物工作队在遗址中部高地上进行了小范围的考古发掘，发掘工作自 6 月 13 日开始，24 日结束，开探方 2 个，发掘面积 35 平方米，出土钱范数十块[1]。此外，也有其他人曾在此处收到过齐刀陶范[2]。另距此不远的大佛寺等处也偶有发现，应是安合庄铸钱遗址的残范当作垃圾运到此处抛弃的。安合庄刀范特点是无完整范发现，大多破碎不堪，铸造使用痕迹明显，早期细字类型刀

---

[1]　山东省文物考古研究所：《临淄齐故城》，文物出版社，2013 年，第 183 页。

[2]　陈旭：《山东临淄新发现齐刀币铸造遗址》，《中国钱币》2011 年第 1 期。

范（图 2-25）和晚期粗字类型刀范皆有（图 2-26）。

（2）青州前范王庄齐刀范

此地共有两次出土记载：第一次发现见于《光绪·益都县图志》，光绪十三年（1887 年），益都城北二十里前范王庄村民挖地时挖得齐大刀刀币范一窖。第二次是 1965 年出土，现藏青州博物馆，由面范和背范组成，不仅保存完整，而且属同一套范（图 2-37）。这批范的特点是皆完整，面范二，背范一，背有指窝，长 270、宽 130、厚 35 毫米左右[1]。都有铸造使用痕迹，为晚期粗字刀类型，与安平城刀范相类，具有明显的窖藏特点，周边未发现冶铸遗址，此地西北距临淄安平故城约 12 千米。

图 2-37　青州前范王庄出土齐刀范

（3）青州西辛战国墓地齐刀范

青州西辛战国墓曾出土齐刀陶范 44 件（图 2-38）[2]，此墓虽属青州所辖，实为临淄战国墓群中的一座，仅距著名的临淄战国四王冢、二王冢约 1 千米，北距安平故城约 8 千米，东距前范王庄 10 千米（图 2-39）。所出刀范与安平城大张村刀范形制相类，为晚期粗字刀类型，共计 37 块，皆残，具有明显的铸造使用和烧灼痕迹。另有较完整范坯七块，长 260—270、宽 126—135、厚 36—48 毫米，颜色多为灰褐色，推测未经高温灼烧，部分砖上有一层白色涂抹物，少数砖上有刻划符号，有的侧面有合模线，背面有指窝[3]。据《山东青州西辛战国墓发掘简报》描述：在台阶北部有一堆碎砖，只有极少量完整的长方形青砖，碎砖中夹杂部分砖质刀币钱范，应为利用废弃的钱范当作砖使用。砖块上有一件战国时期的

［1］　朱活：《古钱新典（上）》，三秦出版社，1991 年，第 71 页。

［2］　李亮亮、马建军、李健明：《青州西辛战国墓出土"齐法化"刀币范综述》，《中国钱币》2016 年第 3 期。

［3］　庄明军、辛建立：《青州西辛古墓出土齐刀币范的认识》，《中国钱币》2010 年第 1 期。

豆盘。从清理情况来看，建筑遗迹范围的灰面上发现较多的铁渣、碎木炭和炉膛
残块等。结合墓葬椁室石椁的缝隙间都以融化的铁汁或铅汁浇灌的现象推测，此
处当为建筑椁室时现场融化铁汁和铅汁的熔炉所在位置，建筑遗迹应与冶炼有
关。故推测这些刀范可能是废弃之后作为耐火砖使用的（图 2-40）[1]。

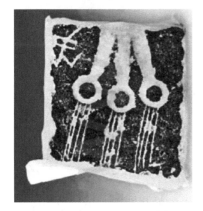 

图 2-38　青州西辛战国墓地出土齐刀范

图 2-39　青州西辛战国墓位置图

（图片来源：山东省文物考古研究所、青州市博物馆：《山东青州西辛战国墓发掘简报》，
《文物》2014 年第 9 期）

---

[1] 山东省文物考古研究所、青州市博物馆：《山东青州西辛战国墓发掘简报》，《文物》
2014 年第 9 期。

图 2-40　青州西辛战国墓

（图片来源：山东省文物考古研究所、青州市博物馆：《山东青州西辛战国墓发掘简报》，
《文物》2014 年第 9 期）

从以上四处刀范的特点和基本情况，可以看出它们的相同点与不同点：①安合庄：位于淄河以西临淄故城小城内，只有成品残范，早期细字范类型和晚期粗字范类型都有，无完整范和范坯发现，属于铸钱遗址。②前范王庄：位于淄河以东，只有成品完整范，晚期粗字范类型，周边无冶铸遗址发现，属于窖藏。③西辛战国墓：位于淄河以东，只有成品残范和完整的范坯，晚期粗字范类型，作耐火砖使用，属于墓葬。④安平故城张家庄：位于淄河以东安平故城内，完整的成品范、半成品范、范坯、残范都有，晚期粗字范类型，属于铸钱遗址（也有窖藏的可能）。

（二）齐刀币的制范、铸钱流程

通过对齐刀币陶范的分析以及与以上几个地点出土的刀范特点的对比研究，可以尝试从安平城出土的不同类型刀币陶范复原出其整个制范工艺流程：

炼制含沙陶泥—制坯晾干—烘焙范坯—范面磨平—刻合范线—刻刀币轮廓线—刻制刀身—刻制刀环和浇口—刻文字—修范—刷涂细泥浆—面背范对合—回炉烘烤—浇铸刀币。

其中刻刀币轮廓环节，试着将同一套范面背刀币轮廓画到纸上，两套轮廓线竟能完全相互对合，这就说明刀模的边廓线是由预先做好的模板划成，模板边长与范坯边长一样（图 2-41），即将制成的这种模板压在面范坯上对齐，用金属锐器沿模板边缘划出即可，然后将模板反过来放在背范坯上同样划出。这样做出的刀币的背边廓线都离刀币的边缘较近（图 2-42 右）。从刀币实物对照来看，另还有一种背边廓线离刀币边缘较远的刀币存在，这说明同一套陶范面背边廓线是用两套模板刻成，背模只是比面模刻得小一点而已（图2-42左）。用这种方法刻模，既可给刀模很好的定位，便于面背刀模线相互对齐，又可大大提高制范效率。

图 2-41　刀币陶范模板　　　　　　　　图 2-42　刀币

1. 制范过程是流水线作业

从安平城陶范的几类，特别是从完成了一半的刀范看，面背刀身皆同时刻完，却没刻刀环和浇道来说，就可分析判断出在制范过程中，制坯、刻刀模轮廓线、刻刀身、刻刀环及浇道等步骤极可能是由不同的工匠来完成的，甚至分工更细，这样工匠们就能既熟练掌握自己所负责的那个环节的技术，提高制范质量，又可大大提高工作效率，同时还可防止工匠因全面掌握了制范技术而出现私自制范和盗铸现象，这也同时推翻了一些文章认为刀模是压印到范坯上的说法。刀环应是由类似圆规状的工具，以环内的中心点为圆点旋转挖刻出来的，这也正是每个环内中心都留下一个小圆坑的原因。由图2-35半成品范还可看出，背文"土"字已刻上，说明工匠已得到了上级下达的在这块范上刻何字的指示，因此背文的意义应该更倾向于代表刀币的批次和炉别。面文未刻，那是因为文字艺术性较强，最后将由文化艺术素养较高的工匠来刻制完成。

2. 制范技术的改进与创新

这批陶范中有一块一面刻有面范，一面刻有背范的陶范是前所未见的（图2-43），原来铸造刀币是两块范对合铸造三枚刀币，四块范才能铸造六枚刀币，用此范铸钱三块范就可铸造六枚刀币，大大降低了制作成本，不能不说是齐刀制范、铸钱技术的改进和创新。

图 2-43　刀币陶范

3. 范坯只经过初步低温烘范处理，成范后不再进行高温烧制成陶范

以往许多研究者认为，齐刀范在制作完成后要经过一个烧制成陶范的环节，烧成陶范后再浇铸刀币，一般正常陶器的烧结温度需在 800—1100℃左右。但从这批范上看，无论范坯还是半成品范，范坯内部颜色皆为深灰色，胎质不甚硬，目测不具有经过 800℃左右高温的性状，感觉只是经过了初步的低温烧制过程（因为如果不经过低温烧制的夹砂泥坯硬度很低且不可能出现这种深灰色胎色），这可能是为了加快范坯干燥速度，排除吸附水和结晶水、使范坯达到一定硬度有关，也就是有一个烘制范坯的过程，西辛墓地的范坯也都是未经高温烧制过的。而成品范陶色皆为浅灰色，胎质较硬，且都有浇铸过刀币的使用痕迹，目测具有明显经过高温的性状。也就是说，一方面如果在制成范坯后先高温（800℃左右）烧成陶坯，然后再刻钱模，这样范坯的硬度会太大，不但会增加刻范难度，而且还会使范坯和成品范之间出现胎色和硬度一致的情况，但事实上两者是不一致的。另一方面，假设如果制好成品范后再烧成陶范的话，那么这批刀范中就应该有胎色和硬度与铸过钱的范一致而又未使用过的成品范存在，但是一块也没有，所以由此可知，在制范过程中范坯在初步加温烘范后，范坯的硬度适中，易于刻制钱模，完成成品后便不再经过高温烧制成陶范，而是在浇铸刀币前再对合范加

热，以便铜液流动和去掉水分，在浇铸的过程中，青铜熔液（熔点800℃）的高温便将刀币范烧结成夹砂灰陶了。

烘范的目的除了去掉吸附水外，最关键的还要去掉结晶水，如不去掉在浇铸时会出现轻者铜液冒泡影响产品质量，重者炸范的情况。所谓结晶水是因为陶范中有可以与水分子结合形成氢键的酸根或强吸电子基团而形成的，必须加温才能去掉，那么加温到多少摄氏度才能去掉结晶水呢？根据热重TG分析技术（图2-44），可以看出，结晶水在300℃左右便可去掉，因此，范坯在初步烘范烧制环节，只需加热到300℃至500℃之间就足够了，完全没有将范坯加热到800℃烧制成陶的必要，这样即可以更容易地刻制范模，又可减少在烧制过程中因多增加这几百度的温度而造成的浪费。

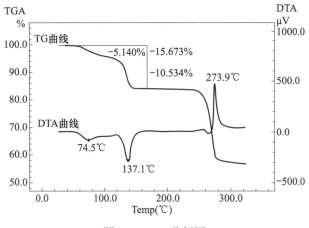

图 2-44 TG 分析图

4. 刀范表面黑色脱模剂是草木灰

凡经过铸造的刀范表面都有一层黑色的涂层，这层黑涂层既可以修补范面的孔洞、不平等小瑕疵，又可使范面光洁平整，两范贴合紧密，铸币表面光平，还可使铸出的刀币容易脱模，事实上这层黑色涂层是烧得极细的草木灰。2013年，中国社会科学院考古研究所在临淄阚家寨秦汉铸镜遗址发掘时曾出土大量极细的黑灰，经科学化验为草木灰成分（图2-45），

图 2-45 筛选泥土

也应是用在镜范上作脱模剂使用的[1]。

5. 刀范多次重复使用

以往许多钱币研究者认为，齐刀铸造一刀一范，铸完即毁，事实上齐刀范厚重，制作工艺复杂，如果一刀一范，成本未免太高了，从安合庄和安平城两处范对比看，安合庄的使用痕迹明显，皆残破，安平城的成品范品相较好，使用造成的磨损较小，两者之所以对比明显，就是因为使用次数的多少不同造成的。再者安平城铸钱使用过的完整刀范品相还都是很好的，都是可以再次利用的，完全没有毁掉再重新制范的必要，由此看来，齐刀陶范是多次重复使用的，当范面出现小的残缺时用脱模剂修补平整即可再用，甚至当币模因多次使用而造成不清时，或范面凹凸不平时，还可以将范面磨平再重新刻一遍币模再用，这类范模在出土的陶范中也能见到，范的厚度往往要比正常的范薄一些，只有当陶范出现断裂或严重残缺时才会废弃不用。

6. 制范与铸钱为同一地点

此前由于安合庄遗址因只出土残碎的齐刀范，从未出过完整的刀范和范坯，而青州前范王庄又只出完整的刀范，未出其他，故许多研究学者认为制范和铸钱不在同一处，即从别处制好成品范后再运到安合庄铸钱，此观点的主要理由还有就是范、钱分开可以有效地控制铸钱数量，防止多铸、盗铸情况，现在看来此看法有些片面，因为那是在一范一刀的前提条件下才能防止盗铸，现在已知刀范能多次使用，所以制范和铸钱不在一处的方法，不但根本不能控制铸钱数量，还多增加了运费成本。安平城出土的各类刀范也说明了一切，推翻了这一观点。实际上制范与铸钱所采用的不同工匠流水作业的方法，也已经很好地解决了这个问题。再者，现在来看，前范王庄所出的完整刀范，也都是已经冶铸使用过的刀范，故此地也并非制范之地。

（三）关于齐刀币范的相关问题

1. 安合庄遗址为主动废弃，安平城遗址为被动废弃

随着安平城遗址刀范的出土，通过对比可以发现一个奇特的现象，就是淄河以西的安合庄遗址从未出过一枚完整的刀范，也未发现过完整的范坯，完整的刀范和范坯都出在淄河以东，现在也可以对此现象给出一个合理的解释，那就是在

---

[1] 中国社会科学院考古研究所、山东省文物考古研究所、临淄区文物局：《山东临淄齐故城秦汉铸镜作坊遗址的发掘》，《考古》2014 年第 6 期。

秦灭齐（公元前 221 年）以前的一二年里，安合庄铸钱作坊被主动废弃，迁到了淄河以东的安平故城，目的是以淄河为天然屏障，防秦来袭，故安合庄铸钱作坊所有能用的东西，包括完整的钱范和范坯等等一并运到河东的安平城去了，这也正是造成河西的安合庄遗址只有残范而无完整范和范坯的真正原因。另从两个遗址所出钱范上看，安合庄早期细字类型刀范和晚期粗字类型刀范都有，安平城只有晚期粗字类型刀范，说明铸钱时间上安合庄明显早于安平城，这也是符合东迁推断的。

公元前 228 年秦灭赵国，公元前 223 年秦灭楚国，公元前 222 年秦灭燕国，在这最后几年中，齐王建肯定感受到了来自西边的威胁，故政治经济中心东迁到淄河以东的安平城也是理所当然的，以淄河为防线可谓是上策，在安平城继续铸钱也顺理成章。只可惜，公元前 221 年秦国进攻齐国，齐王听从奸臣相国后胜的计策，不经交战向秦国投降，至此，齐国的突然灭亡，也就造成了安平城铸钱作坊突然地被动废弃，所以这些刀币范成品、半成品等便落得个被匆匆掩埋的结果。

2. 西辛墓的下葬年代和刀范来源的推断

由于西辛墓地通过出土器物的形制，同出齐刀范等一系列情况，发掘者将该墓年代定为战国末年，但实际上由于有了未经刻制的完整齐刀范坯的出土，已说明此时齐国铸钱遗址已废弃，齐国此时已灭亡，这些范坯才有可能在这里另做他用，故西辛墓地的下葬的上限时间绝对不会超过公元前 221 年，故该墓更精确的年代应为秦代。至于陶范来源，基本可以排除来自安合庄的可能性，因为安合庄从未出土过完整的范坯。那么最大的可能性就只能是来自距此约 8 千米的安平城遗址或附近还未被发现的铸钱遗址了。

3. 青州前范王庄出土刀范成因推断

青州前范王庄共出土两批刀范，具有明显的窖藏性质，且其周边也无冶炼遗址及残碎刀范发现，再加上这些刀范的形制与安平城刀范形制相类，皆晚期粗字刀范类型，故推断可能齐国上层在公元前 221 年前为保证齐国经济的安全，从安平城继续东迁了一部分陶范，以期在更东边的地方铸钱，前范王庄在青州阳河以东一千米处，阳河又是一道防秦的天然屏障，但随着齐国的突然灭亡，这批刀范也就随之就地掩埋了。

第二节 石范铸钱

　　石范应该是最早被用于浇铸的范，基于漫长的石器时代的经验，人们最早认识和采纳的是石范，而不是陶范，业已发掘的大多数早期青铜遗址都不同程度地有石范出土，如山西夏县东下冯遗址[1]、江西清江吴城商代遗址[2]（图 2-46），贵州毕节的瓦窑遗址（商末周初）出土有剑、渔具等器物的石范[3]。中国的青铜时代发源于新石器时代晚期，青铜时代与新石器时代的承接是自然也是必然的结果，反映了人类文明和智慧的演进序列，当人们从石器时代进入青铜时代，首先运用的便是人们在漫长的石器时代积累的知识和经验，采用石范浇铸青铜器，当是这类经验得到运用的一个方面的体现。由于石范与陶范不同，是硬性范，只适合于单合范和双合范的铸造，也就是说只能铸造工具、农具、兵器等简单小型器物，这决定了石范不可能像陶范那样被普遍地运用，也不可能像陶范那样得到快速而系统的发展。

图 2-46　吴城商代遗址出土石范

　　[1]　中国社会科学院考古研究所、中国历史博物馆、山西省考古研究所：《夏县东下冯》，文物出版社，1988 年。

　　[2]　江西省博物馆、北京大学历史系考古专业、清江县博物馆：《江西清江吴城商代遗址发掘简报》，《文物》1975 年第 7 期。

　　[3]　贵州省博物馆：《贵州毕节瓦窑遗址发掘简报》，《考古》1987 年第 4 期。

事实上石范在商代铸造遗址中经常发现，而在春秋战国遗址中铸器的石范极少发现，然而铸造货币的石范却时有发现，无论是刀币、布币还是圜钱，由于形态皆类似于农具、工具，且体型更小，所以适宜于石范铸造，但石范使用最多、发展最快的时期还是汉代。

一、铸钱石范的考古调查

春秋战国时期，铸钱石范发现数量不多，主要有河南新郑郑韩故城出土的圆足布石范（图2-47），河北灵寿战国中山遗址出土的"蔺"字布石范（图2-48）、"成白刀"石范（图2-49），内蒙古包头麻池乡战国遗址出土的安阳布石范（图2-50；图版一二，3）和山东淄博临淄齐国故城出土的齐益六化石范（图2-51）[1]，另有中国国家博物馆藏的秦文信石范（图2-52）等。

汉代是我国铸钱石范发现最多的时期，自20世纪以来全国出土的汉代石质钱范已有300余件（块），其中95%以上都是在汉半两时期，而这一时期出土的钱范有85%以上是石范[2]。其他少量石范则如：1975年山东莱芜出土西汉武帝时期三铢钱石范（图2-53）、山东桓台博物馆藏郡国五铢石范（图2-54）等等。

图2-47　圆足布石范　　　　图2-48　"蔺"字布石范　　　　图2-49　"成白刀"石范

---

[1]　战国时期的布币、刀币石范，也不排除是石阴模（祖范）的可能。

[2]　参考了陕西省钱币学会编著的《秦汉钱范》《中国钱币》及各地文物考古杂志。

图 2-50　安阳布石范

图 2-51　齐益六化石范

图 2-52　秦文信石范

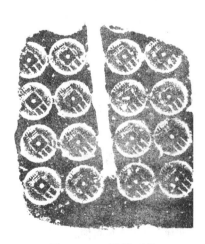

图 2-53　三铢钱石范

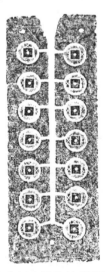

图 2-54　山东桓台博物馆藏郡国五铢石范

通过查阅文献资料发现，有明确出土地点的汉代石范粗略统计为一百多件（数量不明的一些残块未计算在内），均为阴文子范，多数范上有浇注使用痕迹；范的形制上，除少数几件圭首形外，其余皆为长方形；石范所铸钱币种类有汉初的榆荚钱、文景四铢半两、三铢钱、武帝四铢半两和郡国五铢；出土地域有山东、河北、河南、陕西、山西、江苏、安徽等，其中以山东最多。初步统计结果见表 2-3。

表 2-3 各地出土汉代石范统计表

出土地点	钱范名称	数量（件）	形制	资料来源
山东博兴	荚钱半两、四铢半两	11，同出 5 陶背范	长方形	《文物》1987 年第 7 期，93、94 页；《考古》1996 年第 4 期，92—94 页
山东临淄	四铢半两	14	长方形	《考古》1993 年第 11 期，1050—1053 页
山东诸城	荚钱半两、四铢半两	8	长方形	《中国钱币》1992 年第 2 期，42—44 页
山东临朐	四铢半两	13（保存 3）	长方形	《中国钱币》1997 年第 2 期，57 页
山东章丘	四铢半两、郡国五铢	5，同出 4 陶背范	长方形	《古钱新典》140 页；《文物天地》1996 年第 5 期，17—19 页
山东莱芜	三铢钱、四铢半两、郡国五铢	10	长方形	《中国钱币》1999 年第 1 期，42、43 页；《中国钱币》1985 年第 2 期，63、64 页
山东邹城	四铢半两	2	长方形	《中国钱币》1992 年第 4 期，58 页；《中国钱币》2000 年第 2 期，43 页
山东莒县	荚钱半两	4	长方形	《考古》1990 年第 5 期，476 页
山东青岛	四铢半两	4	长方形	《文物》1959 年第 9 期，45 页
山东安丘	荚钱半两、半两	大量		《文物》1959 年第 11 期，29—33 页
山东章丘汉东平陵（28 年出土）	郡国五铢	2		《秦汉钱币研究》145—154 页
河北石家庄	四铢半两	8	长方形	《文物》1964 年第 6 期，60—62 页
河北邯郸	四铢半两	残块 50 余		《文物春秋》1997 年第 2 期，85、86 页
河北易县	郡国五铢	1	圭首形	《考古》1994 年第 3 期，283 页
河南南阳	四铢半两	4（2 背）	圭首形	《考古》1964 年第 6 期，319 页
河南洛阳	四铢半两、郡国五铢	5	长方形	《洛阳钱币发现与研究》153、157 页
河南新郑	荚钱半两	2	长方形	《考古》1989 年第 7 期，664 页
河南信阳	四铢半两	1		《信阳驻马店钱币发现与研究》59 页
陕西咸阳	半两	2	长方形	《考古》1973 年第 3 期，167—170 页

续表

出土地点	钱范名称	数量（件）	形制	资料来源
陕西西安	半两、五铢	各1	长方形	《中国钱币》1999年第1期，35—37页；《考古通讯》1956年第5期，22页
陕西长安	郡国五铢	2	长条形有柄	《秦汉钱币研究》145—154页
山西夏县	四铢半两	1		《禹王城遗址发现的铸币范》；《山西省考古学会论文集（二）》159—169页
江苏盱眙	郡国五铢	2	长方形板状	《中国钱币》1996年第3期，40页
安徽滁州	郡国五铢	1	长方形	《中国钱币》1987年第4期，69、70页

二、铸钱石范的工艺特征

（一）矿物成分分析

据已发表的资料，石范多利用滑石刻凿而成。对山东出土的四铢半两（图2-55）、陕西出土的四铢半两（图2-56）、山东出土的榆荚半两（图2-57）三块钱范样品，采用粉晶X射线衍射仪法[1]对其进行矿物名称的鉴定，这是利用多晶粉末对X射线的衍射效应来研究晶体的一种实验方法。它采用波长一定的X射线，样

图2-55　山东出土四铢半两石范　　图2-56　陕西出土四铢半两石范　　图2-57　山东出土榆荚半两石范

---

[1] 叶大年、金成伟编著：《X射线粉末法及其在岩石学中的应用》，科学出版社，1984年。

品为研磨成粉末状的细小晶体颗粒的集合体。用辐射探测器记录衍射线的方向和强度，将获得的数据（强度和 d 值）与矿物的标准资料对比，定出矿物的名称。

结果如衍射图（图2-58、图2-59、图2-60）所示。表明这三块石范成分组成比较一致，主要由滑石、绿泥石组成；结合呈片状构造的外观，应为片岩。

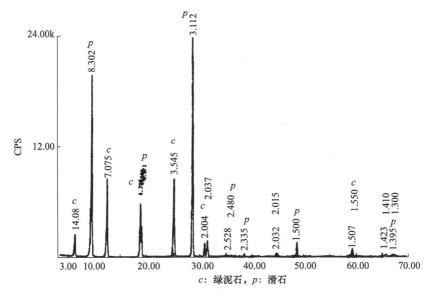

图 2-58 山东出土四铢半两石范 X 射线衍射图

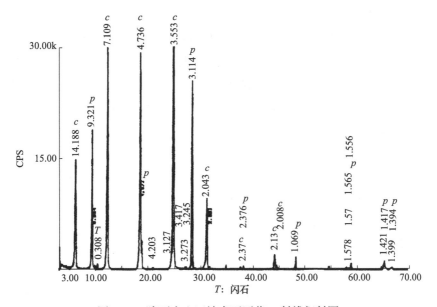

图 2-59 陕西出土四铢半两石范 X 射线衍射图

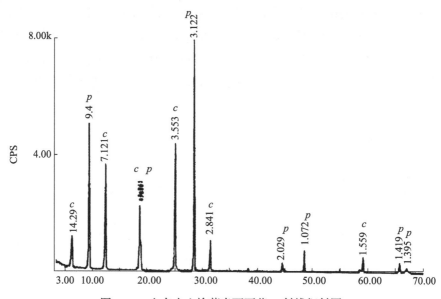

图 2-60　山东出土榆荚半两石范 X 射线衍射图

　　据现代矿物学知识[1]，片岩是具有明显片状构造的变质岩石，一般以绿泥石、滑石、云母等片状矿物为主。滑石属富镁质层状硅酸盐矿物，化学分子式为 $Mg_3Si_4O_{10}(OH)_2$，以氧化物表示为 $3Mg \cdot 4SiO_2 \cdot H_2O$，单斜晶系，硬度为 1，密度为 2.7g/cm³ 左右，通常呈片状或致密状集合体，有滑感，颜色常为白色、浅绿色、微带粉红色、浅灰色，含杂色质越多颜色越深，乃至深灰色、黑色，质地较软，便于刻凿；化学性质稳定，熔点高。绿泥石是一种含水铝镁硅酸盐矿物，是绿泥石族矿物的总称，包括叶绿泥石、斜绿泥石等，叶绿泥石的化学成分为 $(Mg,Fe)_5Al[AlSi_3O_{10}](OH)_8$，斜绿泥石的化学成分为 $(Mg,Fe)_{4.75}Al_{1.25}[Al_{1.25}Si_{2.75}O_{10}](OH)_8$，单斜晶系，硬度为 2 至 2.5，密度为 2.6 至 2.3g/cm³，通常呈片状、板状或鳞片状集合体，颜色浅绿至深绿，在地壳中的分布比滑石广泛。我国滑石资源极其丰富，居世界第二位，但分布极不平衡，主要集中在东部地区，尤以辽宁、广西、山东最为丰富，占全国总储量的 90% 以上。成矿类型以富镁质碳酸盐型热液交代矿床占绝对优势，约占全国滑石总储量的 98% 以上。其中又以区域变质热液交代矿床最多，约占全国滑石总量的 91%。在区域变质热液交代矿床的地质背景中，常与绿片岩共生，而绿泥石是绿片岩中最常见的岩石类型。

─────────────

　　[1]《中国矿床》编委会编：《中国矿床（下）》，地质出版社，1994 年；徐九华、谢玉玲、李建平等：《地质学》，冶金工业出版社，2001 年。

（二）制作工艺分析

战国时期，铸钱石范还很少，范面按陶范的设计模式制作，浇注系统简单，一般皆为单直浇道；范块较小，最多范腔者如齐国的益化钱，直浇道两侧各五枚。石范在汉代大量用于铸钱后有了显著的发展，不仅范块普遍趋大，范腔大大增多，如 1972 年 3 月陕西省咸阳市韩家湾出土的半两石范，长 74、宽近 12 厘米，钱腔60 枚（图 2-61）[1]。随着浇铸系统的改进，出现了双直浇道，如 1981 年陕西安康发现的 23 钱腔半两石范[2]（图 2-62）；排气道也出现了，如山东博兴出土的榆荚半两石范[3]（图 2-63）。至此，就石范用于铸造而言，可以说已发挥到了极致。

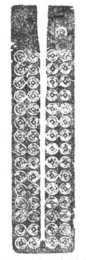 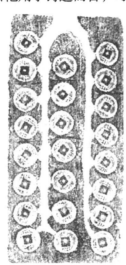 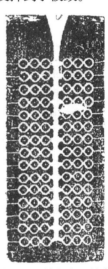

图 2-61 咸阳市韩家湾　　　图 2-62 安康出土半两　　　图 2-63 博兴出土榆荚
　　　出土半两石范　　　　　　　石范　　　　　　　　　　半两石范

关于铸钱石范的制作，王献唐先生描述其程序为："先以规画圈，于中刻四界成形。再就界外圈内铲平，成一无肉阴文钱形。中间剩余方块凸起，即钱好也。又复就钱底，傍好左右，刻传形'半两'二字……而全钱成矣。施工次第，大抵先刻总流，再傍总流各个画圈。圈成再刻界线，铲底雕字，最后始刻分流。"[4]王献唐先生所说的钱范的"施工次第"，山东诸城孙村[5]出土的一件半成

---

[1] 咸阳市博物馆：《咸阳市近年发现的一批秦汉遗物》，《考古》1973 年第 3 期。

[2] 陕西省钱币学会：《秦汉钱范》，三秦出版社，1992 年，第 50 页。

[3] 李少南：《山东博兴县辛张村出土西汉钱范》，《考古》1996 年第 4 期。

[4] 王献唐：《中国古代货币通考》，齐鲁书社，1979 年，第 1368 页。

[5] 韩岗、赵华锡：《山东诸城出土半两钱范介绍与研究》，《中国钱币》1992 年第 2 期。

品石范可证，这件长方形石范的正中有一条宽 5 毫米的长槽，即浇注主槽，槽两侧各有一细线界定主槽的宽度。王雪农先生认为，石范的刻制方法，另外还有一种："先用规划出钱模轮廓；再用可中心定位的类似刮刀的旋转刮磨工具，旋转刮磨出环状模腔（此时的模腔当是与钱模外缘保持等距离的环状沟槽，准备设穿的中心位置此时为一与范面平的圆柱体）；再将钱模设穿位置的圆柱体以中心定位点等距离画方，切去方外四面弧边而呈方穿状凸块；清理修磨模腔底部，使其光洁平整；刻制钱文。"[1] 总体而言，石范的制作大体应该是切割石料、刻主浇道、在主浇道两侧刻钱腔、最后刻支浇道。

出土背范的地点有 3 处，河南南阳[2]与石面范同出的有石背范 2 件，圭首形，有浇道。另有 2 处在山东：博兴县辛张村[3]与章丘汉东平陵[4]，两地所出背范皆陶质，长方形，博兴 5 件，荚钱范；东平陵 4 件，四铢半两范。由钱范实物可知，这一时期的石范铸造有面、背皆石质与面石、背陶两种方式。面石、背陶式的浇注效果应较好。因石范透气性差，用陶范作背范，浇注时有利于气体的排出。陕西澄城坡头村[5]出土的 41 件五铢铜范，据朱活、陈尊祥[6]等考证为三官五铢铸币所用之范，因铜范的透气性亦差，铸钱采用了面铜、背陶的模式，这可能就是吸取了石范铸钱的合理因素。

"刑范正，金锡美，工冶巧，火齐得"是《荀子·疆国》中记载的对我国古代高超的范铸技术的论述，其中"刑范正"是取得优质铸件的关键。在钱币铸造中，钱范质量的优劣，对铸币质量起决定性的作用。汉初荚钱石范钱径大小不一：山东诸城荚钱石范[7]，一范上钱径 14 毫米，而博兴县贤城村[8]的荚钱石范上钱径最小的仅 4 毫米；同一范上的字体"两"字字体各异；制作粗糙，钱范上钱腔排列不对称，欠规整，不美观，表现出钱范制作的随意性、简单性、落后

---

[1] 据王雪农先生提供文章：《半两钱范研究》。

[2] 王儒林：《河南南阳市发现半两钱范》，《考古》1964 年第 6 期。

[3] 李少南：《山东博兴县辛张村出土西汉钱范》，《考古》1996 年第 4 期。

[4] 朱活：《古钱新典（上）》，三秦出版社，1991 年，第 140 页。

[5] 陕西省文管会、澄城县文化馆联合发掘队：《陕西坡头村西汉铸钱遗址发掘简报》，《考古》1982 年第 1 期。

[6] 朱活：《古钱新典（上）》，三秦出版社，1991 年，第 149 页；陈尊祥：《汉武帝上林三官五铢铜钱范的考证》，《中国钱币》1983 年第 1 期。

[7] 韩岗、赵华锡：《山东诸城出土半两钱范介绍与研究》，《中国钱币》1992 年第 2 期。

[8] 李少南：《山东博兴出土西汉"榆荚"钱石范》，《文物》1987 年第 7 期。

性，从博兴县贤城村出土的榆荚半两钱范（图 2-64）可见一斑。当然，荚钱范也有刻制较规范的，如山东莒县范（图 2-65）[1]，但此类范发现数量少。三铢钱范全国所出仅山东莱芜一处共 3 件，字迹清楚，刀法圆润，钱型规整[2]。四铢半两钱范范面大都布局合理，钱腔排列对称；钱径尺寸大都在 22—24 毫米，且以 23毫米的为多；雕刻技法、文字风格相同，体现了铸造技术的进步性。图 2-66、图 2-67 分别是山东临朐[3]、河北邯郸古城区出土的四铢半两范[4]。郡国五铢石范，钱径几近相等，多在 26—27 毫米；钱文精美，刻工精细，对称美观。图 2-68、图 2-69 分别是江苏盱眙[5]、安徽滁州出土的郡国五铢石范[6]。与四铢半两范相比，这一时期铸造工艺上增加了新的进步因素，山东章丘汉东平陵城出土的部分郡国五铢石范上开有排气孔[7]。三官五铢中的铜、陶合范铸钱时铜范上开有排气孔的技术可能就是继承了石范铸币的合理因素。从出土石范的时代序列上，可明显看出钱范的制作越来越规整，钱币的规范性越来越强，铸造技术越来越进步。

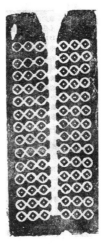

图 2-64 博兴县贤城村出土榆荚半两石范　　　图 2-65 山东莒县出土榆荚半两石范

［1］ 张安礼、曹立：《山东莒县出土榆荚钱范》，《考古》1990 年第 5 期。

［2］ 王其云：《莱芜市出土"三铢"钱范》，《中国钱币》1985 年第 2 期。

［3］ 鲁杰：《山东临朐发现汉半两钱范》，《中国钱币》1997 年第 2 期。

［4］ 李忠义：《邯郸古城区出土汉半两钱范》，《文物春秋》1997 年第 2 期。

［5］ 秦士芝：《盱眙出土西汉五铢钱范》，《中国钱币》1996 年第 3 期。

［6］ 章书范：《滁州市出土五铢石范》，《中国钱币》1987 年第 4 期。

［7］ 郑同修：《东平陵两汉手工业重镇》，《文物天地》1996 年第 5 期。

图 2-66　山东临朐出土四铢半两石范　　　图 2-67　河北邯郸古城区出土四铢半两石范

图 2-68　江苏盱眙出土郡国五铢石范　　　图 2-69　安徽滁州出土郡国五铢石范

　　汉初荚钱，一范铸钱少则几十枚、近百枚，多则 300 多枚，如章丘出土荚钱范一范 12 行，铸 324 枚，还有一范铸 360 枚[1]。至四铢半两时，一般一范铸钱 30 枚左右，四行范较多。至郡国五铢时，范体较前为小，所见均为两行范，铸钱十几枚。一范铸钱数量的减少，一方面是由于钱径尺寸的增加，同时也表明铸钱由重数量的"多而劣"，向质量的"少而精"方向发展。

---

[1]　朱活：《古钱新典（下）》，三秦出版社，1991 年，第 167 页。

比较各地发现石范的数量以山东最多，博兴、莱芜、临淄、章丘、安丘、临朐、诸城、青岛、莒县、邹城等地都有发现，且据钱范上的编号可知，有的地方的铸币规模比较大，如博兴县辛张村[1]，范上有"子""己""戌""土"等属"天干""地支""五行"等我国古代常用的记数符号，临淄范上有"T""亻""十""X""Y""匕""七"等不同的符号[2]，这些符号无论是合范符号，还是钱范数量编号，都表明此地有不小的铸钱规模。

三、石范铸钱模拟实验

为了研究石范铸钱的工艺细节，我们与北京科学技术大学冶金与材料史研究所等单位有关人员组成"石范铸钱模拟实验"课题组，在鄂州市博物馆青铜范铸实验基地，以出土西汉四铢半两石范为参照，进行了模拟实验研究，并于 2002 年 11 月 5—8 日"全国金属史与钱币史学术研讨会"期间做了现场表演，取得了初步成功，证明石范直接浇注是可行的。现将有关内容详述如下。

（一）采样选料

通过分析西汉铸钱石范的出土并参考现代矿物学中成矿的地质条件、共生矿物和我国的矿物分布情况[3]等资料，把选材地点定在山东平度滑石矿区，实验前对该矿区提供的矿样做了分析鉴定，结果或为滑石与绿泥石的共生矿石，或为以绿泥石为主要成分的矿石，与古石范的矿物成分相似。因此，去平度矿区取回了符合模拟实验要求的石板材料。

滑石通常包含的矿物范围广泛，它由不同比例的滑石矿物和其他矿物成分的矿石组成，有的甚至根本不含滑石矿物，如在外观上与滑石具有相同特点，并常被当作滑石矿开采利用的绿泥石矿石。滑石的滑腻感及硬度差别受到共生矿物的影响，如共生矿物是绿泥石、蛇纹石时，则滑感强，质也软，易雕刻[4]。

---

[1]　李少南：《山东博兴县辛张村出土西汉钱范》，《考古》1996 年第 4 期。

[2]　张龙海：《山东临淄近年出土的汉代钱范》，《考古》1993 年第 11 期。

[3]　矿产资源综合利用手册编辑委员会编：《矿产资源综合利用手册》，科学出版社，2000 年，第 645 页。

[4]　陶维屏：《中国工业矿物和岩石》，地质出版社，1987 年，第 271—298 页。

（二）开料刻范

1. 开料

所购石料的厚度在 40—60 毫米之间，长、宽均为 200 毫米。先把石料锯成厚度在 20—30 毫米的长方形，然后用砂皮纸打磨平整；确定好刻制半两钱的钱径为 24 毫米，穿边为 9 毫米，厚 1.5 毫米后，再设计石范的尺寸为 200 毫米 × 80 毫米、200 毫米 × 130 毫米及 200 毫米 × 180 毫米三种，分别刻制钱模左右各一行、二行、三行。

2. 钱范加工

（1）范面设计

根据对西汉石范的观察，古人在刻制石范前进行过精心的设计，图 2-70 是根据西汉石范上遗留的刻制钱范的信息，绘制的范面设计示意图，图中的数字为绘制顺序。这种设计可从许多西汉石范上留存的清晰的线条痕迹证实，博兴县半两范[1] 上就有清晰可见的十字线。具体步骤如下：

① 先在石料上画出竖直的中线，再画出与中线垂直的每排钱所在的横线（图 2-70，1、2）；

② 用两条竖的直线界定出主浇道的宽度，主浇道上宽下窄，凿刻好后浇口呈半喇叭形（图 2-70，3）；

③ 在最顶排及最底排的钱模所在的横线上留出 0.2 毫米的支浇道的长度后，用规或尺确定每枚钱的中心点，把上、下两排线上的中心点相连，就可得到一条条相交的十字线，依据这些十字线凿刻出钱腔（图 2-70，4）。

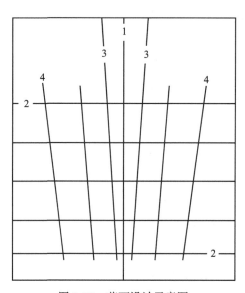

图 2-70　范面设计示意图

（2）钱范的刻制

① 工具

刻制钱腔的工具，有学者推测为一种"可中心定位的类似刮刀的旋转刮磨工

[1] 李少南：《山东博兴县辛张村出土西汉钱范》，《考古》1996 年第 4 期。

具"，用它"旋转刮磨出环状模腔"[1]。这种"类似刮刀的旋转刮磨工具"虽未见出土，但从出土的半两钱范上留存的试刻钱腔观察，这种刻挖钱腔的方式快速、高效，且易于保持钱模的一致；邯郸[2]、青岛楼山后[3]、咸阳[4]出土的四铢半两石范上留有圆形槽，这应是古人在磨制好这种"旋转刮磨工具"后，试刻时留下的痕迹。试刻的目的，是为了测试所用工具的外径尺寸的精确度及圆形槽的深度。在研究了西汉石范的刻制工具后，发现其类似于现代机械加工所用的铣刀。于是，自制了如图 2-71 所示的钻刻钱腔的铣刀。铣刀宽 24、长 100 毫米。

　② 铣刻钱范

　用磨制好的铣刀在石料上每个钱模的中心点上铣出一个个半两钱的圆形槽。当在石料上铣圆形槽时，铣出的型腔的中心都会产生一个小孔，这是铣刀的尖留下的痕迹，与出土的西汉半两石范中心的圆孔相符合。型腔铣好后，用刻刀将型腔中的圆形刻成方形，然后再用刻刀在型腔中方穿的两侧分别刻出"半两"二字，铣刻钱模的工作就完成了。然后再开挖主浇道与内浇道。主浇道上深下浅，平缓过渡。图 2-72 为正在用磨好的铣刀铣出的圆形槽。

图 2-71　铣刀

图 2-72　铣钱模

　　[1]　王雪农：《半两钱的铸造工艺与半两钱的分类断代》，《中国钱币论文集（四）》，中国金融出版社，2002 年，第 170—197 页。

　　[2]　李忠义：《邯郸古城区出土汉半两钱范》，《文物春秋》1997 年第 2 期。

　　[3]　朱活：《青岛楼山后出土的西汉半两钱范》，《文物》1959 年第 9 期。

　　[4]　咸阳市博物馆：《咸阳市近年发现的一批秦汉遗物》，《考古》1973 年第 3 期。

（3）陶背范的制作

与西汉半两石面范同出的背范数量较少，见于报道的有9件陶背范、2件石背范。由出土实物可知，这一时期的石范铸钱有面、背皆石质与面石、背陶两种组合方式。由于石范透气性差，用陶范作背范，浇注时比较有利于气体的排出。本次实验选择了面石、背陶的组合方式。陶背范的制作是把经过磨制的细泥土与草木灰按一定比例混合后，加入一定量的细砂混合均匀，按25%的含水量洒水陈腐1天以上，再在平板上夯制成泥平面范，然后阴干数天，最后入窑焙烧成陶质背范。

3. 合范

合范是浇注前的一道重要工序，直接影响浇注产品的质量，范如果合不严，浇注时会发生跑火现象，导致铸造缺陷，甚至浇注失败。出土西汉石范上未见有合范用的榫卯结构，合范应是完全靠外部的绳绑、捆扎。在陶背范与石面范对合时，采用4个直径8毫米的铁棍做成夹子与木塞一起分两组将对合的范夹紧，置于地面上，底部四周培上陶土，固定好，以待浇注。图2-73为合好待浇注的范（下面一组夹子与木块被土所掩盖），图2-74为熔炼合金，图2-75为进行浇铸。

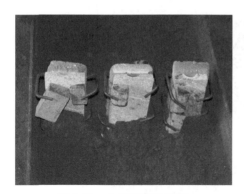

图 2-73　合好待浇注的范

图 2-74　熔炼合金

（三）合金的选择

青铜铸币中合金的主要元素为铜、铅、锡，作为合金元素的铅、锡含量直接影响着青铜铸币的质量。铅是一种熔点低（327.4℃）、密度大（11.3447g/cm³）的金属，铜中加入适量的铅，可起到降低熔点、增加铜液流动性、提高充型能力的作用；锡的加入不仅可以改善铜的

图 2-75　浇铸

铸造性能，而且可以大大提高铸币的强度、硬度和抗腐蚀性能，使铸币耐磨、耐蚀[1]。汉半两时正值"即山铸钱"时期，地方与民间都可以铸钱，"所以各地所铸铜钱，各次所铸铜钱，其金属成分比例参差不齐"[2]，"含铜量从60%左右至90%以上，铅、锡的波动更加显著，分别为1%—38%、0—18%"[3]。本次模拟实验，选择了两种合金配比，分别为铜75%、锡5%、铅20%；铜80%、锡5%、铅15%。由Cu-Sn-Pb三元合金相图[4]知，上述两种合金的熔点分别约为950℃与970℃。

（四）烘范

（1）刚开始烘烤时，因温度条件没有掌控好，烘烤温度烧至1000℃以上。据查现代矿物学知识，此时的滑石已发生相变，成为斜顽辉石，这是一种耐高温矿物，其耐火度高达1490—1510℃，硬度与滑石相比大增。绿泥石在1000℃时也发生了相变，成为镁橄榄石和顽辉石。用此种石范进行铸钱，浇注过后，钱币与范粘连在一起，清理极困难，而且石范使用一次即毁。这种烘范条件是不对的。

（2）烘范温度定为800℃。据观察，石范硬度略有增大，颜色略有变化，可塑性增强。有人用X射线研究滑石的热变化效应后确认，滑石的结构在800℃以下保持原状；我们发现，在此种条件下铸币的结果较理想。浇注过后范面完好无损（图2-76），钱币的清理工作也较易进行。遗憾的是试铸过程中因范面设计问题，浇注的成形效果不佳。

（3）烘范温度再降低。把石范置于烤箱连续烘烤5个小时、烘烤温度定在200℃。滑石一般在120—200℃时失去吸附水，用它进行浇注，石范并未出现炸裂现象。图2-77为浇注过后的石范及钱树。

（4）不烘范浇注。石料从购回到模拟实验浇注，已置于南方潮湿的空气下一月有余，其中含有较多的游离水。用不烘的范进行浇注，虽然出现轻微的溅铜现象，但并不影响成形效果，证明不进行烘烤的范也能浇注。

---

[1]《铸工手册》编写组编著：《铸造有色金属合金手册》，机械工业出版社，1978年，第392页。

[2] 戴志强、王体鸿：《北宋铜钱金属成份试析》，《中国钱币》1985年第3期。

[3] 周卫荣、戴志强等：《钱币学与冶铸史论丛》，中华书局，2002年，第60页。

[4] Hanson D, Pellwalpole W T. *Chill-Cast Tin Bronzes*. Edward Arnold&Co, 1951, 75.

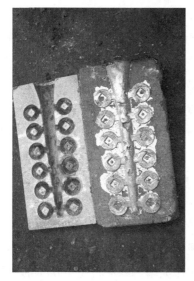

图 2-76　浇注过后的范面

图 2-77　浇注过后的石范及钱树

（五）浇注

浇注时，高于合金熔点 20—30℃范围，两种合金成分的选择对浇注效果的影响不大。吸热快、散热快是石范的特点，所以，浇注温度的确定是很重要的因素。浇注速度也是影响铸币成品率的一项很重要的因素，太快、太慢都会影响浇注效果。在控制好浇注温度的前提下浇注过程由经验丰富的技术人员操作，以掌握浇注速度。

（六）开范

因石范散热快，浇注完毕不久，铜液即已冷却、凝固，但此时石范的温度还较高，操作时需戴手套，敲掉铁夹、木块，即可撤范，取出钱树，进行清理。陶背范使用一次即废，再次浇注需另行制作。

（七）铸后加工

四铢半两行用时期，钱币铸造已比较规整，字文也较清晰，有些可能是经过净边加工处理的，但总体来说，这一时期还没有精修边郭的工序[1]。加工时锉磨

[1]　戴志强、周卫荣、樊祥禧：《满城汉墓出土五铢钱的成分检测及有关问题的思索》，《中国钱币》1991 年第 2 期。

掉钱坯上的毛刺、茬口上的流铜，即得到成品的半两钱。试铸的半两方孔无郭，钱的修整工作较易进行。图 2-78 为出土的西汉半两钱（左）与试铸出的半两钱（右）。

图 2-78 出土的西汉半两钱（左）与试铸出的半两钱（右）

（八）实验讨论与初步结论

（1）模拟实验证明，用石范直接铸钱是完全可行的。试铸中发现，凡浇注过的石范、范面的浇道内、钱腔内、浇口附近，均不同程度地呈黑黄色；结合出土的数量较多的西汉石范，且多数范上有黑黄色等使用痕迹，说明汉初至元鼎四年（公元前 113 年）确实存在一段主要用石范铸币的时期。

半两钱，这种薄小、一范上刻制较多数量的青铜铸件，用滑石范能浇注成功，那么，刻凿数量少、器壁相对较厚的斧、镢等造型简单的器物，进行直接浇注也当是可行的。

（2）滑石在我国分布广泛，用它铸钱，材料易得；其质地软，易雕刻，刻范快捷；不烘烤即可使用，简化了使用工序，与陶范比，可节省时间，提高效率。在西汉前期币制变化频繁、对钱币的规范化要求较低的社会状况下，石范的使用应该说是顺理成章的事情。另外，石范还具有不必刷涂料，浇注前不需预热，使用时间长等优点，都利于在"听民放铸"背景下小规模的生产使用。要保证铸币的质量（充型效果好），烘范是必要的，但必须冷却后浇铸。从考古发现来看，邯郸、石家庄[1]的铸钱遗址中的窑址可能就是烘范窑。但烘范温度是一个至关重要的因素，从四铢半两时期钱币铸造大都规整，钱币质量较好来看，古人应是在长期使用石范的经验积累基础上，对滑石的性能已有了相当程度的认识和了解。

（3）半两钱时期，有明确出土地点的石范粗略统计为一百余件（数量不明的一些残块未计算在内），铜范不到十件，陶范的数量也较少；郡国五铢钱时期（公元前 118—前 113 年），石范的发现不多，仅十件左右，但同期发现的铜范却有九十多件。使用郡国五铢的短短几年间，石范的数量锐减，铜范的数量却陡增；至武帝专铸三官五铢时期，西汉的钱币铸造进入了大规模使用铜范铸钱的时期，仅在陕西西安相家巷铸币遗址有极少量发现。这是由于用石范铸钱，有其不

---

[1] 王海航：《石家庄东郊发现古刀币》，《文物》1964 年第 6 期。

利于大规模使用的因素；滑石强度小，搬挪时必须十分小心，否则易磕碰坏块；滑石属层状矿物，双层内部各离子的电价已经中和，联结很牢，而双层与双层之间则以分子键相维系，联结不牢固，因此会沿双层面裂开。因滑石的这个属性，在刻制钱范时，就无法避免细小崩块现象的出现，这势必会影响钱币的外观，而在钱币标准化要求越来越高的五铢钱时期，必然不能适应形势，其被铜范替代也就不可避免。

四、石范铸钱发展之原因

在我国古代青铜铸造技术已经达到登峰造极之后，西汉建立后的近 90 年间的钱币铸造又一上演了数量较大、区域较广的石范铸造，不得不探讨原因；即便从钱币铸造本身来说，先秦时期铸钱多用陶范、金属范。先秦钱币铸造所用范材，就出土发现来看，金属铜范的使用已不少见，且有金属范母发现。而在汉武帝元鼎四年（公元前 113 年）专铸三官五铢之后，石范铸造又骤然消失（指石范不直接用于浇铸），这都促使我们去探究石范的较多应用为何会主要集中出现在汉初至元鼎四年这段时间的原因。

从汉初至汉武帝专铸三官五铢钱的近 90 年间，币改频繁，有记载的就达八次之多。同时，这一时期不仅地方政权手中拥有铸币权，甚至鼓励民间铸钱。而石范铸钱正好适应了这种币制不稳、不断变化的形势。石范可随刻随用，一旦改币，或用背面再刻，或磨掉重刻，利用率高：山东博兴县辛张村有两件荚钱与四铢半两的合体范[1]（图 2-79）；莱芜出土的三铢钱范的背面有四枚半两钱腔[2]；陕西咸阳韩家湾出土的钱范在一范的背面有磨掉的阴文"半两"钱形痕迹，可能是利用旧范改制的（图 2-80）[3]；章丘东汉平陵有的钱范残存重复使用的痕迹[4]，即将原钱腔磨掉后重新刻制钱腔，原钱文痕迹尚存。

石范的使用是此期社会经济形势的一种必然反映，其规范性的增强又是由于西汉政府各地铸钱管理加强的结果。汉初财政匮乏、民生困苦，社会经济亟待恢

---

[1] 李少南：《山东博兴县辛张村出土西汉钱范》，《考古》1996 年第 4 期。

[2] 尚绪茂、宋继荣、赵承恩：《山东莱芜铜山汉代冶铸遗址》，《中国钱币》1999 年第 1 期。

[3] 咸阳市博物馆：《咸阳市近年发现的一批秦汉遗物》，《考古》1973 年第 3 期。

[4] 朱活：《古钱新典（上）》，三秦出版社，1991 年，第 140 页。

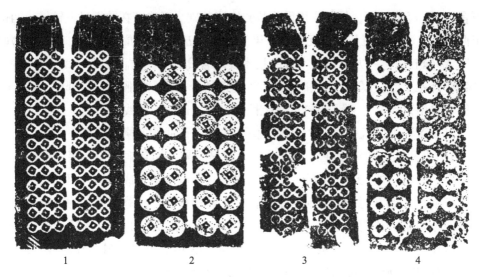

图 2-79　博兴县辛张村出土榆荚半两－四铢半两合体石范

复。在休养生息的宽厚政策下，允许郡国、民间铸钱。在"无为而治"的统治思想下，对钱币铸造、发行的管理必然不够严格；致使"民用钱，郡县不同；或用轻钱，百加若干；或用重钱，平称不受……市肆异用，钱文大乱"[1]。这种情况一直延续到文帝铸四铢半两虽"令民得自铸钱"，但同时"一方面加强了对直属各郡铸钱的管理，将原来管理铸钱的机构由少府改属大司农"[2]；另一方面，加强了对市场的监督：1975 年湖北江陵凤凰山 168 号墓[3] 中与四铢半两同出有 1 件"称钱衡"，上有文字"……敢择轻重衡，及弗用，刻论罚，徭里家十日"，可以证明对货币市场管理的重视。四铢半两规范性的增强是政府管理措施强化的结果。至汉武帝时期，经过汉初六七十年的恢复发展，"都鄙廪庾皆满，而府库余货财，京师之钱累巨万，贯朽而不可校，太仓之粟陈陈相因，充溢露积于外，至腐败不

图 2-80　咸阳韩家
湾出土半两石范

---

［1］（汉）班固撰：《汉书·食货志（下）》，中华书局，1975 年，第 1154 页。

［2］ 朱活：《谈银雀山汉墓出土的货币》，《文物》1978 年第 5 期。

［3］ 纪南城凤凰山一六八号汉墓发掘整理组：《湖北江陵凤凰山一六八号汉墓发掘简报》，《文物》1975 年第 9 期。

可食"[1]，经济繁荣，具备了货币改革的经济基础。汉武帝在铸行过三铢钱、四铢半两之后，于元狩五年（公元前 118 年）铸郡国五铢钱，"周廓其下，令不得磨取焉"。郡国五铢，一方面钱币本身的技术要求较高；另一方面法令严苛，"盗铸诸金钱罪皆死""犯者众，吏不能尽诛，于是遣博士褚大、徐偃等分行郡国，举并兼之徒、守相为利者"。郡国五铢的规范性超过以往任何一种钱币。

汉武帝铸郡国五铢时期，郡国虽仍可铸钱，铸钱的风格各地亦不尽相同，而"当时中央和地方的铸币在含铜量上并无明显差异，而且铜、铅、锡的配比，除了铅有一些波动外，大致相仿"[2]，应该说这次币制改革是成功的。但在政治上中央集权强化、地方割据势力削弱，思想上"罢黜百家，独尊儒术"的背景下，汉武帝是不可能允许可以起到"易富贵""与人主其操柄"的货币的铸造权仍为地方郡国所掌握的，于是于元鼎四年（公元前 113 年）以"郡国多奸铸钱""钱多轻"为借口，剥夺了郡国的货币铸造权，钱币由上林三官专铸。至此，钱币实现了由国家统一铸造、发行。而石范铸钱也就急剧减少，仅在陕西西安相家巷铸币遗址[3]有极少量发现，不过此地发现的石范为石雕范母，石范的功能已由直接铸币转为作母范使用。

元鼎四年（公元前 113 年）前石范的较多应用，除了石范本身适合铸造这种薄小、大量、简单的铸件，这一时期钱币皆背平素，工艺要求相对简单外，其主要原因还在于钱币铸造权的分散，变化的频繁，是与当时的社会形势密切相关的。随着西汉政府对各地铸钱管理的加强，石范的刻工逐渐精细、钱模逐步规范，直至汉武帝专铸三官五铢时，石范因不能适应中央集权强化的大一统的政治背景而退出钱币直接铸造领域。

总体而言，西汉元鼎四年（公元前 113 年）前，不但民间铸钱时用石范，且拥有货币铸造权的地方政权铸钱也用石范，山东章丘汉东平陵铸币遗址[4]、博兴县辛张村[5]、河南洛阳汉河南县城铸币遗址[6]等地均为官铸遗址，这表明石范在

---

［1］（汉）司马迁撰：《史记·平准书》，中华书局，1975 年，第 1420 页。

［2］戴志强、周卫荣、樊祥禧：《满城汉墓出土五铢钱的成份检测及有关问题的思索》，《中国钱币》1991 年第 2 期。

［3］李毓芳：《汉长安城烘范窑和铸币遗址》，《中国考古学年鉴·1993》，文物出版社，1995 年，第 245、246 页。

［4］郑同修：《东平陵两汉手工业重镇》，《文物天地》1996 年第 5 期。

［5］李少南：《山东博兴县辛张村出土西汉钱范》，《考古》1996 年第 4 期。

［6］程永建：《洛阳出土几批西汉钱范及有关问题》，《中国钱币》1994 年第 2 期。

此期的钱币铸造中应占有比较重要的地位。

四铢半两行用时期，河南洛阳汉河南县城铸币遗址[1]、山西夏县禹王城遗址[2]两地都有陶（泥）范母发现。用范母翻制子范铸钱，这种进步的铸钱技术的应用是与四铢半两钱币的相对稳定有关的，四铢半两是西汉铸币以来第一种稳定的货币，使用达三十余年（其间汉武帝曾一度铸行三铢钱，但时间短暂），反映出货币政策的稳定，有利于铸币技术的革新。

郡国五铢行用时期，石范发现较少，发现较多的是金属铜范。究其原因，铜范属永久性范，与石范相比更利于提高钱币的规范性，更能适应政权强化的大一统的社会形势，其使用寿命亦更长。这表明石范作为西汉铸钱大量使用金属铜范的前奏，逐渐完成了它的历史使命，有退出钱币直接铸造领域的趋势。其后的三官五铢钱币的铸造是在吸取石范铸造进步因素的基础上发展成熟起来的。

应该说西汉元鼎四年（公元前113年）前的这段时期，在我国货币铸造史上是一段比较特殊的历史时期，在西汉王朝的统治范围内，地方政权始终掌握钱币的铸造权，间或民间亦可铸钱，再加上钱币种类变化频繁，这样的政治、经济形势，对钱币规范化的要求标准低。因此可以说，石范这种半永久性范具有从汉初至汉武帝专铸三官五铢钱的近九十年间，币制改革频繁，有记载的就达八次之多。同时这一时期地方政权手中握有铸币权，有时甚至民间亦可铸钱。而石范铸造正好适应了这种币制不稳、不断变化的形势，适应了这一时期的社会状况。

第三节　铜　范　铸　钱

铜范铸钱是古代范铸法铸钱时期的一项重要的铸造工艺，它萌生于春秋战国时期，发展于秦汉半两钱时期，兴盛于西汉五铢钱时期。而自王莽之后，铸钱工艺转向以叠铸工艺为主，铜范铸钱工艺逐渐失去了其在小器物大批量生产领域中的重要地位。

钱币有两个有别于其他青铜铸件的显著特点，一是体型薄小、形态简单；二是数量巨大，有一个重复铸造的问题。因此铜范经过保护处理之后，在铸钱方面要明显优于陶范和石范，理论上一块保护处理得当的铜范可以长久使用。

---

[1] 程永建：《洛阳出土几批西汉钱范及有关问题》，《中国钱币》1994年第2期。

[2] 黄永久：《禹王城遗址发现的铸币范》，《山西省考古学会论文集（二）》，山西人民出版社，1994年，第159—169页。

一、铜范铸钱的发展历程

我国古代铜范的使用较晚，就现有资料来看，最早有比较明确年代的铸钱铜范是蚁鼻钱铜范（图2-81）、齐六刀铜范（图2-82）、燕安阳布铜范（图2-83）和战国秦半两的铜范（图2-84）。因此，在我国很可能是铸钱开了铜范使用的先

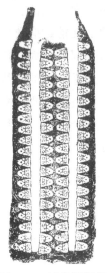

图 2-81　蚁鼻钱铜范

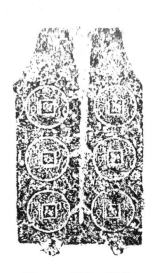

图 2-82　齐六刀铜范

图 2-83　燕安阳布铜范

图 2-84　战国秦半两铜范

河。从战国到西汉早期，尽管铜范铸钱一直有所使用，却并不占主流，这是因为战国和秦朝，虽然理论上青铜时代已逝，但陶范铸造技术尚存，钱币基本上还是在铸铜作坊铸造。另外，货币的铸造量还不是很大，西汉前期的 80 年间又主要是石范铸钱，因此，铜范未有显著的发展。

随着汉代社会经济的发展，国力的增强，至汉武帝时期，对铸币的质量和标准有了一个进一步的要求，逐渐放弃石范铸钱，普遍采用铜范铸钱。事实上，五铢钱时期，石范已经很少发现，绝大多数的铸范是铜范（叠铸除外）。陕西省钱币学会编的《秦汉钱范》收入有西汉五铢钱范 223 件（指铸范，不包括铸铜范的陶母范），其中铜范 117 块，石范五块，陶范一块，就浇铸系统的设计来看，五块石范中只有山东莒县博物馆一块似直接铸钱的铸范，其余可能皆是翻制陶范用的阴模（祖范）[1]。

从战国到西汉，铜范在铸钱实践中不断进步发展。战国蚁鼻钱铜范采用双直浇道，或者按蒋若是先生的说法称为分流分铸，范面设计在块范阶段表现出一定的先进性（可能也与其特有的形态有关），但出土的几块蚁鼻钱范范头全是浇坏了的，因此，铜范浇铸技术显然还不是很成熟；出土或者著录的战国秦半两铜范，为分流直铸，是早期块范铸钱浇铸的基本形式，具有一定的原始性；秦半两和汉半两时期也以此为主。铜范铸钱技术到汉武帝时期，得到了快速发展。首先是块体显著增大，在半两钱时期，铜范一般都是直浇道两侧一边一排，钱腔总数一般在十二至十四枚，超过十四枚钱腔的很少；汉武帝推行五铢钱以后，随着对铸币质量要求的提高，铜范铸钱的普及，铜范很快发展到了双排、三排。1979年陕西澄城坡头村出土五铢双排大铜范三十九块，其中一块长 41.5、宽 32.5、厚 8 厘米，钱腔数达 42 枚；西安长安城遗址、建章宫遗址、户县兆伦村遗址还出土了大量三排式铸造五铢铜范的陶母范（陶阳模），可惜皆不完整，但从发现的与五铢铜范配套使用的完整的陶背范来看，钱腔数达 58 枚之多（图 2-85）。其次是浇铸系统的改进，成熟的五铢铜范范面设计非常合理，直浇道两侧钱腔与范肩平行设计，各条内浇道基本与范肩平行，最大限度地利用了范面，且外侧钱腔大多设有贯通一气的排气槽，以确保铜水的充型效果和铸币的质量。最后是铜范的保护层，铜范要浇铜水必须经过保护处理，在铜范范面上制作保护层，且这一保

---

[1] 陕西省钱币学会：《秦汉钱范》，三秦出版社，1992 年，第 103、225、229、301页；程永建：《洛阳出土几批西汉钱范及有关问题》，《中国钱币》1994 年第 2 期。载石范三块，似浇铸钱币用范。

护层必须超薄、耐高温，既不影响钱币文字与轮廓，又经得住高温铜液的冲击。出土的五铢铜范绝大多数范面都能看到一层黑色的保护层，也正是由于这一保护层的存在，所以出土五铢铜范大多数范面都还是很清晰、完好的；但早期的铜范都不同程度地存在浇铸损伤，出土的蚁鼻钱铜范，除了上面提到的范头浇化现象外，前腔也有浇铸损伤，而半两钱铜范浇道、钱腔浇化的现象就更多。根据研究，五铢铜范的保护层是油脂类炭化层，不仅在出土铜范上测出了油脂类的炭化层，而且成功地用模拟实验做出了验证[1]。此前的半两钱铜范、蚁鼻钱铜范用什么材料制作保护层不得而知，但从范面屡有损伤的情况看，显然表面保护技术尚不成熟。陕西澄城坡头村出土的五铢铜范（图2-86）不仅设计合理，而且制作非常精美，就块范铸钱而言可谓登峰造极，同时也表明，就铜范铸造而言，技术本身的发挥也达到了极限。

图 2-85　五铢陶背范

图 2-86　陕西澄城坡头村出土五铢铜范

　　铜范铸钱，不仅可以多次反复使用，省去了重复制范的人力物力，降低了成本，提高了效率，而且铜范铸品轮廓周正，字书分明，在这方面，铜范不仅优于陶范，也优于石范，所以当王莽时期叠铸工艺普遍使用之后，铜范铸钱仍延续了一段时间。

---

[1] 李迎华、董亚巍、周卫荣等：《汉代铜范铸钱工艺及其模拟实验》，《中国钱币》2005年第2期。

二、楚国蚁鼻钱铸造工艺

蚁鼻钱是战国时期楚国铸行的货币，由于其形状特别，文字下凹，在先秦货币中是较难铸造的。自 20 世纪 60 年代以来，随着蚁鼻钱铜范的陆续发现，人们意识到，蚁鼻钱可能是采用铜范铸造的。2002—2004 年，中国钱币博物馆立项对中国古代铸钱工艺做了较为系统的考察研究，初步建立了中国古代铸钱工艺发展的理论框架，并于 2004 年 12 月通过行业鉴定[1]，为研究蚁鼻钱的铸造工艺提供了一定程度的理论与实验指导。在此基础上，我们邀请中国科学院研究生院科技史与科技考古系、湖北钱币博物馆（湖北省钱币学会）、鄂州博物馆等单位的研究人员组成课题组开展研究。我们首先进行了考古调查，并在此基础上设计了模拟实验研究和科技检测。

（一）蚁鼻钱范的考古调查

到目前为止，见于报道的蚁鼻钱铜范有 10 块[2]左右，其中有确切记录的 5 块，分别藏于湖北省武汉市博物馆、安徽省繁昌县博物馆和上海博物馆，具体信息如下：

湖北省武汉市博物馆藏楚国蚁鼻钱铜范残件一块，系 1974 年武汉市文物商店在湖北更生仓库拣选废铜时发现。此范残长 70、宽 54、厚 3 毫米，范面有两排阴文"𦥑"字钱腔。型腔完整者 10 枚，残 2 枚，背面中间有扁形长纽，无纹饰（图 2-87）。

图 2-87　武汉市博物馆藏蚁鼻钱残范

安徽省繁昌县博物馆藏有两件蚁鼻钱范，系 1982 年 2 月繁昌县文化局文物组

［1］《金融时报》2004 年 12 月 19 日第 2 版；《中国文物报》2004 年 12 月 22 日第 6 版；《光明日报》2004 年 12 月 2 日第 3 版；《中国钱币》2005 年第 1 期。

［2］黄锡全：《先秦货币通论》，紫禁城出版社，2001 年，第 366 页。

在该县横山古铜矿区征集，出土于横山镇强圩村房基中。两范铜质，形制相近，呈长方形，一端有半筒形浇口，均残。范面有两个主浇道，4 排阴文钱腔，"罒"字阳文；范背平整，中部偏上有一长方形錾。1 号范长 270、宽 107、厚 9.5 毫米，重 1.055 千克，背錾残，范面有 2 个直浇道，4 排钱腔，每排 16 枚蚁鼻钱，此范面共 64 枚钱腔，蚁鼻钱腔排列的两侧外缘约有 10 毫米素边缘（图 2-88；图版三，1）。2 号范残长 240、宽 108、厚 9.5 毫米，重 1.01 千克，浇注系统与 1 号范极为相似，只是在临近直浇道浇口处多出一枚钱腔，共 65 枚钱腔（图 2-89；图版三，2）。

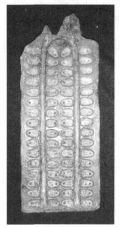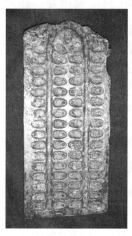

图 2-88　安徽繁昌县博物馆藏 1 号蚁鼻钱铜范

图 2-89　安徽繁昌县博物馆藏 2 号蚁鼻钱铜范

图 2-90　上海博物馆藏蚁鼻钱铜范

上海博物馆藏蚁鼻钱铜范两件，一件完整（图 2-90；图版四，1），另一件残缺，皆为"罒"字币，系 20 世纪 60 年代从上海冶炼厂的废铜堆里拣选出来的。完整者呈长方形，整范长 300、宽 105、厚 8 毫米，重 2204 克。中间设浇口，口径 47、深 17 毫米，两条主浇道长 260 毫米。范面钱腔亦 4 排，左侧为 19 枚、右侧为 20 枚，中间二排相对、各 19 枚，共 77 枚；背面有两个镂空横纽，间距 160、残范长 80、宽 105 毫米，重 480 克。背面留有横纽残痕，其制作、铜质、文字与上述完整范基本相同。

（二）蚁鼻钱范铸造工艺分析

从铸造工艺角度分析，上述蚁鼻钱铜范可能由两种方法做成。

第一，用可雕塑性材料先制作好一枚完整的蚁鼻钱，以此作模，翻制出一些几何形状及尺寸完全相同的蚁鼻钱，再用这些蚁鼻钱作模，排列好后翻成整体泥范，开挖浇铸系统，做成一块与铜范完全相同的泥范，经阴干、焙烧成陶范后，翻制阳文泥范，再将阳文泥范经阴干、焙烧成陶范，最后浇铸蚁鼻钱铜范。

第二，用滑石料切割打磨出基准平面，在平面上画线设计范面，用刀具挖刻出蚁鼻钱型腔及浇铸系统，修整外形，使之成为与蚁鼻钱铜范几何形状及尺寸完全相同的石祖范（石阴模），但暂无文字、无孔。然后，用石祖范当模翻制蚁鼻钱阳泥范，在每枚凸起的蚁鼻钱钱型上压印铭文和孔，经阴干、焙烧后，浇铸蚁鼻钱铜范。

通过对上述蚁鼻钱范实物的考察中发现，现有的蚁鼻钱铜范，每枚钱腔的长、宽及深浅度，都存在明显的差异，说明范面的每个钱腔是经手工一个个刻挖而成，并非用一个蚁鼻钱当模翻制而成。因此蚁鼻钱铜范的制作很有可能是采用上述第二种工艺，即首先在石料上刻挖钱腔（阴模）的方法制作而成。

上海博物馆及繁昌县博物馆馆藏的蚁鼻钱铜范较为完整，可以看到，蚁鼻钱铜范正背两个面的尺寸也不同，正面尺寸大，背面尺寸小。通过研究发现，蚁鼻钱铜范的两个面，是用了两个尺寸大小不同的模，分别制范后合范浇铸而成。如果制成面背尺寸相同的铜范，只需要做出一个蚁鼻钱范的模，用这个模作面范，蚁鼻钱范的厚度全部在泥面范的范腔之中，而背范只需夯一块平板，再加上銎，即可合范浇铸。显然，做面背尺寸不同的铜范比制作面背两个面尺寸相同的铜范费工费时。通过观察繁昌县博物馆藏的蚁鼻钱铜范，发现该范正面蚁鼻钱钱腔的排列，两边外缘约有 10 毫米，素边，而背面的外缘也有约宽 10、厚 3 毫米的边，其余边的厚度为 6 毫米，这正是分别制作面背两个模再分别制范浇铸的结果。

从铸造学角度讲，面背尺寸不同的蚁鼻钱铜范，在使用中具有优越性。蚁鼻钱铜范至厚处为 6 毫米，其范面钱腔最深处约 3 毫米，如果将铜范的两个面统一尺寸，显然钱腔以外的两缘就会成为最厚处。制作尺寸大小不同的面、背模制范，背面模的宽度要比正面模约小 20 毫米，分别翻制陶范浇铸成铜范后，背面两边约小 10 毫米。单从外观几何形状来看，似乎不大好理解蚁鼻钱铜范为什么要做成这种形状，这不大可能仅仅是为了节省一点铜料。从铜范铸钱的工艺过程分析，蚁鼻钱铜范的设计、制作采取减薄边缘厚度的做法的目的，应该是为了减小铜范在浇铸过程中的温度传导率。浇铸蚁鼻钱时，范面中间两排蚁鼻钱腔一个紧挨一个，基本没有多余的间隙，而靠两边的两排蚁鼻钱腔外侧，则各有一个约10毫米的边缘。如果将边缘的厚度做成6毫米，可以肯定比厚度3毫米的导热率高，则可能会造成浇铸时外侧两排钱腔充型不满，即浇不足，这无疑会增大废品率、降低生产效率。将边缘的厚度减薄以后，铜范边缘的导热率随之减小，浇铸时浇不足的可能性大大降低。通过对繁昌县博物馆馆藏的蚁鼻钱铜范背部边缘减薄形成的裙边现象进行铸造学探索并予以实验验证，发现在浇注条件相同的情况下，仿制的不带减薄裙边的铜范都出现了浇不足的现象（图2-91），而带有减薄裙边的铜范都能实现成功浇注，从而验证了对古蚁鼻钱铜范减薄裙边在铸造学设计上的推测。

图 2-91　不带裙边蚁鼻钱范浇铸结果

根据上述工艺分析的情况，结合《中国古代范铸法铸钱工艺模拟实验研究》的有关结论，推断蚁鼻钱铸造工艺过程应为：①制作石模（有正面模具、背面模具、芯盒和芯子）；②翻制泥面范和背范，在泥面范上压印"罘"字，并压印圆形小孔；③将泥面范和背范阴干、焙烧，然后合范浇铸蚁鼻钱铜范；④制作铜范保护层；⑤带保护层的蚁鼻钱铜范与平板陶背范对合浇铸蚁鼻钱。

具体工艺流程如（图2-92）所示：

（三）蚁鼻钱铸造工艺模拟实验

蚁鼻钱铜范铸钱的模拟实验分四个阶段进行。第一阶段，制作石模。在这一阶段，用石料挖刻蚁鼻钱钱范（祖范），并制作背面模具、"罘"字铭文模、芯盒

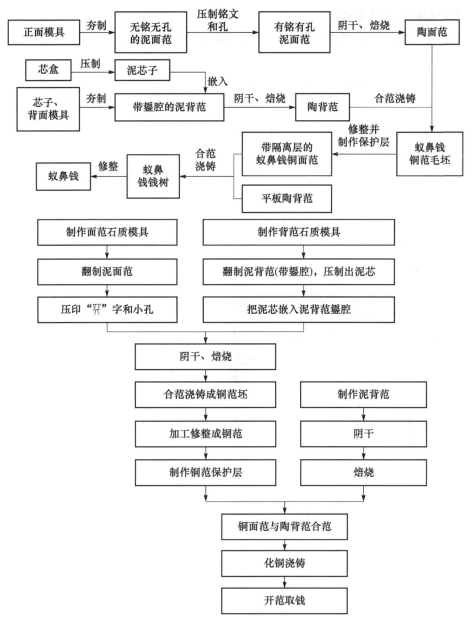

图 2-92 蚁鼻钱铸造工艺流程图

和芯子。第二阶段，制作泥范。在这一阶段，用石模翻制出泥面范和泥背范，并在泥面范上压印铭文和孔，在泥背范上嵌入泥芯子后阴干。第三阶段，将阴干好的泥范焙烧成陶范后合范浇铸铜范。第四阶段，浇铸蚁鼻钱。将浇铸成功的铜面范修整处理并做好保护层（隔离层）后浇铸蚁鼻钱。

1. 第一阶段：制作石模

在这一阶段，以繁昌县博物馆馆藏蚁鼻钱铜范为标本，按其尺寸刻制石范及模具。

（1）模具制作材料的选择。根据蚁鼻钱范的特征，结合我国古代春秋至汉代的范铸技术工艺进行综合分析，推断蚁鼻钱范的祖范用滑石料制作的可能性很大[1]，因此选择滑石作为制作模具的材料。

（2）刻制石范及模具。石祖范：按铜面范的尺寸切割石料，将石料各面打磨平整光滑。刻画工具主要是刻刀、画针和直尺。用画针在石料上画出设计图稿（浇口长 47、宽 34 毫米），画出贝形钱腔、浇口杯、直浇道和内浇道轮廓。在画好轮廓的石板上用刀具一个个刻挖出蚁鼻钱的钱腔，修整后再刻挖出浇口杯、直浇道及内浇道（图 2-93、图 2-94），并用砂纸打磨光滑，即为蚁鼻钱范的石祖范（也就是阴模）（图 2-95）。

图 2-93　挖刻蚁鼻钱钱腔

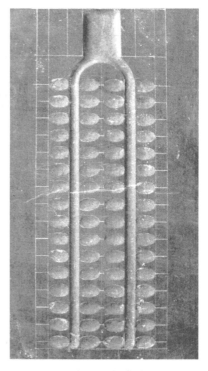

图 2-94　挖刻浇道

图 2-95　刻好的蚁鼻钱石祖范

---

［1］ 王金华、李秀辉、周卫荣：《西汉石范铸钱原因初探》，《中国钱币》2003 年第 1 期；王楚栋、董亚巍、王金华等：《中国古代石范铸钱模拟试验研究》，《中国钱币》2003 年第 1 期。

背面模具：为了浇铸出铜范背面的阶梯状，即裙边，背面模具设计为：主体厚 8、裙边厚 3、宽 5 毫米，浇口最厚处为 15 毫米。

用小块石料制作铜范背面的錾所需的芯盒和芯子。具体工艺如下：

芯盒：在小块石料上，将上下底面和一个侧面打磨平整光滑，以侧面和上底面为基准面设计画线，然后用刻刀刻制成型（图 2-96）。其上底面长 40、宽 31 毫米，下底面长 30、宽 31、深 10 毫米。

芯子：上下底面皆为矩形，上底面长 36、宽 24 毫米，下底面长 51、宽 31、高 16 毫米（图 2-97）。

图 2-96　芯盒

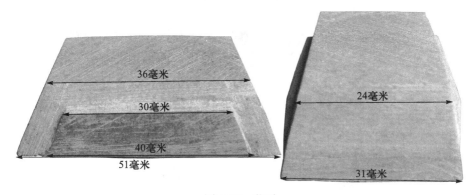

图 2-97　芯子

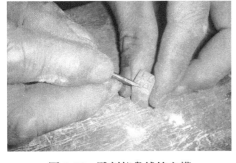

图 2-98　雕刻蚁鼻钱铭文模

"咒"字铭文模：关于铜范上的"咒"字，我们做过仔细的研究，推测其是在泥阳模上压印的，按照春秋战国时期的范铸技术工艺，这种操作可以用统一的字模压印，也可以用器具在阳模上一个个压出。为了便于操作，我们制作了专门的石质"咒"字模（图 2-98）。

2. 第二阶段：制作泥范

模拟实验在这一阶段制作了 3 种形式的泥范：①泥料夯打的范（图 2-99）；②泥范包（图 2-100）；将夯打出来的泥面范和泥背范合范之后，用草拌泥糊在外层，成为泥范包；③散土夯打的范：制作方法与泥料夯打的范相同，只是把泥料换成散土来夯打成型。泥范包括泥面范和泥背范。下面以泥料夯打的范为例来阐述其制作过程。

图 2-99　泥料夯打的范

图 2-100　泥范包

春秋战国时期的制范泥料不是散土，而是用的练泥，根据我们做过的模拟实验，其制作过程大致如下：将取回的田野生土制成坯，装进窑内焙干，取出后研磨至 100 目，配入 40 目细砂及草木灰掺和调匀，加入适量水，搅拌均匀，陈腐两天后进行踩泥（图 2-101）；踩泥 3 天后将泥料分成一团团，堆起来陈腐；陈腐一周后再进行练泥（图 2-102）。陈腐和练泥主要是为了使泥料的组成、结构趋于均匀，泥料在不同方向上的物理和机械性能尽可能一致，以确保泥范不发生分层和开裂，并提高强度。

泥面范：将制好的面范模具（石祖范）钱腔面朝上放置于平板上，然后将一个长方形活动木框安置在模具上，将泥料填入木框中，夯打成型，然后在泥料上放一平板后再夯打，使得夯打出的泥面范背面平整。拿掉木框，即可得到无铭无孔的蚁鼻钱泥面范（图 2-103）。用"𦉢"字蚁鼻钱铭文模在泥范凸起的钱腔上压

图 2-101　踩泥

图 2-102　练泥

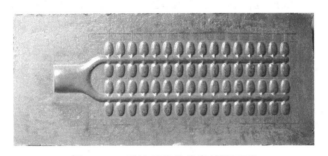

图 2-103　无铭无孔的蚁鼻钱泥面范

印"罒"铭文（图 2-104）（也可直接用工具压刻），并在较窄一端用锥形物压一小圆孔，即制作出了有铭有孔的泥面范（图 2-105）。

泥背范：将刻好的范背模具放置于平板上，同时将刻好的芯子置于背面模具上的适当位置，用一个长方形活动木框安置在模具上，然后将泥料填入木框中，夯打成型，接着在泥料上放一平板后再夯打，以使背范的背面平整结实。卸掉木

图 2-104　压印铭文

图 2-105　制作好的泥面范

框，即可得到泥制背范。再用芯盒翻制出泥芯子，并将泥芯子嵌入泥背范中。

由于泥料是经反复炼制的，范体在阴干过程中的应力较大，须放置在空气相对不流通的地方进行。我们将其放置在室内进行阴干，仍然还是有许多块泥范发生了变形及开裂。经过几次实践后，才逐渐掌握要领，制作出符合浇铸要求的泥范。

3. 第三阶段：浇铸铜范

为了确保蚁鼻钱铜范浇铸实验的成功，在此阶段实验之前，我们首先采用陶面范和平板陶背范试铸了无錾的蚁鼻钱铜范，合金配比采用铜 78%、锡 5%、铅17%[1]。试铸获得了成功，铸出了完整的蚁鼻钱铜面范（图 2-106、图 2-107）。此铜面范的范面和范背尺寸大小一致，背面无錾。铸这种范的目的不是为了省事，而是为了摸索蚁鼻钱铜范制作工艺的相关细节。蚁鼻钱铜面范从设计到浇铸，完全按照春秋战国时期范铸工艺的技术规范进行，试铸的铜范与繁昌县博物馆馆藏蚁鼻钱铜面范的工艺技术特征相符：其范腔中蚁鼻钱的铭文及孔的位置各不相同。在此基础上设计铸造范面有铭文，范背有錾、有裙边的蚁鼻钱铜范。

图 2-106　浇铸出的蚁鼻钱铜面范毛坯　　　　图 2-107　无錾的蚁鼻钱铜面范

---

[1]　这一配比是参考课题组分析的陕西历史博物馆馆藏汉半两铜范和汉五铢铜范的合金成分得出的，安徽省繁昌博物馆的蚁鼻钱铜范曾公布过合金成分，铜、铅、锡含量分别是67.71%、0.33%、6.38%，数据显然有误（见陈衍麟：《繁昌的楚铜贝范及其铸币工艺》，《中国钱币》1996 年第 3 期）。

（1）焙烧泥范

将制作好的各种泥范，阴干3个月后焙烧。泥范焙烧采用鄂州市博物馆文物复原复制研究所的鼓风倒焰窑。焙烧时间为52小时，窑温经过7小时由室温升至约900℃，并维持在900—1000℃焙烧40小时后，温度升至约1050℃，最高可达1140℃，继续焙烧5小时后，停止焙烧，待冷却后取出陶范（图2-108、图2-109）。

图2-108　测量陶范烧制温度

图2-109　焙烧的陶范

（2）合范

合范是浇注前的一道重要工序，直接影响浇铸产品的质量，范如果合不严，浇铸时会发生"跑火"（铜液泄漏）现象，导致铸造缺陷甚至浇铸失败。实验了两种方式：泥范先焙烧后合范和用草拌泥做成范包直接焙烧。由于陶面范和陶背范上并没有合范用的榫卯定位结构，故合范完全靠外部的卡子固定。在面范与背范对合后，用卡子夹紧，再用湿泥将范缝糊住以防止浇注时铜液意外泄漏，然后将其置于沙箱内，固定好，以待浇铸（图2-110、图2-111）。但陶范包是直接放入沙箱中，固定好后即可浇铸（图2-112）。

图2-110　合范

（3）熔炼浇铸

实验采用坩埚焦炭炉熔炼青铜，合金配比采用了3种比例：①铜80%、锡10%、铅10%；②铜70%、锡10%、铅20%；③铜75%、锡10%、铅

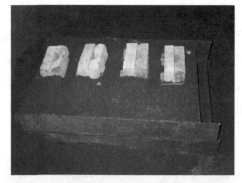

图 2-111　固定好的陶范

图 2-112　固定好的陶范包

图 2-113　浇铸蚁鼻钱铜范

15%[1]。当铜熔化完后加入锡、铅和碎玻璃精炼 5 分钟，熔炼温度约为 1100 ℃，静置 1—2 分钟后将铜液注入三组陶范腔中（图 2-113），待冷却后打开范腔，蚁鼻钱铜面范毛坯铸制成功。经过清理和修整，即可得到蚁鼻钱铜面范（图 2-114、图 2-115）。后面的浇铸实验显示，这三种合金成分铸造的蚁鼻钱铜范在浇铸蚁鼻钱时看不出差异。

图 2-114　浇铸出的蚁鼻钱铜面范毛坯

[1]　这一配比是参考课题组分析的陕西历史博物馆馆藏汉半两铜范和汉五铢铜范的合金成分得出的，安徽省繁昌博物馆的蚁鼻钱铜范曾公布过合金成分，铜、铅、锡含量分别是 67.71%、0.33%、6.38%，数据显然有误（见陈衍麟：《繁昌的楚铜贝范及其铸币工艺》，《中国钱币》1996 年第 3 期）。

　　从实验结果来看：泥料夯打的范和
散土夯打的范在焙烧后再合范浇铸都能
浇铸成功，且浇铸出的铜面范在形制、
功能、特征等方面与繁昌县博物馆藏的
蚁鼻钱铜范接近。而先用草拌泥做成的
泥范包在焙烧后内部出现缝隙，浇铸时
跑火严重，导致浇铸失败。因此先制作
泥范包的工艺或是不适用，或是尚需要
摸索改进。

图 2-115　修整蚁鼻钱铜面范

4. 第四阶段：浇铸蚁鼻钱

（1）铜范保护层（隔离层）的对比研究

　　2004 年的"中国古代范铸法铸钱工艺模拟实验研究"课题[1]证实，如果用
铸造出的铜范直接浇铸蚁鼻钱，铜范浇口刚一接触浇铸的高温铜液就会发生合金
化作用，使铜范熔化，并堵塞浇道，导致浇铸失败。因此，铜范表面必须有隔离
保护层。这一隔离层必须既能使铜水不与范体直接接触，以防止铜范与铜液发生
合金化作用，又不影响铜范上钱腔的钱文和形貌效果。所以，隔离层必须超薄、
坚固、耐高温。通过观察发现，出土的铜范，只要确曾使用过，铜范周身不仅钱
腔、浇道等铜液能够流到的地方是黑色，其他面范上铜液流不到的地方也呈现一
致的黑色。在"汉代铜范子课题"中，已经成功研制了植物油脂炭化保护层[2]，
并得到了出土铜范实物的取样分析的验证[3]。这一次则根据学术界的建议，设计
了 4 类隔离保护层，即炭化处理（包括动物油、植物油和米汤 3 种常见有机物高
温炭化），燃油烟熏，涂铅粉（石墨）和刷机油，以比较其性能和可行性，从而
选择出可行而又与出土实物特征相符合的工艺。

　　①炭化处理

　　动物油选用猪油，将铜范烘烤后，用夹子夹住猪油块直接涂擦，可看到生猪

---

　　[1]　该课题于 2004 年 12 月 18 日通过中国人民银行科技司组织的行业鉴定，2005 年荣
获全国银行科技发展奖二等奖。

　　[2]　李迎华、董亚巍、周卫荣等：《汉代铜范铸钱工艺及其模拟实验》，《中国钱币》
2005 年第 2 期。

　　[3]　课题组对中国钱币博物馆馆藏西汉五铢铜范、莽钱铜范和流散民间的战国末年的青
铜铃范作了采样检测，发现了油脂类物质的残留成分。

油一接触铜范表面就立即被熔化成液态，并在铜范表面流淌，用棉纱擦去多余的油，继续烘烤。反复烘烤擦油，直至铜范的颜色不断加深至黑色，表面形成均匀致密的炭化层，炭化过程完成（图 2-116）。

植物油选用菜油，将铜范烘烤后，浸入植物油中，片刻后取出，用棉纱擦干，再将铜范置于火上烘烤。如此反复操作，直至铜范的颜色不断加深至黑色，表面形成均匀致密的炭化层，炭化过程完成（图 2-117）。

图 2-116　猪油炭化　　　　　　　　图 2-117　菜油炭化

选用米汤时，铜范烘烤后，用刷子在铜范上刷米汤。如此反复操作，铜范的颜色不断加深，直至表面形成均匀致密的炭化层，炭化过程完成。

②燃油烟熏

烟熏是由英国著名冶金史家 Tylecote R. F. 教授提出来的[1]，在冶金史界有一定影响，所以为此做了专门实验。

将铜范置于燃油的火烟上熏烤，不断反转，直至铜范表面形成均匀黑色烟垢层为止（图 2-118）。

③涂铅粉

刷铅粉是现代铸造中常用的方法，以使铸件容易脱模，而所谓铅粉，实际上是石墨。

用刷子将铅粉均匀地刷到铜范表面。在实验过程中，发现铅粉很难涂到铜范上（图 2-119）。

④刷机油

刷机油也是现代金属型铸造中常用的做法，目的也是为了使铸件容易脱模。用刷子蘸取机油在铜范上慢慢涂刷一层。

---

[1]　Tylecote R. F. *A History of Metallurgy*(Chapter4). The Institute of Materials, 1991.

图 2-118 烟熏

图 2-119 涂铅粉

　　将经过各种方法处理后的铜范和未经处理的铜范与平板陶背范对合后浇铸蚁鼻钱。经过实验，经植物油和动物油炭化处理后的铜范在浇铸蚁鼻钱时，铜液注满钱腔，浇铸出的蚁鼻钱成型较好，蚁鼻钱钱树和铜范可以很容易地分开，有的则是开范时自动分开（图 2-120）。而采用燃油烟熏、涂铅粉、刷机油、涂米汤炭化等方式处理和未处理的铜范在开范后，铜范浇口处与铜液粘在一起，难以分开；除用米汤炭化处理的铜范外，其余的铜范铜液未注满钱腔，只有少量蚁鼻钱，应是浇铸时浇

图 2-120 猪油和菜油炭化的铜范浇铸后

口处被铜液熔化，浇道被堵塞的结果，所以只能铸造出少量蚁鼻钱（图 2-121）。因此，在模拟浇铸蚁鼻钱时，采用了植物油和动物油炭化处理后的铜范。

　　（2）合范

　　将炭化处理后的蚁鼻钱铜面范与平板陶背范对合，采用 6 个夹子一起分两组对合夹紧，置于沙土上，固定好，以待浇铸（图 2-122）。

　　（3）浇铸

　　用坩埚焦炭炉熔炼青铜。根据出土蚁鼻钱的种类，我们设计了 3 种合金配比：①铜 75%、锡 12.5%、铅 12.5%；②铜 70%、锡 8%、铅 22%；③铜 39%、

图 2-121　经不同处理的蚁鼻钱铜范浇铸后照片

（从左往右依次为涂铅粉、烟熏、未处理、米汤炭化和涂机油的蚁鼻钱铜面范）

图 2-122　浇铸蚁鼻钱

锡 1%、铅 60%[1]。当铜熔化完后加入锡、铅和碎玻璃精炼 5 分钟，熔炼温度约为 1100℃，静置 1—2 分钟后浇铸。待钱范内的铜液冷却凝固后，松开紧固装置，启开铜范，开范后可以得到蚁鼻钱钱树（图 2-123）。经过修整，即可得到蚁鼻钱成品。

5. 小结

模拟实验成功地研制了蚁鼻钱铜范，并铸造出了蚁鼻钱。蚁鼻钱作为战国时期楚国的货币，铸造年代明确，而至今为止所发现的蚁鼻钱范皆系铜范，因此，蚁鼻钱在我国很可能是最早的金属范铸件，其工艺对后世铸造业的发展有着重要影响。

---

[1]　周卫荣：《中国古代钱币合金成分研究》，中华书局，2004 年，第 24 页。

图 2-123　浇铸出的蚁鼻钱钱树

考虑到蚁鼻钱不仅形态特殊，而且在当时是铸造量最多而又最小的一类铸件，因此很可能铜范在中国的出现，最初就是为铸造蚁鼻钱而发明的。总结此次模拟实验研究，主要技术工艺指标如下：

（1）蚁鼻钱范的祖范（阴模）是在石料上设计制作，其质地为滑石；设计和刻挖用具为春秋战国时期常用的青铜刀具和骨针。

（2）蚁鼻钱的铭文是在陶阳模上模印的；陶阳模由练泥制成，泥料颗粒度为100 目左右，烘范温度和时间分别是：室温至 900℃，7 小时；900—1000℃，40小时；1050—1140℃，5 小时。

（3）蚁鼻钱铜范的合金配比：①铜 80%、锡 10%、铅 10%；②铜 70%、锡 10%、铅 20%；③铜 75%、锡 10%、铅 15%。三种配比铜范的铸造效果基本相同。

（4）蚁鼻钱铜范必须制作保护层后方可铸造蚁鼻钱。保护层由油脂类物质（动物油、植物油皆可）炭化形成，现代铸造业中采用的刷铅粉（石墨）、刷机油的办法不可行，西方学者提出的用燃油烟熏的办法也不可行。

（四）古代蚁鼻钱与模拟铸造蚁鼻钱的相关科学分析比对

为了进一步了解古代蚁鼻钱的铸造工艺，并且比较古代和模拟铸造蚁鼻钱在铸造工艺上的异同，以及为蚁鼻钱的科学鉴定提供依据，还利用 X 射线荧光分析、金相显微镜、扫描电子显微镜及 X 射线能谱仪，对古代和模拟铸造出的蚁鼻钱的合金成分和金相组织进行检测分析。

1. 实验方法

（1）样品

出土蚁鼻钱样品：共5枚，其中两枚出土于安徽肥西（编号为1和2）；两枚出土于湖北省，保存于湖北省博物馆（编号为3和4）；还有一枚夹芯蚁鼻钱（编号为5），出土于湖北省。

模拟铸造蚁鼻钱样品：蚁鼻钱模拟铸造实验中铸造的三种合金配比的蚁鼻钱，成分如下：① Cu75%、Sn12.5%、Pb12.5%；② Cu70%、Sn8%、Pb22%；③ Cu39%、Sn1%、Pb60%，每种各一枚，编号分别为：m1，m2，m3。

（2）分析测试方法

X射线荧光分析方法：本次实验采用的仪器是日本岛津公司生产的XRF-1800型X射线荧光光谱仪。测试条件为：4kW端窗铑（Rh）靶X光管（最大管电流为140mA）。

金相分析：利用金相显微镜观察样品基体的显微组织结构，了解样品铸造方法、冷却速度以及加工处理工艺、使用状态等。金相分析所采用的金相显微镜型号为NEOPHOT21，金相腐蚀液为$FeCl_3$-HCl的酒精溶液。将蚁鼻钱样品进行取样、镶样、磨光、抛光、腐蚀后置于金相显微镜下观察。

扫描电子显微镜分析：用扫描电子显微镜对蚁鼻钱的断面进行形貌观察，并利用X射线能谱仪进行样品微区成分分析、元素线扫描分析，结合X射线荧光分析，了解各相中元素的分布情况。本次实验的扫描电子显微镜及其所配置的X射线能谱仪为：电镜的型号XL30ESEM，荷兰PHILIPS公司生产；能谱仪的型号INCA300EDS，英国OXFORD公司生产。采用无标样定量分析法，每个样品分析的各元素含量数据经归一化处理。

2. 结果与讨论

（1）X射线荧光分析结果

表2-4为利用X射线荧光分析仪测试出的蚁鼻钱合金成分数据。根据XRF的分析结果，可知这些蚁鼻钱的主要成分为铜、铅、锡，还含有铁、硫、镍、硅等次要成分。根据5枚蚁鼻钱的铜、铅、锡含量，可以将其分为两种合金类型：第一种为铜铅锡三元合金，其中1、4号样品，铅含量分别在15%、18%，锡含量分别为11%和17%，与前人提及的第二类蚁鼻钱成分类似。3号样品铅含量为7%、锡含量为18%，属于低铅高锡类型的三元铜合金。第二种为铜铅二元合金，含有一定量杂质锡，其中2号和5号样品分别含有64%、40%的铜，29%、

55% 的铅和 1%、3% 的杂质元素锡，与前人提及的第三类蚁鼻钱成分相近[1]。

表 2-4 出土蚁鼻钱的 XRF 分析结果

样品	Cu（%）	Pb（%）	Sn（%）	S（%）	Fe（%）	Ni（%）	Si（%）
1	70.035	15.027	11.408		0.623	0.123	1.8033
2	63.947	29.286	3.3124	1.418	1.343	0.208	0.1349
3	72.231	7.7814	18.707	0.26	0.454	0.14	0.2
4	62.23	18.441	16.738	0.981	0.537	0.145	0.28
5	40.128	55.623	1.09	1.357	1.592	0.108	

作为合金元素的铅、锡含量直接影响着青铜铸币的质量。铅是一种熔点低（327.4℃）、密度大（11.3447g/cm³）的金属，铜中加入适量的铅，可起到降低熔点、增加铜液流动性、提高充型能力的作用；锡的加入不仅可以改善铜的铸造性能，而且可以大大提高铸币的强度、硬度和抗腐蚀性能，使铸币耐磨、耐蚀。铅能显著提高锡青铜的减磨性能，但机械性能将有所下降。

（2）金相显微分析和扫描电子显微镜分析结果

① 1 号、3 号、4 号蚁鼻钱

1、3、4 号蚁鼻钱，含铜 70% 左右，含铅 25% 以下，含锡 5% 以上，都是典型的铜锡铅三元合金。锡在铜中扩散缓慢，锡溶入铜中可以降低铜的熔点。当铜合金中锡的含量超过 6%—7% 时，局部就会形成（α+δ）共析体，从而提高了合金的硬度。铅以独立相存在于铜和铜合金中，它不仅可以提高料液的流动性，利于铸造，还可以节约价格较高的铜料和锡料。由 Cu-Sn-Pb 三元合金相图可知：铅几乎在铜—锡合金中无固溶度，且不生成化合物，因而以单独铅质点分布在铜—锡固溶体晶界或枝晶网胞间。含铅量的增加，在液态下一定成分范围会出现双液区，导致熔液分层现象[2]。

图 2-124 为铜锡合金的平衡相图，图 2-125 为铜锡合金铸造相图。根据铜锡合金铸造相图，当含锡量小于 8%（实际为 6%—10%，与冷却速度有关）时，合金结晶后全部变为单一的 α 组织。当含锡量大于 6%—10% 并小于 32.6% 时，

[1] 黄锡全：《先秦货币通论》，紫禁城出版社，2001 年。

[2] 洛阳铜加工厂中心试验室金相组编：《铜及铜合金金相谱图》，冶金工业出版社，1983 年，第 62 页；陈国发：《相图原理与冶金相图》，冶金工业出版社，2002 年。

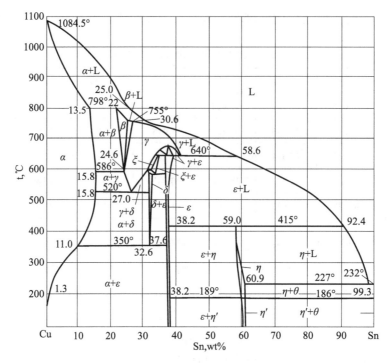

图 2-124　铜—锡二元平衡图

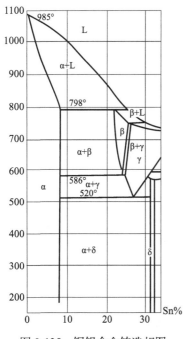

图 2-125　铜锡合金铸造相图

液态合金在高温下首先结晶出一部分 α 相，剩余的液体几经转变，最后成为（α+δ）共析体，因而铸造室温组织为 α+（α+δ），含锡量越高，共析体比例越大。含锡量达 10% 左右，由于锡青铜的结晶温度间隔宽，锡在铜中扩散困难和铸币时冷却速度较快等诸因素的影响，晶内偏析程度较大，枝晶细小，共析体较多[2]。因此此类蚁鼻钱的金相组织应为 α+（α+δ），α 基体上分布细小（α+δ）共析组织和形状、大小不等的铅颗粒。

选取 3 号、4 号样品和模拟铸造的样品 m1 号、m2 号进行对比分析。图 2-126 和图 2-127 分别为 3 号蚁鼻钱及模拟样品 m1 号的金相组织图，从图中可以看出：二者组织有共同之处：都存在呈树枝状结晶的 α 固溶体，枝晶间多角斑纹状为（α+δ）共析体，（α+δ）较细小，基体上分布着较多铅颗粒。但二者金相组织也存在一定差别：由于 m1 号铅含量（12.5%）高于 3 号（8%），所以 m1 号金相组织中铅颗粒多于 3 号。3 号的锡含量（19%）高于 m1 号（12.5%），所以 3 号金相组织中（α+δ）共析体多于 m1 号。

　　图 2-128、图 2-129 分别为 3 号蚁鼻钱和模拟样品 m1 号的扫描电镜二次电子像。可见 3 号蚁鼻钱锈蚀产物较多，组织不及模拟铸造样品 m1 号纯净，而且枝晶组织也较 m1 号粗大，铅颗粒也少于 m1 号。对两个样品组织中的各相进行 X 射线能谱分析，结果如表 2-5 所示。从分析结果可以看出，两个样品基体都为 CuSnα 相。3 号蚁鼻钱由于锈蚀，部分（α+δ）成分中呈现 Sn 偏高的现象，这是由于选择性腐蚀造成铜流失，而导致锡的相对富集。颗粒状的铅，成分主要是铅，但部分含有少量的铜，这是由于分析的铅颗粒体积较小，电子束激发了其周围基体中铜的缘故。成分中碳（C）的来源，部分为锈蚀中的碳酸盐，部分可能是样品处理过程中的污染物所致。3 号蚁鼻钱存在铜铁硫化物夹杂，所以整体面扫成分以及 XRF 分析结果中都含有一定量的铁和硫。

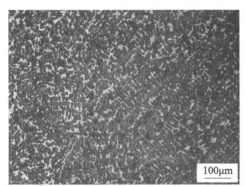

图 2-126　3 号蚁鼻钱金相组织

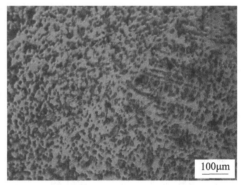

图 2-127　m1 号蚁鼻钱金相组织

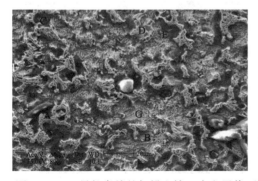

图 2-128　3 号蚁鼻钱的扫描电镜二次电子像　图 2-129　m1 号蚁鼻钱的扫描电镜二次电子像

表 2-5　3 号蚁鼻钱与模拟样品 m1 号扫描电镜能谱分析结果 （单位：wt%）

样品	电子图像	分析部位	成分								
			Cu	Sn	Pb	Fe	Ag	As	S	C	O
3 号	图 2-128	A	46.30	46.28			1.34	1.65		1.80	2.62
		B	40.45	39.32	5.39	1.47			12.05		
		C	43.11	13.36						33.71	8.66
		D	44.25	48.59	3.76					1.62	1.77
		E	9.08	2.00	61.17	3.19				14.91	9.65
		F			85.65					7.13	7.23
		G	63.08	21.28	2.22	1.09				10.85	1.48
		整体面扫描	77.96	14.92	5.87	0.58			0.67		
m1 号	图 2-129	A	73.35	26.65							
		B	92.35	7.04							0.60
		C	67.92	27.13	2.52					1.90	0.54
		D	84.98	12.74						1.65	
		E	8.19		89.55					2.26	

从 4 号蚁鼻钱和模拟样品 m2 号的金相组织图（图 2-130、图 2-131）可以看出：两者都存在呈树枝状结晶的 α 固溶体，枝晶间多角斑纹状为（α+δ）共析体，（α+δ）较细小，基体上分布着铅颗粒。4 号蚁鼻钱含铅量比 3 号要高，故金相组织中铅数量多、呈现为大的枝晶形、球形。4 号蚁鼻钱含锡量比 3 号要低，故组织中（α+δ）共析体较少。m2 号样品 α 枝晶形态较 4 号样品细小，由于含锡量低（8%），金相组织中（α+δ）数量少。4 号蚁鼻钱样品组织中可观察到大量的硫化物夹杂，呈灰色圆球状，多与铅在一起。

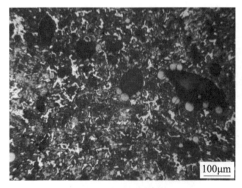

图 2-130　4 号蚁鼻钱金相组织

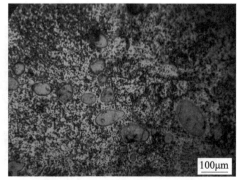

图 2-131　m2 号蚁鼻钱金相组织

图 2-132、图 2-133 分别为 4 号蚁鼻钱和模拟样品 m2 号的扫描电镜二次电子像。表 2-6 为两个样品的能谱成分分析结果。可以看出，古代蚁鼻钱含有较多的铜铁硫化物夹杂，呈现深色的圆形颗粒（图 2-132 点 A）和不规则的圆形颗粒（图 2-132 点 C），4 号蚁鼻钱基体为 α 组织，析出相（α+δ）组织的成分（图 2-132 点 B 和点 F），锡含量较理论值偏高，原因可能与 3 号样品相同。模拟铸造的蚁鼻钱 m2 号，其（α+δ）共析组织，与 4 号蚁鼻钱相比，数量少、形态小，而铅（图 2-133 中 C 点和 D 点）的数量和形态恰恰相反，这是与二者锡铅含量有关。4 号蚁鼻钱铸造枝晶较 m2 号粗大，与铸造冷却速度有关。4 号蚁鼻钱冷却速度应高于 m2 号模拟样品，故其枝晶较发育。4 号蚁鼻钱中铜铁硫化物的存在，说明古代铸造用的金属材料是不纯净的，杂质元素铁、硫是由冶炼所用矿石带入的。

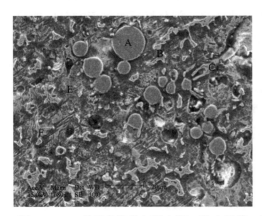 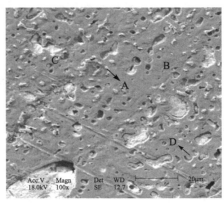

图 2-132　4 号蚁鼻钱的扫描电镜二次电子像　　图 2-133　m2 号蚁鼻钱的扫描电镜二次电子像

表 2-6　4 号蚁鼻钱和模拟样品 m2 号扫描电镜能谱分析结果 （单位：wt%）

样品	电子图像	分析部位	成分								
			Cu	Sn	Pb	Fe	Ag	As	S	C	O
4 号	图 2-132	A	44.38			8.24	1.11		35.19	11.08	
		B	48.00	46.75						3.30	1.94
		C	45.18			11.36			37.28	6.18	
		D	31.77	4.22	60.29					2.67	1.06
		E	80.85	10.78	3.23					3.99	1.16
		F	67.43	28.80						3.07	0.70
		面扫描	69.26	10.30	11.62	0.47			1.11	5.15	1.74

续表

样品	电子图像	分析部位	成分								
			Cu	Sn	Pb	Fe	Ag	As	S	C	O
m2 号	图 2-133	A	66.45	24.39	2.37					5.41	1.38
		B	91.16	6.23						2.15	0.47
		C	15.82	1.80	79.91						0.55
		D	7.13		71.77					14.93	4.69

②2 号和 5 号蚁鼻钱

2 号和 5 号蚁鼻钱属于铜铅合金，与前人划分的第三类蚁鼻钱成分相近[1]。此类蚁鼻钱铅含量很高，含锡量很少，锡可不作为合金元素看待。如 2 号和 5 号分别含铅高达 29% 和 56%，含锡仅有 3% 和 1%，锡可以是铜或铅带入合金的杂质元素。出土的此类蚁鼻钱周缘有或多或少的裂纹，部分样品纵剖面有分层现象，如 5 号样品，实体显微镜下观察，中间有一夹心，呈白色，质地很软，外围呈红铜色，硬度明显较夹心部分大。模拟铸造的高铅样品 m3 号，含铅 60%，含锡 1%，与 5 号蚁鼻钱相同。从纵剖面来看，其外围铅含量较高，呈白色，且这一层较薄，中间呈红铜色，与出土的此类蚁鼻钱恰好相反。因此对此类蚁鼻钱有必要对其纵切面和横切面分别取样，观察其显微组织，如图 2-134、图 2-135 所示分别为 5 号蚁鼻钱横切面与纵切面金相组织。如图 2-136、图 2-137 所示分别为模拟样品 m3 号横切面与纵切面金相组织。为确定金相组织各相的成分，以上样品在扫描电镜下进行了高倍观察及 X 射线能谱分析，结果见图 2-138、图 2-139 和表 2-7。

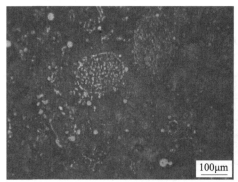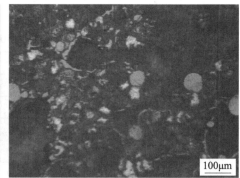

图 2-134　5 号蚁鼻钱横切面金相组织

---

[1] 黄锡全：《先秦货币通论》，紫禁城出版社，2001 年。

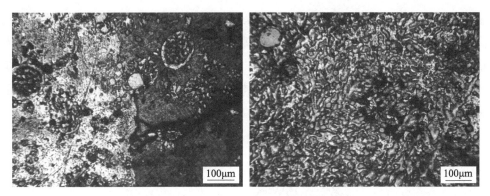

图 2-135　5 号蚁鼻钱纵切面金相组织

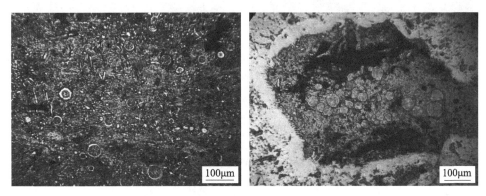

图 2-136　模拟样品 m3 号横切面金相组织

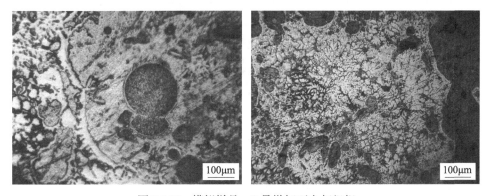

图 2-137　模拟样品 m3 号纵切面金相组织

　　金相和扫描电镜分析结果表明，5 号蚁鼻钱为含有一定量锡、砷杂质元素的铜铅合金，铸造组织且组织不均匀。在铅基体上，分布有大量块状、树枝状铜锡砷析出相，并分布有较多球状铜铁硫化物夹杂（图 2-134、图 2-138）。从金相图上可以看到高铅相和高铜相明显的分界（图 2-135）。模拟铸造的高铅样品 m3 号金相组织也很不均匀，与古代高铅蚁鼻钱 5 号样品类似。其金相图上也可以看到高铅相和高铜相明显分界（图 2-137），富铜部位的金相组织，基体为少量锡溶入铜中形成的 α 树枝状细晶。基体上存在一些黑色孔洞和大量细小针孔，针孔是由于铜在铸造时吸气的结果。铅呈不规则块状、团絮状，一些铅呈环状将基体包裹其中（图 2-136、图 2-139）。

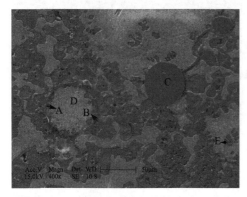
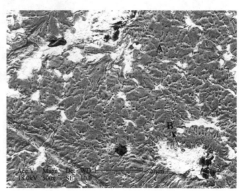

图 2-138　5 号蚁鼻钱扫描电镜二次电子像　　　图 2-139　模拟样品 m3 号扫描电镜二次电子像

表 2-7　5 号蚁鼻钱和模拟样品 m3 扫描电镜能谱分析结果 （单位：wt%）

样品	电子图像	分析部位	成分									
			Cu	Sn	Pb	Fe	Ag	As	S	C	O	Si
5 号	图 2-138	A	73.03	3.53				2.03	0.79	18.41	2.21	
		B	42.09			13.42			44.15			
		C	13.78			13.78			36.13	4.34	0.88	
		D			93.61					3.56	2.83	
		E	90.12	6.1				3.78				
m3 号	图 2-139	A	95.13	0.83						3.66	0.38	
		B	1.08		94.53					4.39		
		A 区域分析	89.50	2.46	3.04					4.05	0.71	0.24
		B 区域分析	2.37		94.61					1.45		

对 5 号蚁鼻钱和模拟样品 m3 号的纵切面进行了线扫描分析。结果如图 2-140、图 2-141 所示。从线扫描分析图中我们可以看出 5 号蚁鼻钱是中间含铅高、含铜

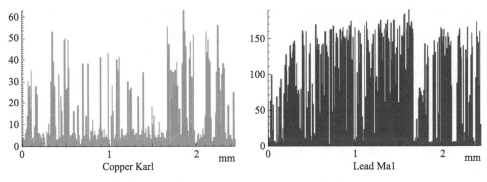

图 2-140　5 号蚁鼻钱纵断面的线扫描图（铜 / 铅）

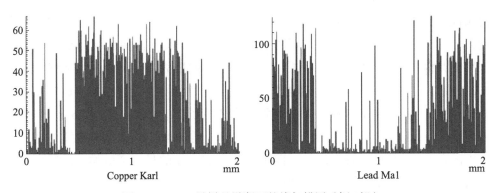

图 2-141　m3 号样品纵断面的线扫描图（铜 / 铅）

低，外围含铅低、含铜高。而模拟铸造样品 m3 号与之相反，是中间含铜高、含铅低，外围含铜低、含铅高。

（3）讨论

以上这种第三类高铅低锡蚁鼻钱的金相组织较为复杂，对检测结果利用铜铅相图进行初步讨论如下：

据铜铅合金相图（图 2-142），铅不仅在固态时不溶于铜，在液态下也只是有限相溶，当铅含量超过 36% 时，熔液即分为两相。所以，36% 是铅青铜的一个转折点，也是一个重要技术指标，因为一旦铜铅合金在液态

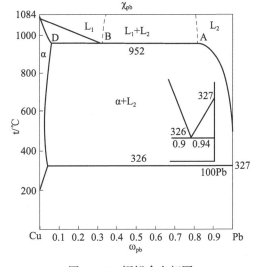

图 2-142　铜铅合金相图

分层，浇铸过程极易产生比重偏析。铅青铜具有熔点低、成本低、耐磨、易加

工等优点，但铅青铜强度较低。当铜铅合金铅含量在 36%—87%，浇铸温度在 955—990℃时，合金有一个液相分层区。在此范围内，合金在结晶过程中会发生 $L_1 \rightarrow \alpha+L_2$ 的包晶反应[1]。铜与铅在液相就分成两相，因此，在浇铸时，即使是快速冷却，也会产生纯铅相大颗粒。

图中有一个有限固溶体相和一个液相分层区。在分层区外，两层液相汇溶为一相，不再有分层现象。所以图中的两根虚线不称为分层线，而称为汇溶线。随着温度的升高，两根汇溶线逐渐靠近，最后汇合于一点，此点称为分层消失的临界点。在升温过程中，含 Cu 较多的溶液 L_1 溶解 Pb 的量逐渐增加，形成图中左侧虚线的 Pb 饱和溶解度曲线；同理，图中右侧虚线为 Cu 饱和溶解度曲线。这两条曲线相汇合，汇合点 Cu 和 Pb 的含量固定，因而 f=C–ϕ+1=1–2+1=0，自由度为零，即温度和组成都是固定不变的，DA 线为三相平衡共有线，即 $\alpha+L_1+L_2$。该平衡共存线 f=0，因而平行于成分轴，此时的温度为一个恒量。当熔液温度为 952℃或以上时，在含铜量一定范围内的合金分为两层，上层 I ω_{Cu}=66%，下层 II ω_{Cu}=17%。温度降到 952℃以下，发生包晶反应 $L_1=\alpha+L_2$，析出 ω_{Pb}=3%—5% 的固溶体 α，以固体状态的浮渣形式浮到液体合金表面上。温度再继续下降，液体中的含 Cu 量相应地逐渐减少，而析出的固溶体 α 的量逐渐增加。最后降到铅的熔点（326℃）以下时，Cu 和 Pb 形成共晶，其中 ω_{Cu}=0.06%。

因此，在此类蚁鼻钱的金相组织中，可见独立存在的铅，为大的颗粒状、块状、团絮状等多种形态，在其横切面的金相组织图中，在高铅区部分铜基体被包在铅中，在高铜区分布了颗粒较大的铅颗粒。在蚁鼻钱的纵切面中还可以看到铅基体和铜基体明显的分界。

3. 小结

通过对 5 枚古代蚁鼻钱的分析，可知其都为青铜合金铸造而成。合金有两种类型，第一种为锡铅青铜合金，如 1 号、3 号、4 号样品，对应前人划分的第一、二类合金；第二种为铅青铜合金，如 2 号、5 号样品，合金中含有一定量锡，5 号样品还含有砷，这种合金与前人划分的第三类合金相似。5 件样品都含有杂质铁、硫，形成铜铁硫化物，作为夹杂物广泛分布于青铜基体上。金相观察表明，蚁鼻钱组织很不均匀，特别是铅青铜类型，由于铅含量过高，致使铅的比重偏析

---

[1] 李松瑞：《铅及铅合金》，中南工业大学出版社，1996 年；东北工学院有色重金属冶炼教研室：《铅冶金》，冶金工业出版社，1976 年。

较为严重，并存在孔洞和大量针孔，表明此类合金的蚁鼻钱铸造质量不好。

模拟铸造的铅锡青铜类型蚁鼻钱样品，在组织结构上和所检测的古代蚁鼻钱是基本相同的；而模拟铜铅类型蚁鼻钱与古代蚁鼻钱 5 号相比，组织结构不同，这种现象可能是由于浇铸温度及冷却速度等条件的差异所致。另外，由于此次检测分析的古代蚁鼻钱样品较少，上述现象是否具有普遍性，尚需更多样品的分析，才能做出结论。

三、汉代铜范铸钱工艺

我们在做"中国古代范铸法铸钱工艺模拟实验研究"课题时，曾邀请中国科学技术大学、湖北省鄂州博物馆有关人员组成"汉代铜范铸钱工艺模拟实验研究"课题组，在对相关出土实物进行工艺技术分析的基础上，结合考古遗址遗存的调查，设计并成功实施了汉代铜范铸钱的模拟实验。

（一）汉代铜范的考古调查

中国国家博物馆、上海博物馆等单位都藏有许多青铜钱范，如蚁鼻钱铜范、半两钱铜范、五铢钱铜范等。一些铜范有明显的浇铸痕迹，如上海博物馆藏的半两铜范（图 2-143），其上部分钱文已经因长期使用变得模糊甚至消失。许多汉代的铸钱遗址出土了大量的五铢阳文陶面范（图 2-144）和阴文陶背范。阳文陶范的范型特征明显：有阳文钱模、钱文、直浇道和横浇道等等，表明这种阳文陶范是用来铸造铜范的母范，即陶母范。显然，阳文陶母范和阴文陶背范蕴含大量有关铜范铸钱的信息，为此，课题组专门对其中的典型遗址作了实地考古调查。陕西省西安市未央区相家巷村，位于汉长安城城内东北角，系与当时上林三官铸钱有关的遗址。实地考察发现，该遗址地表及地下存有大量使用过的铸钱陶范（图 2-145、图 2-146），显示此遗址原为铸造废品堆积场所。后代居民的建房、耕地或取土等活动，经常将许多遗物从地下翻出而散落于地表，现存的主要为阴文陶背范，阳文陶范因较为珍贵而不断被人采集、收藏，已较少发现。尽管如此，还是采集到少量阳文陶面范和一些阴文陶背范（图 2-147、图 2-148），此外，当地

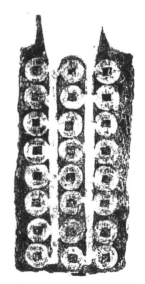

图 2-143　上海博物馆馆藏半两铜范

收藏爱好者收集了一些品相颇佳的阳文陶范（图 2-149）。这次收集的陶范样品有明显的浇铸痕迹，皆为使用过的残废品。阳文陶范样品的范型为：周边有沿，阳文钱模，上有正书阳钱文，顶部设有浇注口。很显然，这种阳文陶范应为浇铸青铜面范的母范，而不可能是直接浇铸钱币的面范。阴文陶背范则不同，其范型特征为：周边无沿，阴文钱腔，且有浇铸痕迹，明显为直接铸钱用的陶质背范，通

图 2-144　西安出土阳文陶母范

图 2-145　相家巷铸钱遗址

图 2-146　相家巷铸钱遗址

图 2-147　陶母范

图 2-148　陶背范

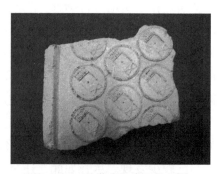

图 2-149　收藏家收藏的陶母范

常简称陶背范。除相家巷之外，原西汉上林苑范围内的高低堡子、东柏梁、北沙口、窝头寨、何家寨等地都是与铜范铸钱有关的遗址，也出土了大量的阳文陶范、陶背范等铸钱遗物。

（二）汉代铜范铸钱工艺分析

铜范铸钱事实上包含制作铜范本身和用铜范铸钱两个工艺问题。

1. 铜范的制作流程（图 2-150）

汉代铸钱遗址大都出土了阳文陶范，它们的范型大致相同，都是直接用于浇铸铜范的母范。观察相家巷遗址出土的阳文陶母范，可知其范型特点为，周边有沿，其内侧向外倾斜（这种设计应是便于脱模），表面平滑，阳文钱模高于范面，钱文为正书阳文，风格颇为一致，肉眼很难辨出差异，中间直浇道及钱模间的横浇道均为阳文，范面上部一般有纪年阳铭文。由此可见，陶母范系采用模制技术翻制而成，即在其之前需有一个祖范制作阶段。

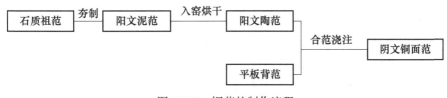

图 2-150　铜范的制作流程

观察发现，大多阳文陶母范表面留有阳文划线和小凸钉（图 2-147、图 2-149），而出土石范与铜范的钱腔圆心处皆有小凹坑（图 2-151、图 2-152），两者的位置恰好吻合，由此可见，铜范上的小凹坑是从祖范上传承下来的，因此，祖范与石范的制作方法是相同的。有学者指出，这些小凹坑系刻制钱腔时，规（或钻）类工具遗留的支点痕迹。特别是有人曾发现，一些石范的边白处和背面留有直径与钱币相当，但未刻钱文（或只刻部分钱文）的圆圈刻痕，其圆心处同样存在小凹坑。一般认为，祖范的制作材料通常为陶质或石质材料，采用刀、钻类工具对这些材料进行雕刻加工，这在当时应无技术困难。不过，陶模需控制其刻画硬度，过硬或过软都将影响刻画效果乃至铸造质量，况且，陶模须经烘烤方能使用，其制作周期较长，因此，相对而言，石模较之陶模，更适合于铸造钱币一类小型器物。因此，铜范的祖范应该是石质阴模。

综上所述，制作铜范至少要经过刻制祖范、制作阳文陶母范、浇铸铜范三个环节。

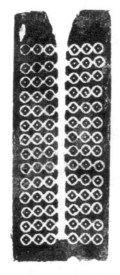

图 2-151　石范

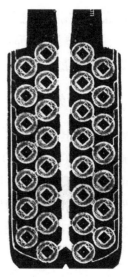

图 2-152　铜范

2. 铜范铸钱工艺流程

（1）铜范铸钱工艺的浇注系统（图 2-153）

阳文陶范是用于浇铸铜范的母范，而大量出土的阴文陶背范是直接铸钱的背范，因此，铜范铸钱工艺的浇注系统应是铜面范＋陶背范的对合模式（图 2-153）。再比较相家巷出土的阳文陶范和陶背范，可以发现，它们的钱模布局规则一致：

图 2-153　铜范铸钱工艺的浇注系统

阳文陶范有四行（六行）钱模分列在直浇道两侧互相对称，陶背范也有四行（六行），但不设直浇道和横浇道，只在中间留出直浇道的位置。不难想象，用上述阳文陶范铸出的铜面范，恰好可以与陶背范对合组成完整的铸型。陶背范俯拾皆是的出土状况说明，这种浇注模式在当时曾被大量使用。

（2）陶背范、背祖范和阳文背范母

陶背范上钱腔只有外郭和内穿郭，无钱文，其内穿中心也有小凹坑，与铜范和石范上的小凹坑相同，似乎表明陶背范是直接在制好的平板上刻制钱腔。但这显然是很难或根本不可能做到的。制作陶背范有一定的要求，即其与铜面范之间必须保持钱腔对应位置严格一致，否则无法铸出合格钱币。据记载，自汉武帝元狩五年（公元前 118 年）至平帝（公元 1—5 年）约 120 年间，共铸五铢钱币 280 亿枚。若按相家巷出土陶背范的大小（每块陶背范有 58 枚钱腔）计算，略去陶范合格率及浇注成功率的影响，因陶范使用一次即告作废，则每天陶背范的用量至少一万块。陶背范如此大量的需求和严格的制作标准，表明其只能采用模制，即由阳文背范母翻制而成。既然如此，如同阳文面母范一样，阳文背母范亦无法直接刻制，必须由阴文背祖范翻制而成。因此，陶背范钱腔中心的小凹坑也是从祖范上复印下来的。

上述分析表明，陶背范的制作步骤应该为：先制作阴文背祖范，其钱腔布局需与面祖范严格一致，再由背祖范翻制阳文背母范，最后，再由阳文背母范翻成阴文陶背范。一般来说，背祖范的刻制方法应与面祖范相同，也当是石质阴模。现在需要分析的是阳文背母范的材质。假设其为陶质，则不难理解，这种范母的需求量绝不可低估，否则无法翻制出如此大量的陶背范，然而迄今为止所有这类遗址的考察表明，这种陶质母范事实上是不存在的。当然从生产效率考虑，阳文背母范也不宜采用陶质，其相对于铜质母范而言，既费工，又费料。既然陶质不可能，那么最大的可能即是"铜质母范"了。铜质母范经久耐用，省工省料，其需求量很小，这样即使有所遗留，也很难发现，因此相家巷遗址难觅其踪，应在情理之中。

综上所述，铜范铸钱工艺流程如下（图 2-154）：

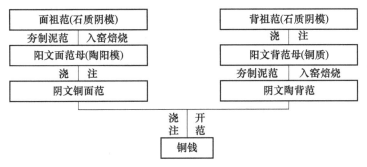

图 2-154　铜范铸钱工艺流程全图

3. 设计祖范

祖范的制作信息来源于出土的阳文陶母范，阳文陶母范除了小凸钉外，部分保存较好的范母表面还有清晰可见的阳文直线和小圆圈，阳文直线有水平和竖直两种，它们互相垂直，其交点都落在阳文钱模的中心点，小圆圈以交点为圆心内切于钱模的内穿。根据这些特征推断刻制祖范之前，要用刻刀、圆规在石料上画"线图"，并在"线图"上标明钱腔的位置、榫卯位置和浇道位置等。这种方法分别用在面、背祖范上就可以非常精确地保证面背范上钱腔位置的严格对应。

（三）汉代铜范铸钱模拟实验

1. 模拟实验方案

本次模拟实验方案如下：

（1）模拟古代设计祖范的过程。

（2）刻制面祖范—浇注铜面范—制作铜质背母范（略去祖范制作过程直接制作铜质范母）—翻制陶背范—铜面范与陶背范合范浇注铜钱。

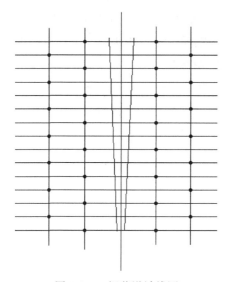

图 2-155　祖范设计线图

2. 模拟实验的过程与结果

（1）设计和制作祖范

① 模拟古代设计祖范的过程

根据前文分析，铜范的祖范为石质阴模，本次实验选用半两石范常用的滑石作模。滑石的硬度低，可塑性能好，稍经打磨就可以做成较光滑的平板（图 2-155）。

设计祖模时需先将石料裁成适宜操作的大小，并将操作面打磨光滑。刻画工具主要是刻刀、圆规和直尺。本次实验将石料裁成长 400、宽 200、厚 20—30 毫米的长方体。

具体模拟过程如下：

a. 先在石料上画出中线，再画出中线的垂直线。

b. 留出范头的浇口杯位置画出第一排钱币所在横线，并向下作 14 条等距平行线，平行线的间距略大于钱币半径[1]即可。

c. 在最顶排的横线上与中心线交点处两边留出直浇道的宽度，分别划平行于中心线的直线，并以其在第一排线上的交点为第一列钱币的中心位置。平行线与第 1、3、5、7、9、11、13、15 条垂直线的交点为内侧两行钱币的中心位置。

d. 在第二排横线两侧留出浇道及与内侧两行钱币的间距分别画平行于中心线的直线，并以其在第二排线上的交点为外侧两行钱币的首排钱币的中心位置。平行线与第 2、4、6、8、10、12、14 条垂直线的交点为外侧两行钱币的中心位置。

e. 在中心线两边画出两条直线界定直浇道，上宽下窄，上部与浇口杯相连。

---

[1]　模拟两行钱腔的铜范，则平行线间距只需稍大于钱币直径。

再画出横浇道的界定线。

f. 卯眼位置在中心线的底端，范头窄于范身，并画好喇叭形的浇口的轮廓线，最后画好范的轮廓线。

② 制作祖模

制作祖模是在有设计"线图"的石料上刻钱腔、直浇道和横浇道等。制作工具是刻刀、圆规和铣刀。依照对出土实物的工艺分析，古代也是使用这三种工具刻制祖模，其中铣刀用来铣出钱腔。我们专门为此制作了铣刀（图 2-156），用这个铣刀铣出的是带有外郭的阴型钱腔。模拟实验时将铣头夹在台式电钻上用慢速铣（图 2-157）。

图 2-156　自制铣刀

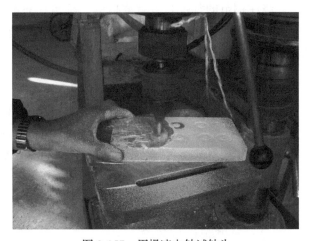

图 2-157　用慢速电钻试钻头

制作过程如下：

a. 以设计线图上标示的每枚钱币中心位置为圆心，用圆规画出直径为方穿边长的内切圆，再以这个圆心为支点用铣刀一次铣出钱腔的底面和外郭，铣成后的钱腔中心都会留下一个小的锥形凹坑。

b. 用刻刀沿内切圆的切线方向刻方穿。

c. 在方穿两侧分别刻"五""铢"二字。

d. 沿着图纸画好的直浇道的界线刻出直浇道、横浇道和内浇口。

e. 最后，沿范面的外轮廓线裁好石料。

f. 制成祖范（图 2-158）。

（2）制作铜面范

按照"铜范制作流程"制作铜面范。

① 制阳文泥范（图 2-159）

将阴文祖模用木框框起固定，将准备好的细范料均匀撒入木框内，用手压实后倒入含砂的背料，再用木棍的一端夯打，直至夯实所有范料。最后撒下木框将泥范置于干燥处阴干。泥范厚约 60 毫米。

② 阴干及焙烧（图 2-160）

泥范经半个月的阴干后，入窑焙烧 1 天成为陶范才可以用于浇注。焙烧温度为 1000℃左右。

③ 制背范（图 2-161）

浇注铜范的背范是带有浇口的平板范，只需将木框放在一个有平滑表面的平板上就可以夯制平板范，再在夯制出的平板范一端压出一个喇叭形的浇口杯，用以增大铜范浇口杯处的壁厚。

图 2-158 制好的石祖范

图 2-159 制阳文泥范

图 2-160 焙烧泥范

图 2-161 铸出的铜质背母范

④ 浇注铜范

a. 合范。将阳文陶范和平板背范对合，并用铁卡子卡紧，再用泥将范缝糊住以防止浇注时漏铜液，最后将其埋入沙中固定（图 2-162）。

b. 熔铜。熔铜时先熔红铜，待到其熔化完时再加入铅、锡（因为铅锡沸点低、易挥发）（图 2-163）。为防止浇铸时杂质进入型腔，往铜水中加入碎玻璃，

图 2-162 合范

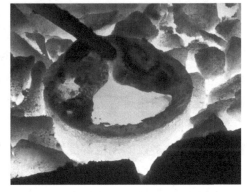

图 2-163 熔铜

当玻璃呈熔融液态时，会在铜液表面形成一层膜，将漂浮在铜液表面所有的杂质全部粘住。铜范中的合金元素比例一般小于或等于 20%，此次实验熔铜的铜、锡、铅比例是 8：1：1。

c. 浇注（图 2-164）。浇注是将熔炼好的铜液注入范腔。浇注时需注意浇注温度，不能过高也不能过低，掌控需凭经验。

d. 毁范取件（图 2-165）。浇注后几分钟就可以敲碎陶范取件。取出的铜范表面是毛坯，较粗糙，必须经过打磨。另外，取件时因温差较大，造成铜范变形，还需人工矫平方能使用。

图 2-164 浇注

图 2-165 毁范取件

（3）制作陶背范

根据对出土实物的分析，陶背范是从阳文模上翻下来的。因此我们专门制作了铜质阳文模。从铜质阳文模上翻制泥范以及焙烧成陶范的工序和从阴文石模上翻制阳文陶范的工序基本相同。

（4）合范及浇注铜钱

铜面范与陶背范对合即可铸钱。合范方法与浇注铜范时的方法相同（图 2-166、图 2-167、图 2-168、图 2-169）。初次浇注的五个铜范均未铸出铜钱，且铜范浇口处在一开始浇注时就被高温铜液熔化并将直浇道堵死。浇注后，为了验证铜范浇口熔化是否为合金比例过高之因，曾将铜水直接浇至红铜板上，结果也是几秒钟即熔出一个大豁口。课题组又专门到博物馆观察半两和五铢的铜范实物，发现绝大多数的铜范都能看到浇铸过的痕迹，一些钱文甚至因多次使用而损坏，有的钱文是损坏之后重刻的，这说明铜范是可以铸钱的。课题组还发现使用过的铜范，不仅钱腔、浇道等铜液能够流到的地方是黑色的，而且面范上铜液留不到的地方也呈现一致的黑色。因此认为，铜范表面有一层很薄的隔离层，它既能满足铜范不与铜液直接接触，又不影响铜范上钱腔的钱文和形貌效果。按照这个设想，将铜范涂抹上轻油，再拿到火上烘烤，反复几次之后，铜范表面形成一层薄薄的炭化层（图 2-170），与出土铜范相似。再用有炭化层的铜范与背范合范

图 2-166　浇铸不畅

图 2-167　直浇道被堵死

图 2-168　浇铸失败

图 2-169　铜范浇口处被融掉

浇注（图 2-171），结果不仅铜范完好无损，也铸出了两行钱币（图 2-172）。这个结果验证了铜范表面要有隔离层的判断。其实铜范被冲熔并不是因为铜液温度高的缘故，而是由于铜范与铜液分属青铜合金的固液两相，它们互相接触会发生合金化，这种合金化速度相当快，才造成铜范浇注口被冲熔的假象。然而四行钱腔的铜范只铸出了两行，分析其

图 2-170　表面有炭化层的铜范

原因，是横浇道过窄过浅，滞延了铜液充型的时间造成浇不足。因此，又重新制作祖模加深加宽横浇道，并按前次相同的工艺制出有隔离层的铜范，重新浇铸（图 2-173），此次四行钱腔均铸出完整钱币（图 2-174）。

图 2-171　有炭化层的铜范与背范合范浇注

图 2-172　铸出两行钱币（浇不足）

图 2-173　横浇道加深加宽的铜范

图 2-174　铸出四行钱币（浇满）

3. 模拟实验的结论

（1）此次模拟实验表明，铜范铸钱确实可行，其工艺技术水平要求很高，任一工艺环节不符合要求，都将影响钱币质量。

（2）铜范上的隔离层是铜范铸钱的关键所在。模拟实验过程中，开始失败的原因即在于此。隔离层的使用，使铜水不能与铜范直接接触，可以防止铜范与铜液发生合金化作用。需要指出的是，目前尚不清楚古人采用了何种方法形成隔离层，有待进一步采样检测。

（3）铜范通常较薄（仅8毫米），其浇口处更薄，加厚铜范浇口杯背部，使之凸起，有助于浇口部分的抗冲击强度。模拟实验的结果也证明了这一点。

（4）观察出土阳文陶母范的范料，似非散土夯制，而是以炼泥夯制。而这次模拟实验均采用散土夯制，尽管异曲同工，但炼泥夯制法仍需进一步研究。此外祖模边缘的斜度设计，显然有助于拔模，从而有效地提高了范母翻范的效率。

（四）汉代铜范大量应用于铸钱之原因

汉代铜范大量用于铸造五铢铜钱是政治、经济和技术发展的必然结果。西汉相对稳定的政治环境大大促进了经济的发展，对货币的需求日益提高。然而货币制度和铸币技术还处于探索发展阶段，不完善的货币制度曾产生了相当大的混乱。随着货币制度逐渐完善和铜范铸钱工艺的逐渐成熟，汉武帝时具备了解决这种混乱局面的政治和技术条件。

汉初"听民放铸"政策虽然在一定程度上促进了货币流通，却也造成了重量和大小相差很大的半两铜钱同时流通的混乱局面，这必然对当时的商品贸易和经济发展带来不利影响，因此民间和政府都希望货币标准化。

元狩五年废半两改铸五铢钱是货币制度改革的一项创举。因为五铢钱型较半两钱型多出了面背外郭和面背穿郭，可以有效防止各种盗磨取铜手法，可以较有效地保障钱币的重量。然而五铢钱型的设计却无法统一各郡国的铸钱标准，仍然无法避免出现轻重不一、钱径大小不一等不同规格钱币并行流通的状况。

要铸造出统一标准的铜钱，最好的方法是所有的铜钱都用一个祖模，这是石范无法办到的。经过长期的石范铸钱实践，当时人们已经发现石范难以满足统一钱币标准的要求，而此时铜范铸钱工艺经过战国、秦和西汉的发展已渐成熟，遂逐渐转用铜范铸钱。铜范铸钱的低成本、高效率的特点具备了满足统一钱币标准所需的技术条件。

元鼎四年（公元前113年），汉武帝"专令上林三官铸。钱既多，而令天下非三官钱不得行，诸郡国前所铸钱皆废销之，输入其铜入三官"，统一全国的铸币权于中央，这为结束百余年来货币流通的纷乱局面采取了最关键的政策措施。此后在相当长的时期内，铜范铸钱几乎是当时唯一的铸钱工艺。

四、铜范铸钱工艺之再认识

关于铜范铸钱工艺，我们在研究过程中做了一个大胆的假设，即铜范的祖范是石范，最初的造型设计都是在石材上完成的，并根据西汉早期出土的石范的检测结果，进一步推论为滑石类石材。这一假设的依据，如上文所述，首先是因为几乎所有出土五铢铜范的陶母范（陶阳模）都有一个凸出的小圆滴，而阴文铜范上都有对应的下凹的小圆滴，这样的现象在滑石类石材上是最方便实施的。另一方面，经历了汉初大量的石范铸钱历程，至五铢时代已经积累了丰富的石范制作经验，制作铜范选用滑石某种程度上应该是当时的最佳选择或者说是最合理的选择。但是，客观地说，至今为止，出土实物中，能够认定为石祖范的石范极其稀少，就我们掌握的资料来看，仅就展于陕西历史博物馆的西安市长安区杜永村出土的五铢石范（图2-175）可以认定是石祖范，其他地方还见有一些没法确定的含混报道，由此要完全敲定铸钱铜范皆来自石祖范，并不十分恰当。因为经历了青铜时代，人们有丰富的制作陶祖范（陶祖模）的经验，事实上无论是河南安阳、陕西周原还是山西侯马铸铜遗址都出土了大量的陶模或陶祖范，及至西汉，我们没有理由可以认为工匠们已然忘却了陶坯做模刻范的技术；并且，如果我们对照青铜器的铸造工艺和遗存，上述五铢陶阳模和铜范上的一些工艺特征，也完全有可能来自陶祖范。此外，即便是五铢铜范，也有钱腔之间不见下凹圆滴的。所以，有关古代石祖范和铜范铸钱工艺方面的一些技术细节问题还有待更多考古资料的发现与研究。

图2-175 长安区杜永村出土
五铢石范

第三章

叠铸工艺铸钱

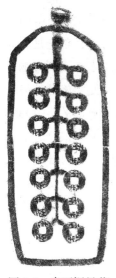

图 3-1　半两铜母范

叠铸，即层叠铸造，是以青铜等质地的金属阳模（俗称范母）翻印出众多泥质子范片，层层相叠成范包，并在烘干后共用一个直浇道垂直浇铸的铸造工艺。范片上下层叠和共用一个浇道是叠铸工艺的两个关键要素，缺失任何一项都不能称为叠铸。技术史界和钱币界有人曾把叠铸分为所谓的"竖式叠铸"（图 3-1；图版一二，1）[1] 和"卧式叠铸"[2]，这种说法事实上是不能成立的，实际上前者仍系传统的块范铸钱范畴，因为其所指的工艺中仅仅是模印出的两块范片面背相合后共用一个直浇道，其他组合的范片也是每一对共用各自的直浇道，不存在许多范片共用一个直浇道的工艺，且每一对范片必须竖置方可浇铸，不能在平卧叠放时完成浇铸，因而并不具备叠铸工艺的技术特征，所以不能称其为叠铸。

叠铸工艺是我国传统铸造业中一种比较先进的铸造工艺，它诞生于古代铸钱业，是中国古代范铸工艺发展史中的一个里程碑。它省力省工省时，大大提高了铸造生产效率，并在传统铸造中产生过革命性的作用，直至今日，工业制造中的一些零部件还在使用这种工艺进行生产。

第一节　叠铸工艺的起源

学术界对于叠铸工艺的起源一直有所争议，20 世纪 80 年代，华觉明先生在

---

[1] 陕西省钱币学会：《秦汉钱范》，三秦出版社，1992 年。

[2] （清）陈介祺撰，邓实辑：《簠斋吉金录》（钱币卷），民国七年刊，"范六"；华觉明：《中国古代的叠铸技术》，《中国冶铸史论集》，文物出版社，1986 年。

其《中国冶铸史论集》中提出，战国时期齐国已用先进高效的叠铸技术铸造刀币，而它的起源可以上推到春秋甚至更早[1]；其他一些学者的论著中，大都亦以齐刀叠铸范母为依据，认为中国古代叠铸工艺至迟起自战国。事实上，所谓的齐刀叠铸范母实为存世赝品，齐刀币铸造与叠铸工艺无关。

一、齐刀叠铸范母系赝品

齐刀叠铸范母，钱币界也称齐刀铜盘范，确切地说应该称齐刀币叠铸铜范母，最早见载于李佐贤的《古泉汇》和李氏与鲍康合编的《续泉汇》，两书各载齐刀叠铸范母一盒，二者基本相同，皆为"齐法化"（文字应更正为"齐大刀"）范，只是《古泉汇》中所载的范盒齐刀币模背文是"刀"字，而《续泉汇》中所载的范盒齐刀币模背文是"工"字。书中说，两盒范都出于山东临淄，前者是道光年间出，后者是同治年间出，清末皆为陈介祺所有[2]。但《古泉汇》和《续泉汇》两书中所用图皆非实物拓片，而是摹写本，因此，人们只能据此了解器物的大致样子。最早刊登这两件器物拓图的是罗振玉的《古器物范图录》，该书印于民国五年（两图分别见于图 3-2、图 3-3），后人论著所用，大都引自该书。稍后，收录陈介祺藏品的《簠斋吉金录》也刊载了这两件器物的拓图；现上海博物馆馆藏的一件齐刀叠铸范母，即是图 3-2 的实物，这也是现在唯一能见到的一件齐刀叠铸范母实物。

从该范形态来看，浇注口居中，与两枚一正一背对称扣合的齐刀相通，且四周留有榫卯构造，明显当数叠铸工艺的范母。但是，如果仔细分析，就会发现有诸多不合理的地方。

第一，该范型正面钱模与背面钱模有较大出入。首先是尺寸不相符，无论是图 3-2 还是图 3-3，一眼就能看出，其背面尺寸明显小于正面。其次是形态不相符，如果把齐刀按刀首、刀身、刀把、刀环分成四部分的话，不难看出，两盒范母齐刀模之正背面在这四个部位皆有着明显的差异，而像齐刀币叠铸范母这样的叠铸范母，工艺本身要求其正面与背面必须严格对称一致，因为它们彼此是互为正反面的；左型是右型的正面，右型是左型的背面，一盒铸得实物两枚。

---

[1]　华觉明等著：《中国冶铸史论集》，文物出版社，1986 年，第 248—278 页。

[2]　（清）鲍康、李佐贤编：《续泉汇》，《中国钱币文献丛书》（第 16 辑），上海古籍出版社，1992 年，第 2359 页。

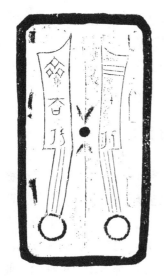 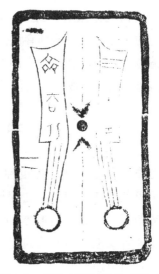

图 3-2　传世齐刀铜范母（背刀）　　　　图 3-3　传世齐刀铜范母（背工）

　　一般来说，先秦的刀布币，尤其是刀币，正面廓线与背面廓线有所出入是正常现象。这一方面是由于先秦（实际上直到西汉五铢钱）铸币不讲究边郭，因此边廓线不甚分明，同时，也是由于先秦普遍采用粗犷式泥范浇铸。但是，如果按照此范所示的面背分范、上下对合的叠铸工艺浇铸，就不会出现这种面背明显不合的情况。尤其是铜质叠铸范母，它是子泥范的模子，是要用来翻制大量子泥范的，一大批钱乃至一个作坊可能就一个模子，所以制作大都精细；不仅铸造严格，而且在浇铸之后往往还要再作修整加工，绝对不会如上述两范之状态。上述两范所示的情况，从技术角度来分析，显然系后人用原先普通泥范浇铸的实物模仿汉代叠铸范母翻制而成。

　　第二，浇注口不相符。此范采用在型体一侧中段开三个浇注水口的方式，这一方面有违我国古代叠铸工艺的惯例：像钱币这样的小型器物根本无须开三个流水口，因为叠铸有足够的压力确保铜水充满型腔；另一方面，这也不符合战国时期铸币头（尾）浇注的传统。到目前为止，各地出土的先秦钱币铸范，布币范水口皆开在布首，刀币范水口皆开在环柄部。倘若果真如此，那么在齐刀之背部必然会留有浇注痕迹——浇注把，按照先秦的铸币流程，尚未有加工边郭工序，因此定然会看出来，而这事实上并不存在，至今为止，从未发现有齐刀的浇注把在刀背中间的，现在所有看到的齐刀浇注把，皆在刀柄的环部。

　　第三，叠铸工艺的特点之一是要用大量的子泥范，如果齐刀在临淄确曾用叠铸工艺铸造，那么，在齐故城临淄的铸钱遗址定然或多或少要留下齐刀币的叠铸子泥范（汉以后使用过叠铸法铸钱的地方皆如此），可事实并非如此，齐故城已出土了数次大批量的刀币范，但从未听说有这样的子泥范出土，业已出土的齐刀范皆为刀柄环部浇注的陶范。

此外，就现藏于上海博物馆的这块齐刀叠铸范母而言，无论是工艺技术特征、文字风格还是锈色包浆，皆与战国时期青铜铸件无缘，当系名副其实的赝品。

二、叠铸工艺起源于西汉

因为齐刀叠铸铜范母系赝品，所以先秦使用叠铸工艺就没有了依据。从现有材料看，王莽时期叠铸工艺已经成熟并得到了广泛的使用，已是一个不争的事实，所以探寻叠铸起源的工作自然应当在秦汉时期。

（一）最早的叠铸范为西汉圆盘式半两钱范

迄今为止，现有钱范遗存中半两钱范有两类，一类是平板直浇式（图 3-4、图 3-5、图 3-6），浇注口在上（多呈喇叭形），浇注道或经钱体向下或单道、双道自上而下贯通到底；另一类是垂直的圆盘形铜范母（图 3-7、图 3-8、图 3-9），浇注口开在圆盘中心，围绕中心辐射出一圈、两圈、三圈钱币。从年代来看，第一类平板直浇式范从战国秦开始，一直到汉代的四铢半两；而第二类圆盘形范则大都是汉初的轻薄型榆荚半两类（近年来也见有四铢半两的）。平板直浇式范承

图 3-4 半两铜范

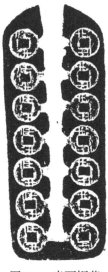

图 3-5 半两铜范

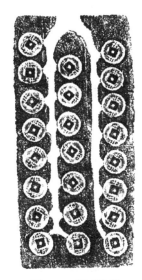

图 3-6 半两钱范

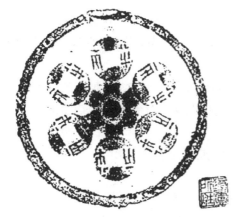

图 3-7　半两圆盘范

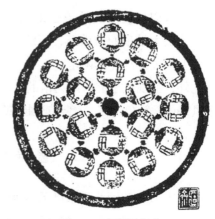

图 3-8　半两圆盘范

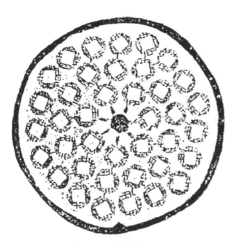

图 3-9　半两圆盘范

接先秦的竖式浇注块范，浇注方式是非常清楚的，有喇叭口自上而下靠熔液压力充填整个型腔。圆盘形范则不然，如果是单套范，显然不具有足够的压力来实现浇铸；要成功完成浇铸，必须采用层叠式浇注，也就是叠铸。

不过这样的叠铸是比较原始的，既没有榫卯定位结构，也没有对应的背范，事实上属于单面范浇铸，上面一块范的底即为下面一块范的背，浇铸出来的钱币是平背的，也正是由于榆荚半两这种平背而薄小的特点，才能采用这种简单的、不需要榫卯定位结构的层叠铸造。那种因为此类范没有榫卯定位构造就否认其为层叠铸造的看法是不正确的[1]，因为平背钱本身就没有对应的背范，何须定位？但是，这样的层叠铸造，较之于后来王莽时代层层叠叠、正背面严格对应的叠铸，还是有较大区别的，不仅显得简单，而且也原始，不可同日而语。然而在此之前，无论是春秋战国还是秦朝，至今为止都没有发现真正体现层叠铸造概念的范[2]，而这种圆盘形钱范较之于其后王莽时期的

---

[1] 华觉明等著：《中国冶铸史论集》，文物出版社，1986 年，第 253 页。

[2] 笔者认为，不管哪种形式的一型多铸或者一范多型腔都不能混同于叠铸，只有把多个相同的铸型叠合后共用一个直浇道浇注才能定位叠铸。因此，笔者不认同把山西侯马出土的那种两面有型腔的泥范认作是原始叠铸范。

叠铸范（图 3-10）之间的继承与发展的关系
也是显而易见的。因此汉代圆盘式半两范当是
中国古代层叠铸造的鼻祖，是叠铸工艺的发轫
期，处于叠铸工艺的初始阶段，或可称原始叠
铸。据此，可以明确地说叠铸工艺起源于西汉
半两钱[1]。

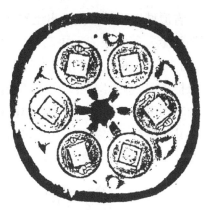

图 3-10　货泉叠铸范母

（二）西汉的社会环境孕育了叠铸工艺

西汉是在秦末农民起义的一片废墟上建立
起来的，为了尽快恢复社会经济，汉初在实行
与民休养生息的政策之时，采取"即山铸钱""听民放铸"的货币政策，即人人
皆许铸钱，所以，在汉初的 80 年中，盛行石范铸钱。民间采用石范铸钱，既是
为了降低技术难度，降低铸造成本，同时提高了铸钱的效率；另外，汉初能顺利
实现"听民放铸"，还有一个重要的技术方面的因素，就是半两钱本身简单易铸，
薄小无郭且单面，这也为新的铸造技术——叠铸的产生提供了潜台阶。

在政策开明、思想解放、自由开放的年代，民间铸钱，除了传承简单易行的
石范铸造外，当然也会尝试新的低成本高效率的新工艺。叠铸，这种在铸造史上
具有创新思想的技术工艺，也就在这一时期诞生了。

第二节　叠铸工艺铸钱的应用与发展

叠铸工艺在西汉初年即已产生并应用于钱币生产，但这种民间创造的省工
省料、生产效率高的铸钱方法，并没有马上得到普遍的运用，也没有得到官方
的重视，其后铸钱普遍使用的仍是平板直浇范。由陕西省钱币学会编著的《秦
汉钱范》一书，收录了近 40 年来各地出土的半两钱范并转引了多家图谱类书刊
印的半两钱范，据统计，在可认定的 20 块榆荚半两范中，圆盘形铜范母即有 11
块多，占一半多；而在此后，从八铢半两到四铢半两，数十块范皆为平板直浇
范，并且多为石范。武帝以后大量使用阴文铜范（图 3-11），如 1979 年 9 月，陕

---

[1]　据陕西考古研究院夏培朝在淄博会议（"中国古代铸钱工艺及其研究成果"，2023 年
5 月 29 日）报告，西安南郊杜城遗址近年来考古出土了榆荚半两叠铸范包。

西省澄城坡头村一次就出土五铢钱范 41 块，皆为阴文铜范[1]；另刘体智《小校经阁金文》收录的一块武帝半两圆盘形铜范母（图 3-12）和一块三铢钱铜范母（图 3-13），从拓片上看真伪存疑，不做论述。刚刚兴起的叠范铸钱工艺是否就此夭折了呢？其实不然，深入考查铸钱工艺资料后发现，在先秦和秦汉时期的大部分时间里，石范、陶范和金属范铸钱工艺往往并存，只是在某段时间、某个区域内某种铸钱工艺相对采用较多而已，叠铸工艺铸钱因在这一时段较石范铸钱并未彰显出优势，因而处于配角地位。

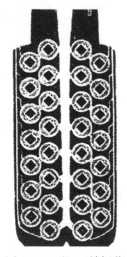

图 3-11　西汉五铢铜范

图 3-12　不规则圆盘范

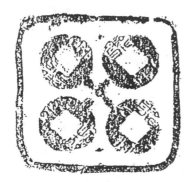

图 3-13　三铢钱铜范母（存疑）

　　西汉初期的榆荚半两是社会极度贫瘠情况下的流通货币，也是"听民放铸"

[1]　陕西省文管会、澄城县文化馆联合发掘队：《陕西坡头村西汉铸钱遗址发掘简报》，《考古》1982 年第 1 期。

的产物，也就是说，榆荚半两主要系由民间铸造；与此同时，情形相同的圆盘形半两铜范母，不仅钱样轻薄，范本身也较粗糙，有的还不规整（图 3-14），也系当时民间所用之物。继榆荚钱之后，西汉广泛铸行的是"四铢半两"钱和曾经短暂使用的"三铢"钱。就目前发现的有关这一时间段的钱范实物，几乎全是清一色的石范，只是偶尔见到有残断的四铢半两

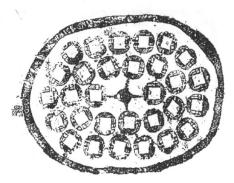

图 3-14　不规则铜范母

陶阳模和近似四铢半两的铜盘范，这说明可能只有极少部分四铢半两是采用铜范或叠铸工艺铸造。

　　元狩五年（公元前 118 年），汉武帝推行"五铢"钱。武帝时期的五铢钱先后经历了"郡国五铢""赤仄五铢"和"上林三官五铢"三个阶段，各地出土及早年收录的郡国五铢到宣帝五铢时期的范有 300 多块，属层叠铸造范母的不到十块。目前发现属于郡国五铢阶段的叠铸铜范母实物有陕西省麟游县西坊村出土的三块铜范母（收藏于麟游县博物馆）（图 3-15、图 3-16、图 3-17）[1]，其上出现了榫卯结构，也出现了钱币背模，这些都是在之前原始叠铸工艺中所没有的。其中一件显

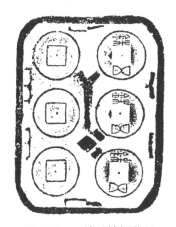

图 3-15　五铢叠铸铜范母

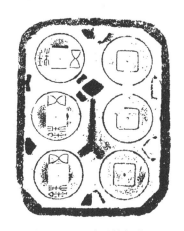

图 3-16　五铢叠铸铜范母

[1]　1979 年陕西麟游县西方村出土三块；上海博物馆藏有三块（似宣帝之后之物，参见上海博物馆青铜器研究部：《上海博物馆藏钱币·钱范》，上海书画出版社，1994 年；刘体智《小校经阁金文》卷 14 载一块）。另，西安市北郊孟家村出土两块半，西安市西郊出土一块，但难定是在王莽前还是王莽后（见陕西省钱币学会：《秦汉钱范》，三秦出版社，1992 年，图 207—图 210）。

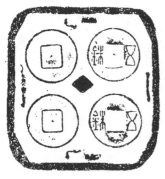

图 3-17　五铢叠铸铜范母

示有五铢钱面模和背模各三个，最右侧钱币面模具有"长中竖朱"特征，而这一特征仅出现在郡国五铢形制之中；另外，钱币背模内郭四角均为圆折，也属郡国五铢所独有的特征，在其他类型五铢中则罕见。

武帝之后昭宣中兴时期，目前虽然出土了大量带有此段时间纪年的铸铜范五铢陶阳模，某些形制的五铢钱可据此比较明显地判断为昭帝时期或者是宣帝时期的铸币，但是，迄今还未见有报道明确指出哪种叠铸遗物是昭帝或是宣帝时期的。通过考查这一历史时期的叠铸工艺实物及遗址资料，发现有以下几处信息值得关注：

（1）中国钱币博物馆馆藏一件五铢叠铸陶范包（图 3-18；图版五，3），范片显示有四枚钱腔，两枚为面型，两枚为背型。钱文为阴文"五铢"，显得整齐工整，却缺少了武帝五铢的劲健霸气，"五"字交笔曲，使得连接上下横的两条线几近平行；版式为"穿上横"，虽然武帝五铢也都有此类型，但此范显示的穿上横划，截面是单面大缓坡的梯形，底面较宽，这与武帝穿上横陡立特起的特征有别。上述这些特征与汉宣帝时期的五铢钱吻合，因此，此件范包可以认定为宣帝时期的叠铸遗物。

图 3-18　中国钱币博物馆馆藏五铢叠铸陶范包

（2）2005 年嘉德春拍中的第 5031 号拍品，是一件残存 14 片的五铢陶范包，形制基本上与中国钱币博物馆上述馆藏的相类，五铢特征也基本相符，只是没有上横划，可基本定为宣帝时期的叠铸实物。

（3）2001 年，山西夏县师冯村铸造遗址发现一批叠铸五铢陶范包和范片[1]，出土于 Y1 工作面的北半部，均未使用过，部分范块已变形。未发现完整的叠铸范包，最多者保存 4 片，高 250 毫米，范皆泥质加细砂，因烧烤而呈红色，有的范局部呈青灰色，应是火温不均造成的，范的外表涂抹有草拌泥，多件范块叠放在一起，有榫卯相合（图 3-19）。其中，收藏在山西省夏县博物馆的三件实物，范包和钱腔的形制以及钱腔文字特征都与中国钱币博物馆的近似，可基本确定为汉宣帝前后的叠铸遗存。从一些了解到的信息来看，夏县铸钱遗址出土的叠铸五

---

[1]　张童心、黄永久：《师冯五铢范的时代和性质考》，《中国钱币》2006 年第 2 期。

铢范片形制上至少有三种：两枚面文皆为"穿上横"版式；两枚面文都无标记；一枚"穿上横"版式，另一枚无标记（图 3-20）。

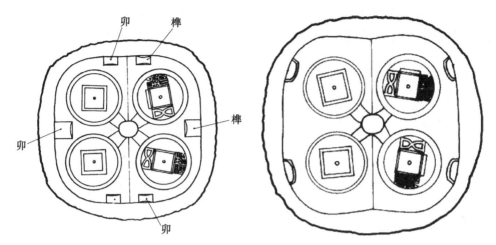

图 3-19　夏县师冯村出土五铢叠铸陶范包　　图 3-20　夏县师冯村出土五铢叠铸陶范包

　　（4）2004 下半年，山东临淄发现一批西汉五铢叠铸工艺铸钱遗物（图 3-21）[1]。当时已散失了一部分，其出土地点在刘家寨东北约 150 米处。其中，叠铸浇道钱树一枚，已残，树上仅存一枚较完整的五铢钱，其他残钱均是铜水未浇到而出现严重漏洞现象所造成的。钱树残长 120 毫米，共有 12 层叠钱，每层六枚，呈环形放射状排列，每层之间存在有大量红褐色范土，间距 8 毫米。另外还有一枚单层的铜钱浇道（图 3-22），可以使我们清楚地看到五铢钱铸出后的排列方式，与早期西汉榆荚半两叠铸铜范母的排列方式是一致的，均呈环形放射状排列。由此推断，与此对应的铜范母也应为圆盘状，这一类型在目前出土的西汉叠铸五铢范母中尚未发现过。钱枝一枚，分两叉浇道各带一枚未铸全的五铢钱（图 3-23），这是从钱树上取下来的废钱，钱币一反一正，直径 27 毫米，应系叠铸工艺中所特有的现象。五铢钱百余枚，都是标准的西汉郡国五铢，与钱树上的五铢钱相同。有穿上横杠和无横杠两种，制作精美，钱体厚重，文字规整，钱文一致，铢字"金"字四点呈点状，"朱"字上部方折，"五"字微曲，字体肥短，直径均为 27 毫米，这些钱均未加工完成，大体可分为三类：①完全未加工的钱币，边郭流铜和穿内铜片均有，穿内铜片上一面带有一个圆形乳突，也有少量两面皆有的（图 3-24）。②已将穿内铜片截掉，而未去边郭流铜的五铢钱，其穿内边郭裁切得非常精整。还有一枚五

---

　　[1]　陈旭：《山东临淄出土西汉五铢铸钱遗物》，《中国钱币》2006 年第 2 期。

铢钱边郭流铜上带有一三角形铜块，是两范合模时的榫卯结构（图 3-25）。③穿内流铜已去掉，边郭流铜大体去净，但尚未进行磨边处理的五铢钱（图 3-26）。废铜渣块六块，出土时已被砸碎。这些铜渣块是当时铸后加工时掉下来的铜屑锈结而成，里面还夹杂着大量的五铢废钱、边郭流铜以及穿内流铜，还有少许的半两钱。

图 3-21　五铢叠铸铸钱遗物

图 3-22　铜钱浇道

图 3-23　未铸全的五铢钱

图 3-24　未加工的五铢钱

图 3-25　未去边郭流铜的五铢钱

图 3-26　尚未进行磨边处理的五铢钱

昭宣中兴之后，西汉王朝由盛转衰，元帝、成帝、哀帝和平帝统治时期的纪年钱模或钱范鲜见，很难分出其中每一阶段铸币的细节特征，也就难以框定出此时期叠范铸钱的实物。但毫无疑问，这一时期叠铸工艺当继续应用并不断向前发展，否则，不可能迎来王莽时期叠铸工艺的成熟与兴盛。

以汉武帝时期铸郡国五铢为标志，中国古代的叠范铸钱工艺完成了关键的技术进步，即把发轫期的原始叠铸发展到榫卯扣合式叠铸，出色解决了用叠铸工艺铸造有背郭钱币的技术难题，为叠范铸钱工艺走向兴盛奠定了坚实的基础。此后直到王莽之前，是叠铸工艺的一个重要演进阶段。客观上讲，由于这一时期更多地使用了金属范铸钱（大量出土的五铢铜范和铸铜陶阳模也证实了这一点），此时的叠范铸钱在整个铸钱业中只是居于配角的地位。可以看出，叠铸工艺自汉初由民间发明以来，一直到王莽之前，有一个逐渐发展成熟和被官府认同、采纳的过程，处于技术积累阶段。

第三节　叠铸工艺铸钱的繁盛

叠铸工艺的广泛使用是从王莽时期开始的，大量出土的莽钱叠铸铜范母和叠铸工艺子泥范可以为证。据陕西省钱币学会和西安钱币学会编纂的《新莽钱范》载，从 20 世纪 50 年代到 90 年代的 40 年间，在西安及其附近地区屡有大泉五十、大布黄千、货布、货泉等叠铸铜范母和叠铸子泥范出土[1]，如：① 1958 年 4 月，西安北郊郭家村发现烘范窑遗址，出土八型腔大泉五十叠铸范数百叠，完整的一叠有 46 层 23 合，一次能铸 184 枚[2]（图 3-27）；② 1975—1976 年间，陕西临潼出土几种阳文莽钱叠铸铜范母，有大泉五十、货布、货泉，形状有方形、圆形[3]。

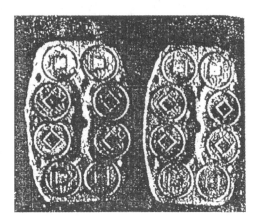

图 3-27　大泉五十叠铸范片

从这些钱范来看，王莽时期铸钱工艺的改变主要集中在第三、四次币制改革时期，大体可以分为两个阶段：

第一阶段：王莽第三次币制改革时期

王莽取得政权后于居摄二年（公元

---

[1]　陕西省钱币学会、西安钱币学会：《新莽钱范》，三秦出版社，1996 年。

[2]　陕西省博物馆：《西安北郊新莽钱范窑址清理简报》，《文物》1959 年第 11 期。

[3]　李美侠：《临潼县出土西汉和新莽钱模》，《考古与文物》1981 年第 4 期。

7 年）开始币制变革，此后数年间铸币形制及钱文屡有更易，在第四次改革前已经出现了"契刀五百""一刀平五千""大泉五十""小泉直一"和"六泉十布"等系列繁杂的货币品种。从已经发现的这一时期的钱模、钱范来看，除了西汉中期以来一度居于主流的铜范铸钱工艺仍在沿用外，大量的铜范母和相关遗物显示，叠范工艺铸钱正趋于繁荣。其中，铸造较早的契刀五百，尽管大都是用平板直浇范铸造，但有的地方已经采用叠铸法浇铸，不过其所用的叠铸工艺似仍较原始。如 1964 年春，河南南阳一汉代遗址出土的大泉五十和契刀五百合范，就是中心开水口的叠铸式陶范，但这种叠铸范只是简单地分面范、背范（面背不同范），既不是左右或上下对称扣合式，

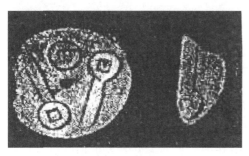

图 3-28　早期叠铸范片

也没有榫卯结构（图 3-28）[1]，有点类似于上述的圆盘式半两钱范；而后来的纯大泉五十叠铸范、布货类叠铸范及货布、货泉等的叠铸范皆无一例外是左右或上下对称扣合式（面背同范），并都有上下严格扣合的榫卯结构，这样只需一块范母就可翻制无数完全相同的子泥范。

契刀和大泉五十同范铸造只能是王莽居摄二、三年（公元 7—8 年）的事，因为始建国元年（公元 9 年）就不铸契刀、错刀，改制铸小泉直一，但大泉五十前后都有铸造。这一情况说明，叠铸工艺在新莽初期即得到官方的采纳，刚开始工艺似乎并不甚完备；但在几年的时间内很快就发展成熟并普及开来。从品种上看，"大泉五十"铜范母（图 3-29）[2]和陶范包出土最多，一些相当稀少的钱币品种也出土了相关的叠铸实物，如上海博物馆藏"次布九百"陶阴模（亦被称为铸铜阳模陶范，图 3-30）[3]。虽然王莽执政时期，钱币上有好改制的弊习，但也有"不惜铜不爱工"之精神，正是在这样的背景下，叠铸作为一种先进的铸造工艺，被官方采纳并迅速地发展起来。

---

[1]　王儒林：《河南南阳发现汉代钱范》，《考古》1964 年第 11 期。

[2]　《中国钱币大辞典》编纂委员会：《中国钱币大辞典·秦汉编》，中华书局，1998 年，第 691 页，图 31。

[3]　上海博物馆青铜器研究部：《上海博物馆藏钱币·钱范》，上海书画出版社，1994 年，第 222 页。

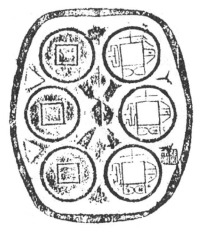

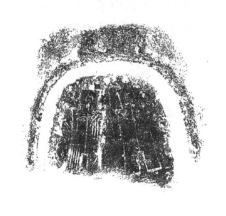

图 3-29　"大泉五十"铜范母　　　　图 3-30　上海博物馆藏"次布九百"陶阴模

第二阶段：从王莽第四次币制改革到东汉结束

新莽天凤元年（公元 14 年）重新变更币制，铸行"货泉"和"货布"。迄今为止，各地出土了相当数量的这个时期的叠铸铸钱实物（图 3-31）[1]，而几乎找不到如铜范铸钱等非叠铸工艺的证据，虽不能就此完全否认同时存有其他铸钱工艺的可能性，但叠铸铸钱在当时处于绝对优势的地位已是不争的事实。从存世铸钱遗物来看，叠铸几乎垄断了全部的铸钱生产活动，叠铸工艺在铸钱业中这种垄断状况一直持续到更始帝和整个东汉时期，甚至在其后更远的三国两晋南北朝时期还持续了相当长的时间。

从工艺上看，叠铸金属范母及范片上的榫卯结构也随着叠铸铸钱技术的演进而不断发展变化。在叠范铸钱工艺的发轫期，半两钱是平背的形制。叠铸模范不需要设计出榫卯，模印出的范片按一个方向平卧叠置即可。在叠范铸钱的发展期，自铸郡国五铢始，叠铸工艺中便有了榫卯结构的设计。郡国五铢叠铸模范上榫卯形状变化较多，榫头以类长方体为主（图 3-15），还有正方体、三棱锥体以及其他异形体等。这与叠铸技术处于摸索过渡阶段的历史背景相吻合。到西汉中后期，叠铸模范的榫头形状更多的是双斜坡体和类正方体等。而在叠范铸钱的繁盛期，即在王莽前三次币制变革中，三棱锥体（图 3-29）成为当时叠铸模范榫头设计的首选，半球体开始在此阶段出现，其他如双斜坡体、类长方体和异形体等也有遗存。自王莽第四次币制改革始，半球体榫（图 3-31）成为主流设计，三棱锥体榫等仍在一定范围内使用；半球体榫发展到东汉以后日益普遍，而其他形状

[1]　陕西省钱币学会、西安钱币学会：《新莽钱范》，三秦出版社，1996 年，第 265 页。

的榫卯则基本上淡出了历史舞台，半球体榫卯几乎在叠范铸钱工艺中一统天下。发展至南北朝时期，还出现了榫卯结构设置在方穿内的设计（图 3-32），这样可以使榫卯结构既不占用泥范片的外围空间，又可使范的边缘强度加大，无疑是叠铸工艺的又一个进步。

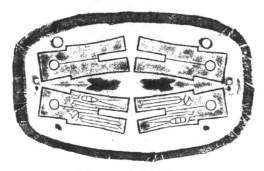

图 3-31　货布铜范母

图 3-32　五铢铜范母

叠铸工艺的发明相对于传统铸造而言，无疑是一次技术性的革命，它不仅能在大幅提高铸件产量的同时保证铸件的质量，而且省工、省时、省料，显著降低铸造的成本，因此一旦被官方认知，即能很快地发展、普及开来。所以，王莽以后，东汉时期叠铸工艺不仅用于铸钱，而且广泛用于铸造车马器、衡器等小型器件。

第四节　叠铸工艺铸钱的演变和再发展

大约在六朝初期，我国传统铸钱工艺发生了重大变革，即从西汉、新莽、东汉以来的单面子范叠铸工艺过渡到双面子范叠铸工艺。其特色在于子泥范双面皆有钱腔，每面钱腔厚为完整钱型之一半，将子范垒叠，通过上下子范的互相配合，组成完整的钱腔。大量的出土资料表明，六朝双面钱范叠铸工艺的发展脉络非常清晰，它萌芽于孙吴时期，到刘宋已基本定型，至萧梁完全成熟。该工艺历时 300 余年，其间由于朝代更迭及经济政治等方面的原因，官方铸钱时有兴废，甚至停铸达上百年[1]，但工艺技术却绵延不绝，不断发展。同时双面钱范叠铸工艺具有强烈的地域特色，大量出土资料表明所有双面钱范的发现只集中于六朝疆

---

[1] 邵磊、范卫红：《元嘉四铢钱范探究》，《中国钱币》2002 年第 2 期；周卫荣：《中国传统铸钱工艺初探》，《钱币学与冶铸史论丛》，中华书局，2002 年。

域之内，为六朝所独有，而这一时期北方叠铸铸钱则主要延续了新莽、东汉以来的单面对扣式叠铸工艺。

一、六朝铸钱遗存的考古调查

20 世纪 30 年代以来，六朝铸钱遗存在江苏南京、句容、镇江，浙江杭州、桐乡等地屡有发现。为了更加清晰地揭示六朝双面钱范叠铸工艺的发展历程，并阐明其传承关系和技术传播路径，现以六朝铸钱遗存的实际使用年代为经，以发现地点为纬，将历次的主要发现简述如下。

（一）孙吴铸钱遗存

孙吴铸钱，见于正史的有"大泉五百"和"大泉当千"，另有"大泉二千""大泉五千"未见著录。《三国志·吴志·孙权传》载："（嘉禾）五年（公元 236 年）春，铸大钱，一当五百。"又载："赤乌元年（公元 238 年）春，铸当千大钱。"孙吴大泉至赤乌九年（公元 246 年）停铸[1]。

孙吴铸钱遗存见诸报道的主要有 3 次。20 世纪 90 年代初，浙江桐乡发现一枚"大泉五百"钱树（图 3-33）[2]。该钱树已断损，现存连同浇口的一截，残长 125 毫米，附"大泉五百"钱 9 枚。其中靠近浇口的第一、二、三、

图 3-33　桐乡"大泉五百"钱树

五枚已脱落；第四、六、七、八、九枚较为完整。第六、八、九枚"大"字朝向直浇道；第四枚"泉"字朝向直浇道；第七枚"五"字朝向直浇道。

2000 年 5 月初至 7 月上旬，在浙江杭州西湖疏浚工程中，先后出土一批孙吴铸钱遗物，有"大泉五百"钱范、铸芯、钱树和未铸成的"大泉五百"钱[3]。

钱范（图 3-34），共 34 块，陶质，分双面范和单面范两种。其中双面范 24 块，单面范 10 块。双面范，一面有反向阴文"大泉五百"四字，另一面为钱背，阴文，无字。单面范，或为反向阴文"大泉五百"四字，有 2 块；或为阴文钱

---

[1]　屠燕治：《杭州西湖发现三国孙吴铸钱遗物》，《中国钱币》2001 年第 1 期。

[2]　陈达农：《介绍一件大泉五百钱树》，《中国钱币》2002 年第 2 期。

[3]　屠燕治：《杭州西湖发现三国孙吴铸钱遗物》，《中国钱币》2001 年第 1 期。

背,有8块。

铸芯(图3-35),7件,只残留直浇道和横浇道。铸芯宽9.01—11.14、厚6.93—7.09毫米,和直浇道相连的横浇道一层有两个,多层对向排列,上下间隔3.54—5.54毫米,残存的横浇道有3—6个。

图3-34 杭州"大泉五百"钱范

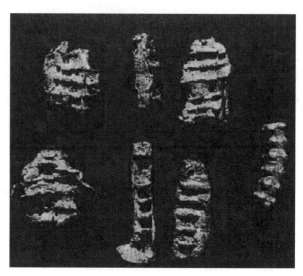

图3-35 杭州"大泉五百"铸芯

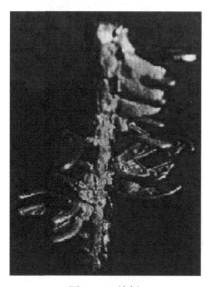

图3-36 钱树

钱树(图3-36),1件,通长93.58毫米,钱树有十余层,每一层两枚钱币对向排列,上五层钱文向下,以下各层钱文向上。钱树上有残缺钱币10枚,有的钱与钱之间还夹着残钱范。钱树上的钱币,除一枚较完整能看清钱文"大泉五百"外,其余均未浇足。

另有"大泉五百"铜钱13枚(图3-37),未经打磨,均为铸态毛坯。从钱币上的残铜(即残留的横浇道)可知,所有钱币的横浇道在"大"字处,位置固定。

此外,1975年10月,镇江博物馆在句容县境内也发现孙吴铸钱遗物,有"大泉五百""大泉当千"钱及铸芯等(图3-38)[1],

[1] 刘兴:《江苏句容县发现东吴铸钱遗物》,《文物》1983年第1期。

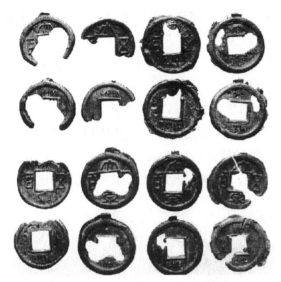

图 3-37　杭州"大泉五百"钱币毛坯

图 3-38　句容县出土"大泉五百""大泉当千"叠铸复原图

数量不详。铸芯长约 140 毫米。根据铸芯上残留的横浇道判断，每层有钱币 4 枚，约有 20 层，每个叠范包可铸钱百余枚。推算每层钱范平均厚度约为 5.6 毫米[1]。

另据报道，在 20 世纪 60 年代杭州西湖疏浚工程中，也发现孙吴大泉当千钱范，上面还留着当时铸坏的钱币[2]，可惜下落不明。

（二）刘宋铸钱遗存

刘宋铸钱，始于文帝元嘉七年（公元 430 年）冬十月戊午，京师建康设钱署铸四铢钱，即"元嘉四铢"，详见《宋书·文帝纪》。宋孝武帝孝建元年（公元 454 年），改铸"孝建四铢"，即钱面"孝建"钱背"四铢"。另铸有"孝建"钱，无背文"四铢"。孝武帝大明年间（公元 457—464 年），曾铸大明四铢钱，惜文献失载[3]。前废帝刘子业永光元年（公元 465 年）铸"永光"钱，数月后改元景和，又铸"景和"钱。

在历次考古发掘中未见刘宋钱范出土。南京市博物馆邵磊先生等报道了近年

---

［1］　邵磊、范卫红：《元嘉四铢钱范探究》，《中国钱币》2002 年第 2 期。

［2］　屠燕治：《杭州西湖发现三国孙吴铸钱遗物》，《中国钱币》2001 年第 1 期。

［3］　袁涛：《谈大明四铢钱》，《中国钱币》1993 年第 4 期。

发现的5枚刘宋"元嘉四铢"钱范碎片，出土时间地点不可考[1]。一种钱范只残存单枚钱腔（图3-39），正面为阴文反书"四铢"二字，篆书；反面为阴文钱腔，无文。其外廓皆已不存，共4片，厚度为3—3.8毫米。另一种1件，为钱范边残片。

此外，在2003年11月召开的"六朝货币与铸钱工艺学术研讨会"上，南京市杨明生先生展示了他所收藏的众多六朝铸钱遗物[2]。其中即有一件浇铸过的"元嘉四铢"叠范包残块，残存钱币数层，每层有钱币3枚，3枚钱币在边缘处两两相连，上、下层钱币间为陶范，中间一列的钱币上有残留的横浇道（图3-40）。

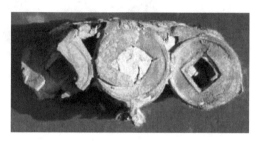

图3-39　南京"元嘉四铢"钱范　　　　图3-40　南京"元嘉四铢"叠范包残件

近年南京又出土了"元嘉四铢"双面叠铸范片残片，榫卯设计在方孔部位，这说明在极薄范片双面叠铸工艺方面又有了进一步的发展（图3-41）。

图3-41　"元嘉四铢"双面叠铸范片

[1]　邵磊、范卫红：《元嘉四铢钱范探究》，《中国钱币》2002年第2期。

[2]　杨明生：《六朝都城建康冶炼铸造遗址的分布及六朝铸钱工艺解析》，"六朝货币与铸钱工艺学术研讨会"，2003年11月19日，南京。

（三）萧梁铸钱遗存

《隋书·食货志》载："梁初，……武帝乃铸钱，肉好周郭，文曰'五铢'，重如其文。而又别铸，除其肉郭，谓之'女钱'，二品并行。"即铸造"天监五铢"和"公式女钱"二品并行。至普通四年（公元 523 年），"尽罢铜钱，更铸铁钱"。又据（梁）顾烜《钱谱》，"天监元年（公元 502 年），铸'公式女钱'，径一寸，文曰'五铢'，称两如新铸五铢，但边无轮郭，未行用，……普通三年（公元 522 年）始与新铸五株并行用，断民间私铸"[1]。此外，从出土钱范来看，武帝年间还可能铸造"大吉五铢""大通五铢"和"大富五铢"，简称"三大五铢"[2]。梁元帝承圣年间（公元 552—555 年）铸"二柱五铢"。梁敬帝太平二年（公元 557 年）铸"四柱五铢"。

20 世纪 30 年代以来，萧梁铸钱遗存有多次重大发现。最主要的有 3 次，即民国二十四年（1935 年）冬，在南京通济门外中和桥南草场圩因筑路填塘，出土了大量萧梁钱范，以及 1997 年、1998 年分别在镇江医政路金田工地和南京东八府塘西井巷发现两处萧梁铸钱遗址，出土了大批钱范和相关铸钱遗物。这 3 处铸钱遗址的发现，为研究萧梁时期的铸钱工艺提供了十分丰富的资料。现将 3 处铸钱遗址分述如下：

（1）1935 年南京草场圩出土钱范以郑家相先生收藏数量最大、种类也最多。所获叠范包（含残件）80 余块，有范首、范身、范底。范片 800 余片，有整有残，钱范每面的钱腔数为 4 个或 8 个，钱范有厚有薄。根据钱形大小、有郭无郭、钱腔和钱文排列、边款文字等可分为 116 种[3]。除郑家相先生外，调查得知，此次出土的萧梁钱范，上海博物馆、南京大学考古与艺术博物馆等单位和个人也有收藏[4]。

1935 年南京出土的萧梁钱范，按每面的钱腔数，即 4 个或 8 个，可分为两大类别。第一类：四钱腔范，有两小类，即梁"五铢"范（图 3-42）和"大吉

---

[1]　转引自（宋）洪遵：《泉志》，《说钱》，上海科技教育出版社，1993 年。

[2]　郑家相：《梁五铢土范图说叙言》，《泉币》1941 年第 7 期；上海博物馆青铜器研究部：《上海博物馆藏钱币·钱范》，上海书画出版社，1994 年。

[3]　郑家相：《梁五铢土范图说叙言》，《泉币》1941 年第 7 期。

[4]　郑家相：《梁五铢土范图说叙言》，《泉币》1941 年第 7 期；上海博物馆青铜器研究部：《上海博物馆藏钱币·钱范》，上海书画出版社，1994 年；戴国兴：《试谈萧梁四出五铢范》，《中国钱币》1985 年第 4 期。

图 3-42　梁五铢叠铸陶范片

五铢、大通五铢、大富五铢"范（图 3-43）。该类钱范中心为圆形浇口，即直浇道；正面有 4 个钱腔，分布在钱范四角，4 个钱腔与直浇道间通过 4 个横浇道相通；钱文阴文反向；背面也有四个钱腔，和正面钱腔位置对应，无文字。第二类：八钱腔范，也是梁"五铢"范（图 3-44）。钱范中心是圆形直浇道，8 个钱腔位置如图所示，以圆心为中心对称排列，8 个钱腔与直浇道通过 8 个横浇道相通；背面与正面钱腔布局一致，无文字。图 3-45 为合范，分范首、范身、范底。图 3-46 是范首俯视图，为浇口杯，供浇注用。

图 3-43　大吉五铢叠铸陶范片

图 3-44　梁五铢叠铸陶范片

图 3-45　合范

图 3-46　范首俯视图

（2）1997 年 9 月，镇江古城考古所在市区医政路金田开发工地进行勘探，发现地下保存有一处唐代屋基及六朝路、沟等遗迹，旋即于 1997 年 11 月至 1998 年 1 月进行抢救性发掘，发掘面积为 150 平方米。考古发掘探方中，发现一处萧梁钱范堆积[1]。

铸钱遗存分布于第 8 层中，含有大量钱范残片、红烧土、木炭，及少量熔铜炉壁残块、铜炼渣、陶支垫等，厚约 0—0.65 米。钱范分两大类，第一类为有廓的四钱腔"五铢"范，第二类为无廓的八钱腔"公式女钱"范。图 3-47 为四钱腔的"五铢"范碎片，图 3-48 为其复原图，与 1935 年南京发现的四钱腔范相似，钱范两面都有 4 个钱腔，钱腔位于钱范四角，中心为直浇道，钱腔与直浇道通过横浇道相连。这种类型的钱范一般厚 5—6 毫米，少数薄至 3 毫米。

图 3-47　镇江四钱腔"五铢"范碎片

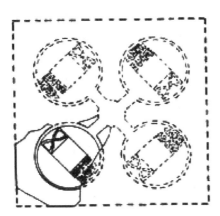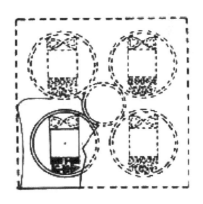

图 3-48　镇江四钱腔范复原图

无廓的"公式女钱"范碎片见图 3-49，图 3-50 为其复原图。图 3-51 为多片钱范垒叠的合范，外有草拌泥包裹，已残。八钱腔的"公式女钱"范布局与南京 1935 年出土的八钱腔"五铢"范类似，钱范的两面都有对应的 8 个钱腔，一面为"五铢"二字阴文反书，另一面无文。与南京八钱腔"五铢"范

图 3-49　镇江"公式女钱"范碎片

［1］　镇江古城考古所：《镇江市萧梁铸钱遗迹发掘简报》，《中国钱币》1999 年第 3 期。

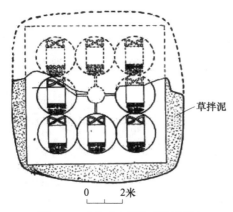

草拌泥

图 3-50 "公式女钱"范复原图

0   2米

图 3-51 "公式女钱"叠范包（残）

不同的是，镇江出土的八钱腔"公式女钱"范只有 4 个钱腔通过横浇道与中心的圆形直浇道相通，4 个角上的钱腔与其靠近的两个钱腔在边缘处相连。

（3）1998 年 4 月至 6 月，南京东八府塘西井巷附近工地出土了一批五铢钱范。但这批珍贵的实物资料多在施工中遭毁弃，少数较完整的又流失民间。当文物部门接报赶到已遭严重扰乱的钱范出土现场时，仅采集到少量散落的钱范残片及伴出的炼渣等，后又征集到部分钱范碎片[1]。

据文物部门现场勘察及调查取证，发现钱范出土于距地面约 4 米以下的厚40—60 厘米的一层黄灰土中，均为合范，每段合范叠有不少于 8 块钱范，最长的一段合范有范片 17 块，合范四周裹以草拌泥，图 3-52 为合范残件。钱范为正方形，中心为圆形直浇道，正反面各有钱腔 8 个，无廓，为"公式女钱"范。钱范分两种类型，其一（图 3-53），边长 79 毫米，厚 3—3.2 毫米。钱腔布局与镇江出土八钱腔的"公式女钱"范一致。其二（图 3-54），边长 68 毫米，厚 2—3 毫米，发现数量较多，正反面的钱腔数也是 8 个。所不同的是，正反面钱腔的排列发生了很大变化。以往发现的萧梁钱范，要么一面为钱面，一面为钱背，而这种类型的钱范，其一面 8 个钱腔既有钱面，即阴文反书"五铢"二字的钱腔，又有钱背，即

图 3-52 南京"公式女钱"
叠范包（残）

[1] 邵磊：《梁铸公式女钱考述——兼论南京出土的公式女钱范》，《南方文物》1998 年第 4 期。

图 3-53　1 型"公式女钱"范

图 3-54　2 型"公式女钱"范

无文钱腔。钱范正背面的有文钱腔和无文钱腔相对应，通过上下钱范配合，也可组成完整的钱腔。

二、六朝铸钱工艺的发展历程与传播路径

六朝铸钱工艺经历了从原始到成熟的漫长发展过程，历时 300 余年。但其总体特征保持不变：即钱范由上下两块模具一次压制而成，范的两面皆有钱腔，每面钱腔厚度为完整钱型之一半；钱范制好后，层层相叠，通过上下两个钱范间的相互配合，组成完整的钱腔，不用榫卯定位，合范后，其外裹以草拌泥，形成叠范包，并在叠范包的顶部用草拌泥糊成一漏斗形浇口杯，以供浇铸铜液；再经阴干、焙烧，即可用于浇铸；浇铸完成之后，将范打碎取出钱币。

下面着重从钱腔的布局与浇铸系统的设置、钱范的定位机制、钱范的厚度等方面来具体探讨六朝铸钱工艺的演进历程，并在此基础上讨论六朝铸钱工艺的传承关系。

钱腔布局与浇铸系统的变化，是六朝铸钱工艺发展、演进历程的具体表现。实物资料表明，浙江桐乡、杭州出土的孙吴铸钱采用一范一钱工艺，即钱范正背面只有一个钱腔，浇道在钱范边缘。江苏句容的孙吴铸钱则采用一范四钱的工艺，根据铸芯上残留的横浇道判断，每层有钱币四枚。据此推断，已从一范一钱过渡到一范四钱，型腔布局发生了根本性的变化。正背面 4 个钱腔分别位于钱范四角，钱范中心为直浇道，由 4 个横浇道连接直浇道和 4 个钱腔，图 3-55 为其示意图。南京地区发现的刘宋"四铢"合范残件显示，这一时期已经出现了一范八钱（图 3-56）。到了萧梁时期，则延续了孙吴、刘宋以来的一范四钱和一范八钱工艺。南京 1935 年出土的八钱腔"五铢"范有 8 个横浇道，而 1997、1998 年

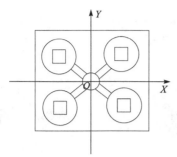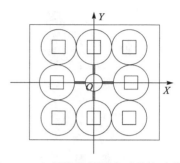

图 3-55　六朝钱范的原点对称性示意图　　图 3-56　六朝钱范的原点对称性示意图

镇江、南京发现的"公式女钱"范仅有四个横浇道，且浇道的宽度也大大减小。此外，1998 年南京出土的一部分"公式女钱"范，钱面和钱背同时出现在钱范的同一面，完全打破了自孙吴以来钱范一面为钱面、一面为钱背的布局。这种钱范，正反面的钱面和钱背相互对应，通过上下钱范配合，组成完整的钱腔，此即六朝双面范铸钱工艺完全成熟的表现。

六朝铸钱工艺的另一特色在于不用榫卯定位。浙江桐乡发现的孙吴"大泉五百"钱树显示，钱范层层相叠时，上下钱范正反对应，组成完整钱腔。所有钱范的横浇道朝向同一个方向，其外裹以草拌泥，有可能是利用木棍之类的工具制作直浇道。从保存较为完整的第四、六、七、八、九枚钱来看，第六、八、九枚"大"字朝向直浇道；第四枚"泉"字朝向直浇道；第七枚"五"字朝向直浇道。也就是说，它是靠文字的朝向来进行钱范定位的，并且钱范定位的方向不固定。有可能是制作好单枚钱腔的双面钱范后，再在钱范上加工浇口，即横浇道，横浇道的方向是随机的，"大""泉""五""百"四个方向都有可能。杭州发现的"大泉五百"钱范、铸芯和钱树表明，也是采用多层叠铸，但每层有钱范两块，每块钱范也只有一个钱腔。合范时，每层两块钱范的横浇道正对直浇道，直浇道也可能用木棍等工具加工而成。从出土的"大泉五百"钱毛坯来看，每个钱的横浇道都在"大"字处，说明钱范的定位方向已经是固定不变的了。从出土的钱树来看，上五层钱文向下，以下各层钱文向上，说明合范时钱范的放置还有一定的随意性。江苏句容县发现的"大泉五百""大泉当千"钱及铸芯与浙江发现的孙吴铸钱遗物有显著区别。钱范的定位机制已发生了质的变化，即钱范采用完全正方形结构，将钱范浇口的中心作为原点，画出直角坐标系即可清楚地看到，如图 3-55，钱范上的钱腔、直浇道、横浇道的位置均能完全遵从原点对称的原则，范面上浇铸系统的布局十分科学。这样合范时就不用考虑文字的朝向、直浇道和横浇道的位置问题，只要将钱范沿着纵向向上以直角边对齐即可。各层钱范旋转

±90°、±180°都不会发生错位，这就圆满地解决了钱范定位的问题；刘宋时期，随着钱腔布局的改变，钱范的定位问题得到了进一步发展，也是采用正方形原点对称结构，见图 3-56。到了萧梁时期，这种定位机制固定下来，得到了淋漓尽致的发挥，是其完全成熟的另一种表现。

钱范的厚度直接反映了原料处理技术的水平和原料的利用效率，也是反映铸钱工艺发展的主要指标之一。从已有的数据推测，六朝早期的孙吴钱范，桐乡"大泉五百"叠铸范的厚度约为 10 毫米，杭州"大泉五百"钱范厚度降至 3.5—5.5 毫米；句容钱范平均厚度为 5.6 毫米；刘宋时期，钱范的平均厚度降至 3—3.8 毫米；而萧梁钱范的厚度则几乎降至极限，"公式女钱"范薄至约 2 毫米。钱范厚度的不断递减，也是六朝铸钱工艺不断发展的具体表现。

从目前掌握的实物资料来看，六朝双面钱范叠铸工艺是传承有序的。这种工艺起源于孙吴嘉禾年间，经历十余年的发展（嘉禾五年至赤乌九年，即公元 236—246 年），以浙江桐乡出土的"大泉五百"钱树工艺最为原始，判断在孙吴铸钱之初，因未发现"大泉当千"钱范，可定在 236—238 年。杭州孙吴铸钱工艺较桐乡略微成熟，每层有钱范两块。据报道，当地早年曾发现过"大泉当千"范，说明其沿用到公元 238 年后。江苏句容孙吴铸钱工艺已发生了质的变化，"大泉五百""大泉当千"范并存，这应在公元 238—246 年之间。由此可以推断，孙吴铸钱工艺约从浙江桐乡一带，先传播至杭州，再传播至江苏句容。孙吴赤乌九年到刘宋元嘉七年，即公元 246—430 年，政府未曾正式铸钱[1]。从南京发现的刘宋钱范来看，孙吴双面范铸钱工艺还是沿用了下来，并且有了新的发展，从四钱腔范过渡到八钱腔范。这一过程约发生在公元 430 年之后，其工艺可能来源于较近的镇江。萧梁时期的铸钱遗存在南京和镇江都有发现，若单纯从工艺角度来判断，1998 年南京东八府塘西井巷和 1997 年镇江医政路金田工地的萧梁铸钱工艺要优于南京 1935 年发现的草场圩铸钱遗址，上述 3 个遗址的沿用时间都在天监元年（公元 502 年）之后，但其确切的沿用时间还有待考证。其关键在于武帝初铸"五铢"和"公式女钱"两种铜钱，至普通四年（公元 523 年）始，"尽罢铜钱，更铸铁钱"，若能从众多萧梁钱范中区分出铸造铁钱之范，那么该遗址的沿用时间问题也就迎刃而解了。1998 年南京东八府塘西井巷只出土"公式女钱"范，其沿用时间约在公元 502—523 年间。据郑家相等考证，1935 年南京草场灯

---

[1]　邵磊、范卫红：《元嘉四铢钱范探究》，《中国钱币》2002 年第 2 期。

铸造的应是铁钱[1]，若判断无误，则该遗址的沿用时间应在公元 523 年之后。类似地，若镇江萧梁"五铢"范也是铸造铁钱之范，那么就其和铸造铜钱的"公式女钱"范并存而言，则该遗址的沿用时间约从公元 502 年始，一直到公元 523 年之后。可以肯定的是，萧梁时期已形成了南京、镇江两大铸钱业中心，它们的工艺水平大致相近，同时不排除相互影响的关系。

三、六朝铸钱工艺代表了古代叠铸工艺的最高成就

六朝铸钱工艺体现了高超的工艺水平和丰富的科学内涵，将中国传统钱币范铸工艺发展到了极高的水平。它主要表现在以下几个方面：

其一，六朝叠铸范两面都有钱腔，其制范技术和西汉、新莽、东汉的钱币叠铸范截然不同。西汉、新莽、东汉的叠铸范都是用散土在模盒中夯制而成，如新莽、东汉的叠铸范，都是一面为钱腔面，另一面则为较粗糙的夯型面。六朝钱范为双面钱腔叠铸范，它的制作方法与单面钱腔的叠铸范有着根本的不同，制作时难度大。六朝铸钱为范铸法，制范必须要用模（范母）。因为是双面型腔的钱范，制作时不可能制好一面后再去制另一面，这就决定了制作钱范时，正、背面的钱腔必定是一次成型，即有一块面模和一块对应的背模。也就是说，双面型腔的钱范不可能是在一个模盒中夯制出来，只能是在上、下都有钱模的前提下一次性地压印出来的。由于钱范是由上下模具压制而成，其原料要经过练泥、陈腐等工序，所以原料的选择和处理都要求极高[2]。

其二，钱范的定位在范铸工艺中至关重要，若钱范没有定位系统或钱范发生错位，就会导致铸造的钱币有瑕疵甚至铸造失败。范铸法铸钱一般采用榫卯定位，六朝钱币叠铸工艺则突破了榫卯定位的限制。孙吴早期主要靠钱范上文字的朝向进行定位，到了后期六朝钱范采用正方形结构，无论是四枚钱腔还是八枚钱腔的钱范，其布局都非常的好（图 3-55、图 3-56），科学、合理，合范时不用考虑文字的朝向、直浇道和横浇道的位置问题，只要将钱范沿着纵向向上以直角边对齐即可，各层钱范旋转 ±90°、±180° 都不会发生错位。同时钱范的互换性也

[1] 郑家相：《梁五铢土范图说叙言》，《泉币》1941 年第 7 期；邵磊：《对南京通济门草场圩萧梁铸钱遗存的整理》，《中国钱币》2003 年第 1 期。

[2] 施继龙、王昌燧、戴志强等：《萧梁钱范原料的矿物组成及其处理技术初探》，《中国钱币》2004 年第 3 期。

很好。

其三，范体极薄，钱范原料利用率高。随着六朝铸钱工艺的发展，钱范厚度也不断递减，到了萧梁时期，"公式女钱"范几乎降至 2 毫米，这是战国、秦汉以来的平板范和叠铸范所不及的，六朝钱范双面都有钱腔，这使钱范原料的利用率增加了一倍，也就是说，单位体积原料的利用率，六朝钱范要远远高于其他所有类型的陶范。六朝钱范制范简便，钱范制作效率高。六朝之前的陶质钱范制作，是将散土放置在钱模（范母）中，手工夯制而成。散土手工夯制钱范工效低、耗料多、制范时间长。根据曾用金属模盒夯制"榆荚半两"叠铸范的模拟实验来看，夯一片单面范大约需要 5 分钟，六朝钱范为上下钱模压制而成，制范的时间大大缩短，从模拟萧梁钱范制范的实验来看，压制一片双面范仅仅需要二三十秒[1]。六朝铸钱为多层叠铸，铸钱效率随之大大提高。据出土的叠范包残件分析，完整的叠范包的范片数可至数十层，在对萧梁铸钱工艺的模拟实验中，即浇铸成功接近 60 层的叠范包，每块钱范正、背皆有 8 个钱腔，一次可铸钱 480 枚[2]。总之，无论是从钱范的原料利用率、钱范的制作效率还是从钱范的铸造效率来看，六朝铸钱工艺在降低成本和提高效率方面，都达到了前所未有的高度。

第五节　萧梁时期叠铸工艺铸钱模拟实验

为深入了解六朝时期双面子范叠铸铸钱工艺流程和技术指标，中国钱币博物馆组织了专门的课题组[3]对萧梁时期的铸钱工艺进行了模拟实验研究。

一、萧梁钱币铸造工艺及其特色概述

萧梁时期的钱币铸造工艺前文已经述及，为了更好地阐述模拟实验的设计思路与技术路线，进一步概述如下。

---

［1］戴志强、周卫荣、施继龙等：《萧梁钱币铸造工艺与模拟实验》，《中国钱币》2004年第 3 期。

［2］戴志强、周卫荣、施继龙等：《萧梁钱币铸造工艺与模拟实验》，《中国钱币》2004年第 3 期。

［3］课题组由周卫荣任组长，参加单位有中国钱币博物馆、中国科学技术大学、湖北省钱币学会、鄂州市博物馆等。

（一）萧梁钱币铸造工艺的基本特点

萧梁钱币铸造工艺的总体特点是：钱范由模压制而成，范的两面皆有型腔，每面的型腔数为 4 个、6 个或 8 个。钱范的正中间留有圆形浇道，浇道与钱腔通过横浇道相连，四个角的钱币型腔在边缘部位亦相通。钱范压制好后，平置于地面上，将钱范沿着纵向向上以直角边对齐，层层相叠，通过上下两个钱范之间相互配合，组成完整的钱腔。合范后，其外裹以草拌泥，形成叠范包，并且在叠范包的顶部用草拌泥糊成一漏斗形浇口杯，以供浇铸铜液。再经阴干、焙烧，即可用于浇铸。浇铸完成之后，将范打碎取出钱币。

此外，在镇江萧梁铸钱遗址还发现一种单面范，发掘者推测完整合范的顶面和底面另设专门制作的单面范片，即内侧印有钱腔的面或背，外侧为素面[1]。

（二）萧梁钱币铸造工艺的特色

（1）特色之一：双面型腔、面背分范和范的一次成型

萧梁叠铸钱范的一个特色即是双面型腔、面背分范。这和习见的西汉、新莽、东汉的钱币叠铸范截然不同，西汉、新莽、东汉的叠范都是用泥料在模盒中夯制而成，如新莽、东汉的叠铸范，都是一面为钱腔面，另一面则为较粗糙的夯型面。合范时每两片范的钱腔面通过榫卯扣合成为一套范，然后一套套地叠压起来，叠到一定的高度后外糊草拌泥成为叠范包。但是萧梁钱范为双面型腔的叠铸范，它在制作方法上与单面型腔的叠铸范有着根本的不同，制作时难度也随之增大。萧梁铸钱为范铸法，制作范必须要用模（范母）。因为是双面型腔的范，制作钱范时不可能制好一面后再去制另一面。正因为萧梁叠铸钱范是双面型腔，这就决定了制作钱范时正、反两面的型腔必定是同时一次成型；面、背分范，就意味着翻制钱范的模是一分为二的，即有一块面模和一块对应的背模。也就是说，双面型腔的萧梁钱范不可能是在一个模盒中夯制出来，只能是在上、下都有钱模的前提下一次性地压印出来的。

（2）特色之二：无榫卯结构和范的原点对称性

萧梁叠铸钱范不用榫卯定位。这一点类似于西汉初圆盘形榆荚半两叠铸范。榆荚半两叠铸范的浇铸口开在圆盘中心，围绕中心辐射出一圈乃至数圈钱币型腔。这种工艺显得简单而粗糙：它没有榫卯定位结构，也没有对应的背范。事实

---

[1] 镇江古城考古所：《镇江市萧梁铸钱遗迹发掘简报》，《中国钱币》1999 年第 3 期。

上它属于单面浇铸范，上面一块范的底即成了下面一块范的背，浇出的钱是平背的。萧梁叠铸钱范也没有榫卯结构，但和圆盘形榆荚半两叠铸范的情况有着本质上的不同。因为萧梁叠铸范是通过上、下钱范之间的密切配合，才构成完整钱币型腔。如果上、下范之间发生错位的话，将导致铸造出来的钱币是废品。但事实上，萧梁叠铸范即便没有榫卯结构也不会发生错位。这是因为无论是南京还是镇江发现的萧梁钱范，无论是一层 4 枚型腔的还是 6 枚、8 枚型腔的钱范，它们都是正方形结构，将钱范浇铸口的中心作为原点画出直角坐标系我们可以清楚地看到，如图 3-56，钱范上的钱腔、直浇铸、横浇道的位置均能够完全地遵从原点对称的原则，范面上的钱腔和浇铸系统的布局十分科学。这样的话，合范时可根本不用考虑文字的朝向、直浇道和横浇道的位置之类的问题，只要将钱范沿着纵向向上以直角边对齐即可，各层钱范旋转 ±90°、±180° 都不会发生错位，也就是说萧梁钱范的互换性相当好。

（3）特色之三：范体极薄，钱范原料利用率高；制范简便，钱范制作效率高；多层叠铸，钱范铸造效率高

萧梁钱范范体极薄，钱范原料利用率高。公式女钱范一般厚约 3 毫米，最薄处据实测可至 2.3 毫米，这是战国、秦汉以来的平板范及叠铸范所望尘莫及的；且萧梁钱范双面都有钱腔，又使钱范原料的利用率增加了一倍。也就是说，单位体积原料的利用率，萧梁钱范要远远高于其他所有类型的陶范。

萧梁钱范制范简便，钱范制作的效率高。萧梁之前的陶范制作工艺则相对而言效率较低，战国、秦汉的陶范都是将散土放置在钱模（母范）中，手工夯制而成。散土手工夯制钱范工效低、耗料多、制范时间长，夯一片单面范大约需要 5 分钟；萧梁钱范改为上下压模压制双面范后，不仅大大节省了泥料，制作钱范的时间也大大缩短，压制一片双面范仅仅需要二三十秒[1]。萧梁钱范为多层叠铸，铸钱效率随之提高。据出土的残叠范包可知，完整的公式女钱叠范包的范片层数可至数十层。

如上所述，无论从钱范原料利用率、钱范制作效率还是从钱范铸造效率来看，无不反映出人们在长期的铸钱实践中所追求的方向，即降低成本和提高效率。

---

[1]　戴志强、周卫荣、施继龙等：《萧梁钱币铸造工艺与模拟实验》，《中国钱币》2004年第 3 期。

二、模拟实验准备工作

（一）制模（范母）材料选取、模的设计与制作

萧梁钱币叠铸工艺为范铸法，要进行模拟铸造，必须要有范；要制范则必须首先制作模具（范母）。虽然自 1935 年萧梁钱范问世以来，至 20 世纪末已有数次发现，但学界对于萧梁制范模具的认识还是比较模糊的，因为至今为止所有发掘的萧梁铸钱遗址都没有发现制范用的模具，模的形制、材质、制作方法究竟如何至今仍是个谜。所以郑家相当年提出"这时大概多用木雕钱模直接印成'泥制子范'铸钱"[1]，学术界目前对萧梁钱范模具的认识还很不一致，主要有木、铜、石质几种看法。

由于此次模拟实验的主要目的在于证实萧梁钱币铸造工艺的设计思想，验证萧梁公式女钱的制范和浇铸工艺，故在不影响古代技术的有效性和技术的可行性的基础上，对制模材料、模的设计和制作方法进行了适当的优化选择。

本次实验的制模材料选用有机玻璃，有机玻璃具有坚硬、致密、不变形、耐冲击、易加工等优越性能。模具的设计、制作所使用的是北京精雕科技有限公司的专业雕刻 CAD/CAM 软件 JDPaint4.0 和 JD60B 型 CNC 雕刻机，它是集计算机辅助设计（CAD）、计算机辅助铸造（CAM）、数控技术（NC）、精密制造技术为一体的雕刻设备。它制作出的模具有尺寸精确、表面光滑细致、纹饰清晰等优点。

模具参照《镇江市萧梁铸钱遗迹发掘简报》[2]所附"图三 Ⅰ型、Ⅱ型钱范平面示意图"进行设计。模具有正、背之分。正面模具上有 8 个钱腔，钱文五铢，阳文正书。模具尺寸为：78 毫米 ×78 毫米 ×20 毫米（长 × 宽 × 高），钱型厚0.4 毫米；背面模具上亦有 8 个钱腔，无文，模具的中央留有圆孔。其尺寸为 78毫米 ×78 毫米 ×20 毫米；钱型厚 0.4 毫米，中心圆孔径 10 毫米。此外，为了配合模具的使用，还设计、制作了相关的配套设备。为了固定模具，设计了一个底座，在底座上开挖一个 78.3 毫米 ×78.3 毫米 ×5 毫米的方坑；为了防止正、反面模具在制范时发生错位，又设计了一个中空的方形外边框，制范时套在模具

---

[1] 郑家相：《历代铜质货币冶铸法简说》，《文物》1959 年第 4 期。

[2] 镇江古城考古所：《镇江市萧梁铸钱遗迹发掘简报》，《中国钱币》1999 年第 3 期。

上。其外形尺寸为：150 毫米 × 150 毫米 × 20 毫米，中间方坑 78.2 毫米 × 78.2 毫米 × 5 毫米深。其所用材料亦均为有机玻璃。模具及相关配套设备的外观如图 3-57。

图 3-57　模具及相关配套设备

（二）南京、镇江公式女钱范样品中的矿物组成和处理技术的分析

萧梁钱币叠铸工艺思想先进且技术上存在相当大的难度，这说明萧梁钱范如果不具备一定的优良性能，是不可能满足萧梁钱币叠铸的复杂工艺的。按现代铸造技术的要求，并且参照有关学者对古代陶范研究的成果[1]，可知钱范应具有下列基本性能：①可塑性、复印性、脱模性良好；②足够高的干湿强度和干硬度；③足够高的耐火度和化学稳定性；④收缩—膨胀率低；⑤发气量足够低；⑥足够好的高温退让性；⑦足够好的充型性能。这就必然要求在制作钱范时，首先要精选合适的原料，再对其进行一系列的加工和处理，如粉碎、精选、配制、练泥、陈腐等环节，缺一不可。亦即钱范性能的优劣、产品质量的好坏、铸钱效率的高低很大程度上取决于钱范原料的选择和对原料进行的相关处理上。

有鉴于此，分别采用 X 射线衍射（XRD）和岩相鉴定分析了南京、镇江出土的公式女钱范的矿物组成，用岩相定量分析、体视显微镜观察等分析了萧梁钱范的原料处理技术。通过对萧梁公式女钱范的原料矿物组成和处理技术的研究，以指导模拟实验时钱范原料的配方和对钱范原料的处理[2]。

1. 样品来源及描述

实验样品为 1998 年南京东八府塘西井巷（遗址 1）出土的公式女钱范碎片 3 块，编号 NJ1、NJ2、NJ3（图 3-58、图 3-59）；1997 年镇江医政路金田工地（遗

---

［1］　昆明工学院主编：《造型材料》，云南人民出版社，1978 年；谭德睿：《中国青铜时代陶范铸造技术研究》，《考古学报》1999 年第 2 期；谭德睿：《侯马东周陶范的材料及其处理技术的研究》，《考古》1986 年第 4 期。

［2］　施继龙、王昌燧、戴志强等：《萧梁钱范原料的矿物组成及其处理技术初探》，《中国钱币》2004 年第 3 期。

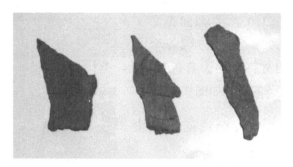

图 3-58　NJ1、NJ2、NJ3 正面

图 3-59　NJ1、NJ2、NJ3 背面

址 2）出土的公式女钱范碎片 2 块，编号 ZJ1、ZJ2；以及 1935 年冬南京通济门草场圩（遗址 3）出土的萧梁五铢钱范小碎片若干块，取较大的一块编号 NJ4。需要交代的是，NJ1、NJ2、NJ3 均为未经使用的废范碎片。NJ4 是从相对保存完好的叠范包中取出，也没有浇铸过。根据钱范表面的铸造残留物痕迹可知，ZJ1、ZJ2 浇铸过钱币。为了不影响实验结果，将钱范表面铸造痕迹都刮去。各钱范样品基本情况如表 3-1。

表 3-1　钱范样品基本描述

编号	出土时间、地点	外观描述		
		颜色	外形和尺寸	特征
NJ1	1997 年南京东八府塘	通体呈砖红色	不规则，表面积约 30 平方毫米，最厚处 3.05 毫米，最薄处 2.35 毫米	公式女钱范，泥质陶，未经使用，烧成温度较低，表面和胎体颗粒细致均匀
NJ2	1997 年南京东八府塘	通体呈砖红色	不规则，表面积约 25 平方毫米，最厚处 3 毫米，最薄处 2.4 毫米	公式女钱范，泥质陶，未经使用，烧成温度较低，表面和胎体颗粒细致均匀

续表

编号	出土时间、地点	外观描述		
		颜色	外形和尺寸	特征
NJ3	1997 年南京东八府塘	通体呈砖红色	不规则，表面积约 20 平方毫米，最厚处 3.05 毫米，最薄处 2.4 毫米	公式女钱范，泥质陶，未经使用，烧成温度较低，表面和胎体颗粒细致均匀
ZJ1	1998 年镇江医政路金田工地	钱范边缘呈砖红色，至钱腔处呈黑色	较规则梯形，表面积约 30 平方毫米，最厚处 3.3 毫米，最薄处 2.6 毫米	公式女钱范，泥质陶，浇铸过，表面有少量残留铜，烧成温度较高，表面和胎体颗粒较细致均匀
ZJ2	1998 年镇江医政路金田工地	钱范边缘呈砖红色，至钱腔处呈黑色	较规则三角形，表面积约 25 平方毫米，最厚处 3.35 毫米，最薄处 2.55 毫米	公式女钱范，泥质陶，浇铸过，表面有少量残留铜，烧成温度较高，表面和胎体颗粒较细致均匀
NJ4	1935 年南京通济门草场圩	通体呈黑褐色	不规则正方形，表面积约 15 平方毫米，厚度约 4 毫米	梁五铢范，砂质陶，未经使用，是从较完整的叠范包中取出，烧成温度最高

2. 实验

（1）萧梁钱范原料的矿物组成分析

一般情况下，钱范可认为属于陶。根据陶瓷工艺学的原理，制陶原料按工艺性能可分为塑性原料和脊性原料两大类。黏土是优良的塑性原料，它是岩石风化的产物，由高岭石、多水高岭石、蒙脱石、云母、石英、长石、方解石、赤铁矿以及有机质等组成。其在地球上分布广泛，容易取得，便于加工。其特点是湿时具有可塑性，高温烧制后机械强度高，质地坚硬，不易变形；砂则为脊性原料，它的主要成分是二氧化硅。在泥料中掺入适量的砂，可以调整泥料的塑性，减少胚体的干燥收缩，防止在阴干、焙烧过程中开裂。古代陶范中一般都会加入一定量的草木灰，钱范中也是如此。草木灰中的一个重要组成成分就是植物硅酸体，它是充填于高等植物细胞组织中的非晶质硅酸体（$SiO_2 \cdot nH_2O$）。在钱范中加入草木灰一方面可以减少钱范的收缩变形，同时又可改善钱范的热物理性能，增加液态技术在钱范中的充填能力，提高钱币成型合格率[1]。通过利用岩相鉴定和 X 射线衍射（XRD）技术，对南京、镇江三个遗址出土的萧梁钱范的物相进行了分析。

用岩相学的方法来分析钱范可以直接清楚地观察到其中所含的各种组分。选

---

[1] 谭德睿、黄龙、王永吉等:《植物硅酸体及其在古代青铜器陶范制造中的应用》，《考古》1993 年第 5 期。

取钱范样品，沿其剖面切成片状，将片状样品的一面磨平后与载玻片粘接，磨成可供岩相观察的薄片，利用德国 LEICA 公司生产的 DMLS/P 型显微镜观察，遗址 1、遗址 2 和遗址 3 的样品岩相显微照片分别选取 NJ1、ZJ1 和 NJ4 作为代表（图 3-60、图 3-61、图 3-62）。

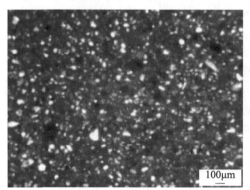

图 3-60 NJ1 岩相照片 40× 单偏光

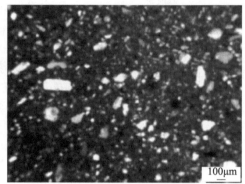

图 3-61 ZJ1 岩相照片 40× 单偏光

图 3-62 NJ4 岩相照片 40× 单偏光

显微镜观察发现，NJ1、NJ2、NJ3 和 ZJ1、ZJ2 及 NJ4 的基质均为黏土，黏土中有斑状结构，经岩相显微镜观察，单矿物大多无色透明、无解理、边界圆润、反射率较高、断口显油脂光泽，为石英和长石。但明显地，从岩相分析的结果来看，上述三个萧梁铸钱遗址出土的样品可以明显地分为三类，即 NJ1、NJ2、NJ3 和 ZJ1、ZJ2 以及 NJ4 各自聚成一类。首先，从钱范中矿物的种类来看，NJ1、NJ2、NJ3 可见较多的含铁矿物和云母类矿物，ZJ1、ZJ2 也可见少量含铁矿物和云母类矿物，NJ4 只可见少量云母。其次，从样品中所含矿物的形态来看，也有较大的差别。以石英为例来说明，遗址 1 的样品 NJ1、NJ2、NJ3 石英颗粒细小、均一、边界圆润，显然经过粉碎、精选，且分选性较好；而遗址 2 的样品 ZJ1、ZJ2 中石英颗粒大小不等，大者较大，且棱角分明，虽经过粉碎、精选，但分选性不好；遗址 3 的样品 NJ4 的情况介于遗址 1 和遗址 2 两者之间。再次，三个萧梁铸钱遗址出土的钱范中各种组分的含量也有明显的差异。分别以 NJ1、ZJ1 和 ZJ4 为例，NJ1 矿物组成为黏土约 60%，石英、长石各约 15%，岩屑约 5%，其他矿物少量；ZJ1 矿物组成为黏土约 55%、石英约 15%、长石约 20%，岩屑约 5%，其他矿物少量；NJ4 是砂质陶，其矿物组成为黏土约 50%、石英约 25%、长石约 15%，其他矿物少量。

同时利用 X 射线衍射方法分析样品的矿物组成，所用仪器为日本理学电机公司生产的 D/max-rA 型旋转阳极 X 射线衍射仪，所得结果进一步支持了岩相观察的结果。

（2）萧梁钱范原料的处理技术分析

古人在长期的铸造生产实践中，通过不断继承、创新和总结，形成了一套简单、实用、有效的原料处理技术。图 3-63 是参考现代陶瓷胎料制备方案[1]、有关学者对古代陶范的研究成果[2]，并根据在萧梁钱范的模拟制范实验中对原料处理的情况，推断出萧梁钱范原料处理的一个可能的流程图。下面对流程图上有关原料的精选、练泥、陈腐等环节进行重点讨论。

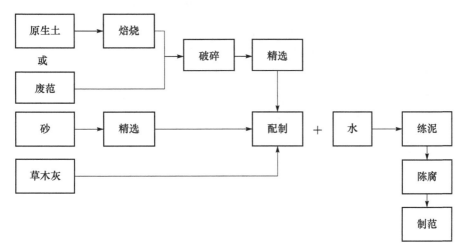

图 3-63　萧梁钱范原料处理的流程图

所谓原料的精选，就是将其中的粗粒杂质去除，以纯化原料。现代陶瓷生产中，精选黏土的方法有许多种，如淘洗法、离心强制分离法、浮选法、化学精选法等。但限于历史条件，萧梁时期只可能采用淘洗法来对黏土进行粒度分级。淘洗法是根据细粒的黏土与粗粒的杂质悬浮在水中具有不同的沉降速度的原理来进

---

[1]　西北轻工业学院等编：《陶瓷工艺学》，轻工业出版社，1991 年。

[2]　谭德睿：《侯马东周陶范的材料及其处理技术的研究》，《考古》1986 年第 4 期；谭德睿：《中国青铜时代陶范铸造技术研究》，《考古学报》1999 年第 2 期。

行的[1]。同样，也需要对砂进行精选。现代工业生产中一般采用筛分的方法进行粒度分级。但在萧梁时期，采用筛分的方法显然不可能，那么只能采用粒度较细、不需加工即可直接应用的砂，如"南京红砂"或者河砂。"南京红砂"是南京地区特产的红色型砂，这种型砂粒度非常细，是中国最好的型砂，几乎全国各地的铸造工厂都采用此砂作为小型铸件的造型用砂，也是古代铸钱制范的理想材料。"南京红砂"不需进行任何加工即可直接按比例加入，所以南京地区发现的萧梁钱范有可能直接掺入了"南京红砂"。钱范中也可能掺入了河砂。因为砂在被水力搬运时，在不同的水力条件下以不同的粒度等级分别进行沉积，随着搬运距离的增大，粒度会愈来愈细，而颗粒的大小也愈趋于一致，即分选程度变高[2]，经过水力分选的河砂也可被用作制范原料。

通过采用岩相定量分析的方法来判断萧梁钱范的原料精选情况。岩相定量分析采用美国 Media Cybernetics, L. P. 公司的 OPTIMAS 图像处理软件进行粒度分析，软件版本 6.51。其基本流程是先在偏光显微镜下拍摄钱范的岩相照片，保存为 JPEG 格式，然后用该软件对岩相照片进行处理、分析。钱范主要由黏土、石英等组成，由于岩相照片中它们的灰度等级不同，所以可以将它们分开来处理。由于黏土的灰度分布范围较大，石英的灰度分布范围较集中，容易识别，故对石英进行重点分析。同样钱范中也含有一定的长石，且长石和石英的灰度相近，一并进行考虑。图 3-64 是遗址 1 的样品 NJ1 的石英粒度分析情况，横坐标为进行

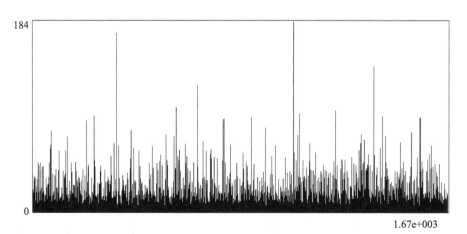

图 3-64 NJ1 的岩相定量分析结果

[1] 西北轻工业学院等编:《陶瓷工艺学》，轻工业出版社，1991 年。
[2] 刘宝珺:《沉积岩石学》，地质出版社，1980 年。

统计的石英颗粒序列，纵坐标为粒径（Major Axis Length，单位 μm）。此外也对 NJ2、NJ3、ZJ1、ZJ2 和 NJ4 进行粒度分析，其结果如表 3-2 所示。

表 3-2　岩相定量分析数据

样品	统计结果	Total（统计颗粒总数）	Mean.（平均粒径/μm）	SD.(标准偏差)	Var.（均方差）	Min.（最小粒径/μm）	Max.（最大粒径/μm）	各粒级比例/%		
								5—50μ	50—100μ	>100μ
遗址 1	NJ1	1674	21.7	16.2	263.2	7.0	184.1	90	7	3
	NJ2	1228	39.6	32.5	1054.5	7.0	229.5	70	25	5
	NJ3	934	37.7	40.4	1631.0	7.1	352.1	72	20	8
遗址 2	ZJ1	652	52.5	50.8	2580.6	7.1	404.3	54	30	16
	ZJ2	1185	42.2	42.9	1836.4	7.1	607.1	58	30	12
遗址 3	NJ4	585	55.0	93.3	8706.0	7.7	813.8	48	40	12

注：遗址 1 为南京东八府塘；遗址 2 为镇江医政路；遗址 3 为南京草场圩

　　岩相定量分析数据表明，样品 NJ1、NJ2、NJ3 中，石英颗粒细小、均一，主要以 1—10μ 的粒级为主，离散度小，分选性好；样品 ZJ2、ZJ3 中，石英颗粒大小不均，主要以 1—10μ 和 10—20μ 的粒级为主，离散度大，分选性不好；NJ4 为砂质陶，含砂量大，可能直接大量掺砂。石英颗粒大小不等，大小不均，主要以 1—10μ 和 10—20μ 的粒级为主，离散度大，分选性不好。显然，从岩相的定量分析数据来看，所有钱范样品的原料都经过精选，而且南京的遗址 1 出土的萧梁公式女钱范的原料精选程度要比镇江的好。

　　练泥和陈腐也是钱范原料处理的两个重要环节。所谓练泥，即将加入水分后的范料进行反复地搓揉、摔打，使泥料的组成、结构更趋均匀，可塑性和密度得以提高，使范料在不同方向上的物理和机械性能尽可能一致，使其不易分层和开裂，强度提高。经过练泥的范料，在一定的温度和湿度下放置一段时间进行陈腐。范料经陈腐后，可提高各向均匀性，减少变形，提高强度。为了证明萧梁钱范经过练泥和陈腐过程，利用日本尼康公司生产的 SMZ-1500 型双目显微镜观察样品剖面，各遗址的样品分别以 NJ1、ZJ1 和 NJ4 为代表，分别见图 3-65、图 3-66、图 3-67。显微镜观察发现，遗址 1 的样品 NJ1、NJ2、NJ3 的剖面呈砖红色，黏土和砂粒均匀

图 3-65　NJ1 的剖面显微镜照片 5×

地混合在一起，钱范结构均匀、致密，没有气孔、裂纹和层状结构；遗址 2 的样品 ZJ1、ZJ2 的剖面呈现不同深浅的黑褐色，黏土和砂粒分布均匀，钱范结构致密，没有气孔，有少量裂纹，没有层状结构；遗址 3 的样品 NJ4 剖面呈黑褐色，由于经过高温烧成，表面玻化严重，呈疏松孔状。显然，从遗址 1、遗址 2 的萧梁钱范样品来看，都经过了练泥和陈腐。

图 3-66　ZJ1 的剖面显微镜照片 5×　　　图 3-67　NJ4 的剖面显微镜照片 5×

3. 初步结论

通过对南京、镇江两地 3 个萧梁铸钱遗址出土的萧梁公式女钱范和萧梁五铢范的原料的矿物组成和处理技术的分析，可得到以下基本结论：

（1）岩相鉴定、X 射线衍射分析（XRD）结果表明南京、镇江的 3 个萧梁铸钱遗址出土的钱范样品，其原料都经过了严格的选择和配比，都是黏土掺砂和草木灰。遗址 1、遗址 2、遗址 3 的样品在矿物组成上有一定的差异，但同一个遗址的样品的矿物组成则趋于一致。

（2）利用岩相定量分析，从平均粒径、最小粒径、最大粒径、各粒级的比例以及 SD、Var 的数据来看，显然钱范经过了原料精选的程序，且南京的公式女钱范的原料精选程度要比镇江的好。此外，通过体视显微镜观察发现，基本上所有样品中黏土和砂粒分布均匀，结构致密；钱范剖面基本没有气泡和裂纹，没有层状结构，显然经过了练泥和陈腐。

三、模拟实验过程与结果

（一）制范原料的选择和处理

根据对南京、镇江出土的萧梁公式女钱范样品原料的矿物组成和处理技术的分析，选用了湖北鄂州原生的红色黏土，将其焙烧、打碎，经研磨机反复磨碎，使其粒度极细，约100目。然后在泥料中掺以南京红砂和草木灰，以体积百分比计，黏土约占50%，南京红砂和草木灰各占25%。在钱范原料中，黏土作为塑性原料，南京红砂的主要成分是SiO_2，作为脊性原料，掺砂以防止陶范在阴干、焙烧过程中发生开裂、变形。

将干泥料、南京红砂和草木灰掺和调匀后，加入适量的水分，搅拌均匀后进行练泥和陈腐。练泥即范料进行反复地搓揉、摔打，使泥料的组成、结构更趋均匀，可塑性和密度得以提高，使范料在不同方向上的物理和机械性能尽可能一致，不易分层和开裂，提高强度（图3-68）；经过练泥的范料，盖上塑料薄膜，在一定的温度和湿度下放置一段时间进行陈腐。范料经陈腐后，可提高各向均匀性，减少变形，提高强度。范料经粉碎、精选、按一定比例掺和、加水调匀、反复练泥和陈腐后，待用。

图 3-68　练泥

（二）钱范的制作与合范

泥料的练泥、陈腐工作完成后，即可制作钱范，同时还专门选择和制作了一些辅助性的工具，有木质滚筒、长方形木框、大理石板、绸布、刀片等。制作钱范时，将绸布平铺于大理石板上（绸布的作用是防止泥料黏结于大理石板上），其上放置长方形木框，木框的宽度即为一个钱范的宽度，约78毫米，木框边的厚度即一个钱范的厚度，约3毫米，长度不限。将范料摔打成长条形（图3-69），放入木框内用木质滚筒来回反复滚压将泥料擀成薄片状如图3-70所示。完成之后拿掉长方形木框即可得到厚薄均匀的泥料薄片。将泥料按一个钱范的长度即78毫米进行切割，即可用于制范。

制范时，将模具的底座放置在平整的工作台上，将正面模具半嵌入底座。在模具上套上方形的外边框，以防止正、反面模具在制范时发生错位。将泥料薄片平放在外边框内的正面模具上，再将反面的模具也放入方形的外边框，这样就使得泥料夹在上、下两个模具之间。完成之后，将一块方形木块垫在上面的那块模具上，用小铁锤在木块上击打数次即可成型（图3-71）。再从背面模具中心留有的圆形小孔进行管钻，形成直浇道（图3-72）。除去边框和正、反面的模具即可

图 3-69　将泥料搋成长条

图 3-70　搋制泥料

图 3-71　制作钱范

图 3-72　钻直浇道

得到双面型腔的钱范。实验也制作了单面型腔范片，即单面具有钱腔的泥范，外侧为素面的范，作为合范的底面和顶面。单面范片制作时只用一块模具，制作方法基本上和双面范一样。双面型腔的范片大约制作了 3000 余块，单面型腔范片少许。

合范时，将单面范片平置于地面上，作为合范的最底层。然后将一个个双面钱范沿着纵向向上以直角边对齐，层层叠放（图 3-73）。这样通过上下两个钱范之间相互配合，组成完整的钱币型腔，每层为 8 个钱腔。合范后，其外裹以草拌泥，形成叠范包，并且在叠范包的顶部用草拌泥糊成一漏斗形浇口杯，以供浇铸铜液时使用（图 3-74）。每个叠范包所用钱范个数为 40—60 层，这样的叠范包大约制作了 30 个（图 3-75）。

图 3-73　将钱范沿直角边对齐垒叠

图 3-74　糊草拌泥、制作浇口杯　　　　图 3-75　制作好的叠范包

（三）钱范的阴干与焙烧

　　钱范合范之后将其置于不通风的房屋内阴干，使之均匀脱水。钱范制好后，会含有一定的水分。浇铸时铜液的温度约 900—1000℃，当这么高的铜液注入范腔后，如果钱范含有水分，会立即产生大量的水蒸气，造成铸件表面模糊不清。钱范阴干时要放在不通风的房屋内，在相对封闭的气氛中进行。这是因为如果放置在通风的环境中钱范表面的水分蒸发较快而钱范范体内部的水分向外迁移的速度与表面水分蒸发的速度不能保持平衡，这样就会导致钱范出现裂缝、变形。钱范的阴干时间约 15 天。

　　经过一段时间的自然阴干，使范体内的一部分游离状态的水缓慢蒸发后，即可装入窑内进行焙烧。钱范是由一定的矿物组成，在很多种类的矿物中，都含有一定量的水分。根据水是否参加矿物晶格而把水分为两类：一类是不参加晶格的，总称为吸附水；一类是参加晶格的，包括以水分子形式存在的结晶水和以 OH^-、H^+、H_3O^+ 离子形式存在的结构水。不参加晶格的吸附水是渗入在矿物集合体中的普通水，它呈 H_2O 分子状态。吸附水在矿物中的含量是不固定的。当温度达到 100—110℃，吸附水就全部从矿物中逸出。依据温度的不同，吸附水可呈气态、液态和固态。参加到晶格中的水主要是结晶水和结构水。由于结晶水参加到晶体结构中，作为结构单元存在，故只有加热到一定温度后才会全部或部分地失去水，随着失水作用的发生，矿物的晶格开始破坏。将结晶水从晶格中逸出的温度一般不超过 600℃，大多为 100—200℃。结构水与结构联系紧密，将它从矿物中逸出要较高的温度，大约在 600—1000℃[1]。

---

　　[1]　武汉地质学院矿物教研室：《结晶学及矿物学（上册）》，地质出版社，1979 年。

在常温下对钱范进行自然阴干时，只能蒸发掉一部分游离水，这些游离水包括配制范料时加入的水和矿物本身的吸附水，剩下的一部分游离水当与空气湿度保持平衡后，就不再继续蒸发了。所以经自然阴干后的钱范中仍然保留一部分游离水和矿物的结晶水、结构水。钱范中的结晶水、结构水靠自然蒸发是不可能脱去的，必须要在较高的温度下才能完全分解。此外黏土中或多或少都夹杂一些碳酸盐矿物杂质，如方解石（$CaCO_3$）、石灰石（$CaCO_3$）、白云石［$CaMg(CO_3)_2$］等，它们在高温分解时会产生 CO_2，也会导致钱范发气造成铸造缺陷。所以对钱范进行高温焙烧主要起到脱水和分解碳酸盐杂质的目的。

钱范焙烧采用鄂州市博物馆文物复原复制研究所焙烧镜范用的鼓风倒焰窑。在每个叠范包的顶部浇口杯处放置一个圆球形小泥丸（见图 3-75），以防止叠范包在窑内焙烧时产生的灰尘将浇口杯堵住。在不同条件下分别对钱范进行了数次焙烧实验（图 3-76、图 3-77）。第一次实验于 10 月 26 日进行，将钱范和镜范一起焙烧，焙烧时间约 24 小时，温度约 1000℃。由于焙烧时间、温度不够，未能完全脱水，浇铸时产生发气、浇不足；第二次于 11 月 4 日进行，将钱范入窑单独焙烧，焙烧时间约 30 小时，温度约 1150℃，由于焙烧温度、时间充足，钱范脱水较彻底。

图 3-76　将叠范包入窑　　　　　　图 3-77　叠范包窑内焙烧的情景

（四）熔铜和浇铸

本实验用坩埚来熔炼青铜合金，用 150W 的电动机鼓风，使用的燃料是焦炭。熔铜和浇铸实验进行 4 次。第一次熔铜、浇铸实验于 2003 年 10 月 28 日进行，熔化合金时先装入回炉料。所谓回炉料是指浇铸过程中的水口、冒口、跑火料以及过去未浇铸完的剩余料等。这些回炉料都是曾经按比例配制好的，并且都属于曾经浇铸过的原料，其熔点较低，便于熔化。先装入回炉料，当回炉料完全熔化后，加入新料。新料参考了六朝时期铜钱合金的比例进行配制[1]，约 Cu 65%、Sn 5% 和 Pb30%。熔化后进行浇铸（图 3-78），图 3-79 是揭开叠范包最底层的情况，铜水没有流到的地方仍呈砖红色。我们分析了没有浇足的原因，第一，钱范是和镜范一起焙烧，镜范焙烧的时间较短，温度也较低，钱范未能完全脱水，在浇铸时存在发气；第二，钱范的横浇口太薄，铜液的横截面积小，充型时的流量达不到充型要求。第二次熔铜、浇铸实验于 10 月 29 日进行，浇铸时范腔也没有浇足，浇铸没有成功（图 3-80），其原因和前一次实验一样。

图 3-78 浇铸实况

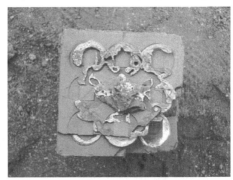

图 3-79 第一次浇铸

通过上述两次实验认识到钱范焙烧的温度高低、时间长短和横浇口的截面积直接决定了浇铸的成功与否。11 月 4 日进行实验时，我们先挖深了钱范的横浇口，并将钱范入窑单独焙烧，焙烧时间约 30 小时，温度约 1150℃。我们接着又做了两次熔铜、浇铸实验。合金的配制、熔炼大体同前两次。第三次熔铜、浇铸实验是将 11 月 4 日入窑的钱范经焙烧约 20 小时后中途取出，进行浇铸。同

图 3-80 第二次浇铸

样由于焙烧时间、温度的不足，导致发气（图 3-81）。11 月 17 日进行了第四次熔铜、浇铸实验，由于焙烧温度较高，保温时间长，脱水完全，浇铸时范腔没有发气，实验成功（图 3-82、图 3-83）。

---

[1] 周卫荣：《中国古代钱币合金成分研究》，中华书局，2004 年。

图 3-81　第三次浇铸

图 3-82　第四次浇铸（最底层）

（五）毁范取钱与铸后加工

图 3-83　第四次浇铸得到的钱树

实验的最后一个环节是进行毁范取钱和钱币的铸后加工。即将钱范打碎，把钱从钱范中取出并且剪凿、打磨，将钱币从铸态毛坯加工成成品。因为钱范经高温烧成后相当地致密、坚硬。再加上钱币铸好后，钱腔、直浇道、横浇道内的金属对钱范也起到一个筋骨的作用，所以想轻易地将钱范打碎取钱不是一件容易的事情。当时就提出各种取钱的方案。最容易想到的当然就是沿叠范包的四个角将钱范敲掉（图 3-83），但事实上这种方法费工费力，而且只能对其表层面进行处理；之后又提出了其他方法，如将钱范放在水中浸泡使其瓦解、用高压水枪对钱范进行冲击等，都很难奏效。也有学者根据古代铸造遗址中存有比较完整的叠铸范芯，认为可以用比较强的冲击直接将范芯打落，这可能是古代比较好的取钱方法之一，但考虑到我们浇铸时叠范的层数接近 60 层，这样的方法同样也不可取。

最后想出了一个比较好的办法，由于钱范每面有 8 个型腔，8 个型腔和直浇道之间主要靠 4 个横浇道联系。只要将联系钱币型腔和直浇道之间的 4 个横浇道凿断，就可以很轻易地将一层 8 枚钱币取下；再将上一层钱币下面的钱范打碎、去除，同样再将下面的钱币和直浇道之间的 4 个横浇道凿断，就可以一层一层地将每层 8 个完整的钱币取下（图 3-84）。这样再将 8 枚相连的钱币分别凿开或剪开，再经过磨砺加工即可得到钱币成品。

图 3-84　毁范取钱

四、萧梁钱范烧成温度测试分析

在进行萧梁铸钱工艺模拟实验中，曾经数次由于钱范的烧成温度不足而导致失败。根据模拟实验中的情况，可以推断出钱范浇铸的成功与否，与其焙烧温度密切相关。因此拟采用热膨胀分析的方法，测试古代钱范样品和模拟实验样品的烧成温度，并进一步探讨钱范烧成温度对其浇铸的影响。

（一）样品

实验样品由古代样品和现代模拟实验样品组成。由于模拟条件有限，在钱范焙烧时没能直接测试其烧成温度，所以也一并取样，样品的具体情况如下：

1998 年南京东八府塘西井巷出土的"公式女钱"碎片 3 块，编号 NJ1、NJ2、NJ3（图 3-58、图 3-59）；1997 年镇江医政路金田工地出土的"公式女钱"范碎片 6 块：编号 ZJ1—ZJ6，参加测试的样品为 ZJ1、ZJ5，其他样品用于ICP 分析，1935 年南京通济门草场圩出土的"梁五铢"范小碎片若干块，取较大的一块编号 NJ4；以及模拟实验制作的"公式女钱"范样品 4 块，编号 MN1、MN2、MN3、MN4。以上所有钱范都经过焙烧。

需要说明的是，南京东八府塘样品 NJ1、NJ2、NJ3 均为未浇铸的废范碎片，南京草场圩的样品 NJ4 是从保存较好的叠范包中取出，也没有浇铸过。NJ1、NJ2、NJ3 和 NJ4 废弃的原因未知。根据钱范表面的铸造残留物痕迹可知，镇江医政路的样品 ZJ1—ZJ6 浇铸过钱币[1]。在选择现代模拟实验样品时，考虑到浇铸

---

[1] 施继龙、龚明、邵磊等：《萧梁钱范的残留物初步研究》,《文物保护与考古科学》2004 年第 3 期。

时金属液的温度过高可能会对钱范烧成温度的测试产生影响，故只选用未浇铸过的样品。现代样品 MN1 是随镜范一起焙烧的，焙烧温度估计为 1000℃，焙烧时间约 24 小时。与 MN1 同时焙烧的所有钱范浇铸时存在"发气"现象，没有浇铸成功，从而可推测若 MN1 用于浇铸也不会成功，即 MN1 的烧成温度不能满足浇铸成功的要求；MN2、MN3、MN4 与其他钱范是单独入窑焙烧的，焙烧温度估计为 1100℃。其中 MN2 经焙烧约 20 小时后取出，同时取出的钱范由于"发气"，没有烧铸成功。MN3、MN4 焙烧约 30 小时，焙烧温度高、保温时间长、脱水完全，一起焙烧过的钱范浇铸钱币全部成功[1]。由此推测 MN3、MN4 的烧成温度能满足浇铸成功的要求。

（二）实验

1. 实验仪器和样品制备

测试仪器为德国耐驰 DIL402C 热膨胀仪，数据处理使用仪器配备的软件 Netzsch Proteus-Thermal Analysis。将测试样品磨成 15 毫米 ×2.5 毫米 ×2.5 毫米的长方体，端面磨平，并使两对应底面尽可能平行。

2. 测试结果

图 3-85 为三个萧梁铸钱遗址钱范样品的热膨胀曲线图，图 3-86 为现代模拟制作的系列钱范样品的热膨胀曲线图。图 3-85、图 3-86 中横坐标为温度，纵坐标是样品的物理膨胀系数。测试温度上限为 1100℃，升温速率为 10℃ /min。样品支架为 Al_2O_3。图 3-85 中曲线 1—3 分别为 NJ1、NJ2、NJ3 的热膨胀曲线；曲线 4 对应样品 NJ4；曲线 5、6 对应 ZJ1、ZJ5。图 3-86 中曲线 1—4 分别对应样品 MN1、MN2、MN3 和 MN4。如图 3-85、图 3-86 所示，系列样品经支架校正后的膨胀曲线的变化趋势为：100℃附近因失去吸附水而有轻微收缩；在 573℃附近的膨胀为石英的 β 相（立方晶系）到 α 相（六方晶系）的相变过程；样品 NJ4（对应图 3-85 的曲线 4）在 850℃以上发生玻璃化转变；所有样品的烧成过程也发生在 850℃以上。根据图 3-85、图 3-86 所示热膨胀曲线得出的烧成温度列于表 3-3、表 3-4。

---

[1] 戴志强、周卫荣、施继龙等：《萧梁钱币铸造工艺与模拟实验》,《中国钱币》2004年第 3 期。

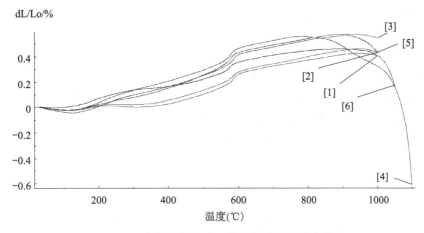

图 3-85　三个萧梁铸钱遗址钱范样品的热膨胀曲线

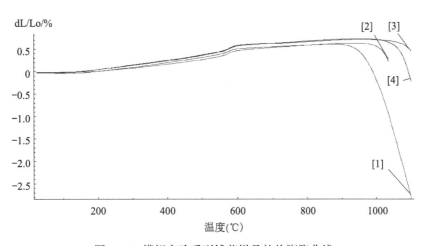

图 3-86　模拟实验系列钱范样品的热膨胀曲线

表 3-3　三个萧梁铸钱遗址钱范样品的烧成温度

DIL 曲线序号	1	2	3	4	5	6
样品编号	NJ1	NJ2	NJ3	NJ4	NJ1	NJ5
烧成温度（℃）	964.6	965.9	947.1	1076	978.3	1028.7

表 3-4　模拟实验样品的烧成温度

DIL 曲线序号	1	2	3	4
样品编号	MN1	MN2	MN3	MN4
烧成温度（℃）	996.4	1017.8	1085.3	1079

（三）讨论

1. 钱范焙烧温度对钱范烧铸的影响

上文已经提到，经自然阴干后的钱范中仍然保留一部分游离水，以及结晶水、结构水。钱范中的结晶水、结构水靠自然蒸发是不可能脱去的，必须要在较高的温度下才能完全分解。此外黏土中可能夹杂一些碳酸盐矿物杂质，如方解石（$CaCO_3$）、石灰石（$CaCO_3$）、白云石［$CaMg（CO_3）_2$］等，它们在高温分解时产生 CO_2，也会导致钱范发气造成铸造缺陷[1]。所以必须要对钱范进行高温焙烧，以起到脱水和分解碳酸盐杂质的目的。但焙烧温度也不宜过高，否则会使钱范产生玻璃化，同样导致铸造失败。关于古代铸造青铜器的陶范的烧成温度，谭德睿等做过一些研究[2]，可参考。钱币是小型青铜铸件（先秦至六朝采用范铸法铸币），钱范与铸造青铜器的陶范在原料的选择和处理、制范、焙烧温度的控制等方面均有相同或近似之处。所以钱范的烧成温度对浇铸的影响也是显而易见的。

2. 古代钱范样品烧成温度的推测和实测数据的比较

从钱范的外观上看，1998 年南京东八府塘出土的"公式女钱"范一般为通体砖红色；1997 年镇江医政路出土的"公式女钱"范大多从边缘到中间呈砖红至灰黑色；近年南京小营花红园出土的"公式女钱"范和镇江医政路的钱范差不多，也是从边缘到中间呈砖红至灰黑色；南京大学考古与艺术博物馆所藏 1935 年南京草场圩出土的"梁五铢"范则与上述所有的"公式女钱"范不同，通体呈深黑色，且钱范呈多孔状，可看出有明显的玻璃化。

根据钱范的色泽、硬度、致密度以及是否出现玻璃化等方面的情况，当时推测南京东八府塘的样品焙烧温度最低，约 900℃；镇江医政路金田工地和南京小营花红园出土的钱范焙烧温度大致相当，但比南京东八府塘的样品要高，约为 950℃；而 1935 年南京草场圩出土的"梁五铢"范烧成温度最高，至少 1000℃。但从实测结果来看，和当初的判断并不十分一致，均高于原估计值。如当时认为焙烧温度最低的南京东八府塘的样品 NJ1、NJ2 和 NJ3，实测烧成温度分别为 964.6℃、965.9℃和 947.1℃；镇江医政路的两个样品烧成温度相差较大，ZJ1 为 978.3℃、ZJ5 为 1028.7℃。由于镇江的样品均浇铸过，金属液的温度过高是否会

---

[1] 谭德睿：《中国青铜时代陶范铸造技术研究》，《考古学报》1999 年第 2 期。
[2] 谭德睿：《中国青铜时代陶范铸造技术研究》，《考古学报》1999 年第 2 期。

对钱范的烧成温度产生影响以及影响的程度未知；南京草场圩的样品 NJ4 在意料之中，实测烧成温度为 1076℃，最高。

NJ4 为 1935 年出土的"梁五铢"范，这种钱范南京大学考古与艺术博物馆和上海博物馆等均有收藏，既有比较完整的叠范包，又有单片的钱范，从保存的状况分析，可能很多都没有浇铸过。从南京大学收藏的钱范来看，其玻璃化明显，实测烧成温度为 1076℃，烧成温度过高可能是其废弃的主要原因。1997 年南京出土的 NJ1、NJ2、NJ3 也是未经浇铸的废范，其烧成温度在所测样品中最低，其废弃原因是否是因为未烧足，还有待进一步的探讨。

3. 模拟实验结果与实测烧成温度的对应关系

由于模拟实验的结果已知，通过测试钱范样品的烧成温度，有助于直观地探讨钱范浇铸的成功与否和钱范烧成温度的关系。

模拟实验中前后总共进行了四次浇铸实验[1]。前两次实验所用钱范与镜范一起焙烧约 24 小时，温度估计约 1000℃，浇铸实验的结果如图 3-81，都是揭开叠范包最底层的情况，铜水没有流到的地方仍呈砖红色。钱范没有浇足的原因，据分析主要是因为钱范是和镜范一起焙烧的，焙烧温度较低，且时间较短，钱范未能完全脱水，从而导致浇铸时产生发气而浇不足。样品 MN1 为本次实验中的样品，其烧成温度实测为 996.4℃。

吸取几次范腔发气的教训后，认识到钱范焙烧温度高低、保温时间长短对钱范浇铸的成功与否会有很大影响。故将钱范入窑单独焙烧，不但加大了火力提高了炉温，而且延长了焙烧的时间，焙烧温度估计约 1100℃，图 3-77 为钱范在窑中焙烧的情景。样品 MN2 为焙烧 20 小时后从窑内取出，同时取出的叠范包没有浇铸成功，MN2 的实测烧成温度为 1017.8℃。MN3、MN4 和其他叠范包为焙烧 30 小时后取出，由于焙烧温度较高，保温时间长，脱水完全，浇铸时范腔没有发气，实验成功。图 3-82 是揭开叠范包最底层的情况，钱腔中铜水全部流到，图 3-83 为本次实验所铸成的钱树。MN3、MN4 的烧成温度实测分别为 1085.3℃和 1079℃。

4. 古代样品和现代模拟实验样品烧成温度的对比

对出土样品的矿物组成和原料处理技术分析可知，萧梁钱范泥料细腻、致

---

[1] 戴志强、周卫荣、施继龙等：《萧梁钱币铸造工艺与模拟实验》，《中国钱币》2004年第 3 期。

密，显然经过了精选、练泥、陈腐等工序[1]。萧梁铸钱为多层叠铸，"公式女钱"范可薄至 2—3 毫米，从出土的叠范包残件判断，完整的叠范包至少有几十层，且其外裹以厚实的草拌泥。在这些因素的共同作用下，要使其脱水，必定需要较高炉温，应该高于一般的陶范。对叠范包脱水的过程中，要求使叠范包内、外层水分向外迁徙的速率保持一致（否则会导致开裂、变形），炉温的控制也非常关键。

从对古代样品和模拟实验样品的测试分析，以及模拟实验中浇铸的实际情况来看，基本上验证了上述推断。由表 3-3、表 3-4 可知，出土钱范中，南京样品 NJ1、NJ2、NJ3 的烧成温度约 950—960℃；镇江的两个样品分别接近 908℃ 和 1030℃，由于经过铸造，浇铸过程的影响以及影响的程度未知，结合其保存状况，判断其烧成温度约为 980—1000℃；南京 1935 年出土样品 NJ4 的烧成温度近 1080℃，从出现的严重玻璃化情况来看，显然是过烧了。不同遗址样品的烧成温度之所以变化较大，可能主要由于制范原料的差异。对于现代的模拟样品，能浇铸成功的钱范其烧成温度约为 1080℃，明显高于古代样品，这可能是因为钱范矿物组成的差异和模拟实验中叠范包的层数过多所致。不过可以肯定的是，萧梁钱范的烧成温度应在 950℃ 以上，但也不宜过高，否则会使钱范产生玻璃化转变。

（四）小结

在古代焙烧炉中，不同部位的焙烧温度不可能是一致的，也就是说焙烧炉内温度场的分布是不均匀的。原则上讲，少量样品不能完全代表整批钱范的烧成温度，只有建立在对一定数量样品的测试，并对测试数据进行统计分析的基础之上，所得到的结果才有意义。然而，萧梁钱范出土数量虽巨，但取样分析却极其困难，在南京大学考古与艺术博物馆、南京市博物馆、镇江市博物馆以及江苏省钱币学会、镇江市钱币学会等单位的帮助和支持下，只取得了少量样品。对于仅有的少量样品取得的数据，应采取审慎的态度，但其应有的参考价值也是不容置疑的。

通过对南京、镇江三处萧梁铸钱遗址出土钱范样品烧成温度的测试分析，发现不同遗址间样品的烧成温度变化较大，达几十度，这可能主要缘自制范原料

---

[1] 施继龙、王昌燧、戴志强等：《萧梁钱范原料的矿物组成及其处理技术初探》，《中国钱币》2004 年第 3 期。

的差异。通过对古代样品烧成温度的测试可知，NJ4 烧成温度过高以致出现严重的玻璃化，从而不能用于浇铸，推测其废弃的原因为烧成温度过高；NJ1、NJ2、NJ3 也为废范，且其烧成温度相对较低，这可能是其废弃的原因。综合判断，古代萧梁钱范的烧成温度应在 950℃以上，温度上限以不产生明显玻璃化为准，具体情况由范料的矿物组成等因素决定。

对现代模拟制作的、浇铸情况已知的钱范样品的测试结果表明，钱范的烧成温度高低和其铸造的成功与否有着直接的对应关系。根据对系列模拟样品烧成温度的实测数据，以及模拟浇铸实验中数次失败直到成功的教训和经验，可以推断钱范的烧成温度是决定其浇铸成功与否的关键因素之一。

第四章

翻砂工艺铸钱

翻砂工艺，或称砂型铸造，是一项古老的造型工艺，即以砂为造型材料，配以适量的水和其他物质做型砂，用做好的模型置于沙箱中造型，造型完成后用熔融好的金属液浇注进型腔中，待冷却后取件、清理，再加工铸件的铸造工艺。翻砂工艺是钱币铸造领域中的一项伟大发明创造，不仅大大提高了钱币的生产效率，推动了我国古代货币经济的发展，而且在机器制造业中发挥了巨大的作用，为大型机械设备的制造生产提供了强有力的技术支撑，从而成就了第二次工业革命。

第一节　翻砂工艺的起源

关于翻砂工艺的起源，20 世纪一些研究者根据文献史料等方面的线索提出了一些各自的观点，有的认为它可能不晚于北宋初年[1]、有的认为可能起自五代[2]或唐代[3]。近年来，我们通过对古代铸钱工艺的研究，已经明确了翻砂工艺起源于南北朝时期，它是在叠铸工艺获得广泛使用并不断得到改进之后，为满足钱币生产不断追求低成本、高效率的目标而发明的一种新工艺[4]。如果以出土实物和南北朝时期的钱币铸造工艺为依托，将叠铸和翻砂两种工艺解剖开来分析，就会容易发现翻砂工艺与叠铸是有明显的渊源关系的，翻砂工艺最初的母钱翻砂法实质上是从叠铸工艺演变而来。进一步我们还可以发现，翻砂工艺的产生，在南朝与北朝可能有着不甚相同的情形。

---

[1] 刘森：《我国翻砂铸钱工艺时间考》，《安徽钱币》1992 年第 2 期。

[2] 华觉明、张宏礼：《宋代铸钱工艺研究》，《自然科学史研究》1988 年第 1 期。

[3] 凌业勤等编写：《中国古代传统铸造技术》，科学技术文献出版社，1987 年，第339—342 页。

[4] 周卫荣：《翻砂工艺——中国古代铸钱业的重大发明》，《中国钱币》2009 年第 3 期。

　　南朝至萧梁时期，叠铸工艺本身有了明显的变化——面、背分范，如 1935 年 12 月南京通济门外出土的梁五铢叠铸陶范片，有一版四模（图 4-1）和一版八模的，数量巨大，"累累以千计"，但皆是面背分范的子范（图 4-2）[1]。面、背分范意味着翻制子范的母范是一分为二的，即有一块面母范和一块对应的背母范，翻子范时也是面范和背范分别翻制。这种变化实际上即是母范法向母钱法的过渡。试想：几枚钱模（常见有四枚型、六枚型、八枚型）固定在一起是构成母范，人们按母范法的程序翻制子范；而一旦将其"松绑"，钱模个体化，不就是母钱法了吗[2]？因此，可以相信母钱法是从南朝后期的叠铸工艺转变而来。近年来，梁五铢子范在宁、镇一带出土不少，除了早年南京通济门外出土外，镇江医政路（1997—1998 年）[3]和南京八府塘（1998 年）都有萧梁时期的五铢泥范出土[4]，但范母却一件未见。又梁五铢字形呆板，所以郑家相提出的"这时大概多用木雕钱母直接印成'泥质子范'铸钱"的看法是有可能的。但也有一种可能，即把真钱固定在板上用作范母，抑或这两种方法都有。但不管范母是如何制得，客观上铜范母似乎已经退出了铸钱业。因此，南朝使用翻砂工艺的时间应该在萧梁之后，而北朝翻砂工艺的产生则与之不同。

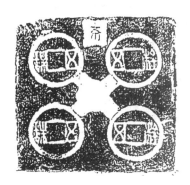 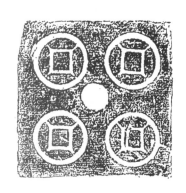

图 4-1　南京通济门外出土梁五铢叠铸陶范片

　　[1]　郑家相：《梁五铢土范图说叙言》，《泉币》1935 年第 7 期；郑家相：《历代铜质货币冶铸法简说》，《文物》1959 年第 4 期。

　　[2]　周卫荣：《中国传统铸钱工艺初探》，《中国钱币论文集》（第四辑），中国金融出版社，2002 年。

　　[3]　刘建国：《镇江发现萧梁铸钱遗址——揭开"梁五铢"与"公式女钱"官铸之谜》，《中国文物报》1998 年 2 月 22 日。

　　[4]　邵磊：《梁铸公式女钱考述——兼论南京出土的公式女钱范》，《南方文物》1998 年第 4 期。

图 4-2 南京通济门外出土梁五铢叠铸
陶范片

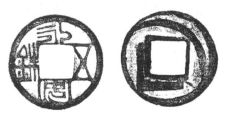

图 4-3 北魏永安五铢钱面和背

就现有考古资料来看，我国北方地区翻砂铸钱产生的时间至迟可追溯到北魏时期[1]。具体依据如下：①业已发现，在北魏永安五铢钱上已有明显的翻砂工艺特征。图 4-3 为上海博物馆馆藏的永安五铢钱，此钱背面特征是以往的范铸工艺解释不了的，无论是叠铸还是块范（铜范或石范）浇铸的范移位（错范），都不可能产生这种情况，当系翻砂工艺过程中因操作失误产生的重印，是由翻砂造型时因母钱两次压印造成；事实上，它与唐宋时期明确的翻砂铸钱造成的重印特征非常一致（图 4-4、图 4-5）。此外，永安五铢钱还时常见到因钱缘压印造成的"月痕"。这些情况的存在，说明这一时期翻砂铸钱工艺尚处在不太成熟的早期阶段。② 20 世纪 90 年代，陕西西安附近出土的北周五行大布钱树和钱币

皆系翻砂铸造的产物：图 4-6；图版七，2 所示钱树，直浇道由木（竹）棒压印

图 4-4 唐乾元重宝与宋治平元宝钱面

图 4-5 唐乾元重宝与宋治平元宝钱背

---

[1] 山东省考古研究所：《临淄齐故城》，文物出版社，2013 年，第 97 页。"小城发掘——冶炼遗迹"中提到有所谓"翻砂场地"，这是不确切的，因为先秦时期铸造作业中用到砂子的地方很多，制模做范要用砂子，做炉子和坩埚等往往也需要用到砂子。所以，在冶铸作坊发现有砂子很正常，不能解读为翻砂场地，先秦时期还未见有翻砂工艺铸造的器物。

形成，从技术工艺分析，其既不可能是块范铸造形成也不可能是叠铸的产物，只能是翻砂铸造形成，事实上，其与2004年宝鸡发现的明确是翻砂铸造的唐乾元重宝钱树的基本特征一致（图4-7）。

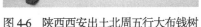

图4-6 陕西西安出土北周五行大布钱树　　　　图4-7 宝鸡发现乾元重宝钱树

但是，由于早期翻砂铸钱的遗址遗物甚少，翻砂工艺的技术起源仍难找到直接的证据，作为一种合理的技术推测，其很可能源于"用真钱作模翻范"[1]。北魏也是我国古代的一个动荡时期，国力比较弱，为了维持钱货的正常流通，朝廷准许官民齐铸钱，"民有欲铸，听就铸之，铜必精练，无所和杂"，但有时又加以禁止，"建义初，重盗铸之禁，开纠赏之格"，但实际上由于客观需求的存在，民间铸钱并未禁断，"（永安年）利之所在，盗铸弥众，巧伪既多，轻重非一，四方州镇，用各不同""（武定年）凡有私铸，悉不禁断，但重五铢，然后听用"[2]。民间铸钱因陋就简，由于范模制作技术要求高，成本高，很可能采用真钱实物替代范模，然后，为适应母钱翻范的需要，不断调整泥沙比，从而派生出母钱砂型铸造。也就是说，我国古代的翻砂工艺铸钱很可能是在政策宽松的北朝，由民间发明的。道理很简单，官方铸钱有专门的程序，专门的技师、技工和专门的技术设备，要摸索新技术、新方式，不仅技术上受到制约，也缺乏规章制度上的支持，不如民间作坊来得便利；而作为一门技术行业，没有经过一定量的尝试，完成必要的技术积累过程，要想发明新技术是完全不可能的。

---

[1] 周卫荣：《中国古代的翻砂铸币工艺》，《技术史理论与传统工艺》，中国科学技术出版社，2012年。

[2] 上述四段引文皆引自《魏书·食货志》，中华书局，1974年，第2863—2866页。

第二节　翻砂铸钱工艺及其应用

一、唐代的砂型铸造

近年来的出土资料证明，唐代普遍采用砂型铸钱已是不争的事实，这有多方面的证据：①钱范绝迹，至今未有明确用于铸钱的钱范出土。②钱背常见钱缘的压痕，这是砂型铸钱常见的现象。③已有多处唐代砂型铸钱遗址发现。通过考察山西长治唐代开元通宝铸钱遗址、遗物（图4-8、图4-9），广东广州市区唐代开元通宝铸钱遗址、遗物（图4-10），陕西宝鸡乾元重宝砂型铸钱遗物（图4-11；图版七，1）发现，无论是上述这些铸钱用具，还是唐代的钱币实物，都说明唐代砂型铸钱技术已经非常成熟。

图4-8　长治出土铸钱坩埚

图4-9　长治出土带水口把唐钱

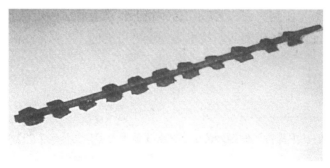

图4-10　广州出土开元钱树

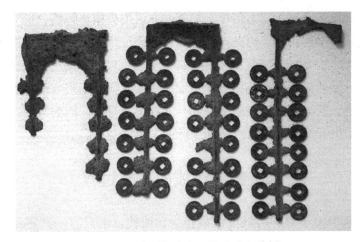

图 4-11 陕西宝鸡出土乾元重宝钱树

　　由铸钱业发明的砂型铸造很快被用到其他行业，其中最著名的要数唐玄宗开元年间为黄河蒲津渡浮桥铸造的大铁牛。《新唐书》卷39《地理志三》载："河西……有蒲津关，一名蒲坂。开元十二年铸八牛，牛有一人策之，牛下有山，皆铁也，夹岸以维浮梁。"《唐会要》卷86《桥梁》载："开元九年十二月九日，增修蒲津桥……引以铁牛，命兵部尚书张说刻石为颂。"20世纪80年代末、90年代初，山西省永济市考古工作者在当年黄河蒲津渡浮桥处发掘出土了唐开元铁牛四头（最轻的重26.1吨、最重的45.1吨）、人四尊、铁山两座和七星铁柱，经研究发现，七星铁柱（加横梁一根，实为八棵铁柱）和每头铁牛下6根直径约0.4、粗3米多长的大铁柱，这些铁柱皆有等间距的披缝，当是采用地坑造型砂型工艺铸造[1]；地坑造型砂型铸造，直至当代还在使用。可见，唐代的翻砂工艺不仅已经发展成熟，而且已达到很高的水平。

　　砂型铸钱离不开母钱。关于母钱，文献记载明清以后用精铜雕母，宋代用锡母[2]，唐代用什么做母钱，一直不甚明了。《唐会要》载："郑虔《会粹》云，询初进蜡样，自文德皇后掐一甲迹，故钱上有掐文。"《唐会要》是北宋王溥（公元919—981年）所撰；郑虔，是玄宗时候的文人，明皇曾爱其才，置广文馆，授

---

　　[1] 笔者曾于2003年、2005年、2006年三次赴永济考察研究黄河蒲津渡铁器群的铸造工艺，目前，铁牛的具体铸造工艺还有所争议，有待进一步研究确定，但铁柱的铸造工艺系地坑造型砂型铸造观点一致。

　　[2]《宋史·食货志》多处提到"锡母"，如"大观元年，京复相，遂降钱式及锡母于铸钱之路，铸钱院专用鼓铸"（《宋史·食货下二》，中华书局，1985年，第4392页）。

其为博士。其所述当有一定可信度，但其并非说用失蜡法铸钱，探究其文意，应是用蜡灌出钱样呈上御览。由此推测，唐代的雕母当是阴模，这种阴模以滑石雕成可能性最大[1]。如此，唐代的母钱（铸模）当也以锡母的可能性为大，因为用石阴模浇铸，显然锡（包括锡铅合金）要比铜（青铜）来得方便而有效。至于文德皇后的甲迹，其当然不可能被翻制到开元钱上成月纹，因为失蜡工艺是不可能用来铸钱的，但开元钱上的月纹装饰（标记）也许受此启引。

二、翻砂铸钱的工艺过程

古代文献中关于翻砂铸钱的记载很少，明代以前只有一些零星的记述，如《宋会要辑稿·刑法四》中曾记述池州永丰监曾奉命翻铸御笔大观通宝小平钱，但文中仅有"翻铸"两字。南宋时，张世南《游宦纪闻》卷二载："蕲春铁钱监，五月至七月，号为'铁冻'。例阁炉韝，本钱四可铸十；铁炭稍贵，六可铸十，工雇费皆在焉。其用工之序有三：曰'沙模作'；次曰'磨钱作'；末曰'排整作'。以一监约之，日役三百人，十日可铸一万缗。一岁用工九月，可得二十七万缗。"只讲到铸钱过程中"沙模作""磨钱作""排整作"三种工序及钱监的效益和效率。近年来冶铸史界经常提到的洪咨夔《大冶赋》[2]（刊《平斋文集》卷一），虽对当时饶州钱监铸钱有一些记载，但皆系文学性描述，很难据此复原其具体工艺，也就无法进行模拟实验。最早对古代翻砂铸钱有具体工艺记载的，首推明代宋应星《天工开物》，其曰："凡铸钱模以木四条为空匡（木长一尺二寸，阔一寸二分）。土炭末筛令极细，填实匡中，微洒杉木炭灰或柳木炭灰于其面上，或熏模则用松香与清油，然后以母钱百文（用锡雕成），或字或背布置其上。又用一匡，如前法填实合盖之。既合之后，已成面、背两匡，随手覆转，则母钱尽落后匡之上。又用一匡填实，合上后匡，如是转覆，只合十余匡，然后以绳捆定。其木匡上弦原留入铜眼孔，铸工用鹰嘴钳，烘炉提出熔罐，一人以别钳扶抬罐底相助，助一倾入孔中。冷定解绳开匡，则磊落百文，如花果附枝。模中原印空梗，走铜如树枝样，夹出逐一摘断，以待磨锉成钱。"[3]（图4-12、图4-13）

———————————

　[1]　传承汉代铸钱的经验，滑石雕刻阴模最方便可行。
　[2]　洪咨夔《大冶赋》，刊《平斋文集》卷一（见《四部丛刊》本）。
　[3]　见宋应星《天工开物》第八卷"冶铸·钱"篇。

图 4-12 《天工开物》铸钱图

因此，根据《天工开物》的记载，结合多年来研究铸钱工艺的积累，进行了初步的翻砂铸钱模拟实验，具体工艺过程如下[1]：

1. 准备母钱、平板和型砂

在唐、宋、明、清的古钱中选取一些铸造规整、字口清楚的钱币实物，稍做休整后权作母钱（图 4-14）。

为了便于操作，物色一块大小适中（约50厘米×50厘米）的平整木板作为翻砂过程的底板。

经调研，选择市售南京红砂，适当配以辅料作为型砂。

2. 砂箱填砂

将备好的砂框放置于平板上，然后往里填砂并夯实（图 4-15）。

图 4-13 《天工开物》铸钱图

---

[1] 模拟实验先后于 2005 年 3 月、2006 年 9 月在湖北省鄂州博物馆进行，参加实验的还有董亚巍、杨君及湖北省钱币学会和鄂州市钱币学会的一些同志。

图 4-14　咸丰元宝当百母钱实验品

图 4-15　填砂

3. 放置母钱造型

　　将备好的母钱按设计好的次序和间隔排列于砂箱进行造型，同时埋入浇口棒（图 4-16）。

4. 撒细灰

　　为了保证铸件表面的细腻光洁，在造型后的母钱面上撒了一层薄薄的细灰（图 4-17）。

图 4-16　放置母钱

图 4-17　撒细灰

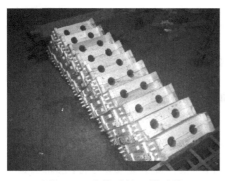

图 4-18　合箱后的一排砂箱

5. 翻制套箱

　　另置一砂框在上述造型好的砂箱上造型，以复制母钱的另一面。

6. 合箱浇铸

　　将造型好的砂箱合箱成套进行浇铸。

　　图 4-18 即为合箱后的一排砂箱，为了抵抗铜水张力，采取斜靠叠压式放置，并在末端砂箱附以铁件重物，然后浇铸铜液（图 4-19、图 4-20）。

图 4-19 浇铸

图 4-20 浇铸成品

通过上述实验，得到如下几点认识：

（1）翻砂铸钱型砂一定要夯实，否则容易冲砂走样。

（2）砂型表面细灰要有一定厚度，否则铸件表面光洁度不高，我们实验的成品总体不如古钱精美，原因即在于此。

（3）上述《天工开物》中描述的用"随手覆转"的方式连续造型可能不准确，因为每次两筐对合造型获得的面背两筐，具体每个钱的型腔深度往往不一样，不能任意互换。我们采取的都是面背两筐对应造型。

三、翻砂工艺发明的历史意义

砂型铸钱，只需母钱和型砂就可实现循环往复的连续的铸造作业，省去了范铸法作模制范所必需的大量人力、物力，大大节省了生产成本，提高了效率；由于母钱可以来自于同一枚祖钱，因此，也大大提高了标准化程度。无疑，翻砂工艺的发明是我国传统铸造业的一次革命性的技术飞跃。这一技术发明，是我国古代铸造业长期实践积累的结果。秦汉以后，虽然以青铜器为标志的青铜范铸已经衰落，但钱币铸造方兴未艾，铸钱业从工艺思想上传承了青铜范铸。但铸钱又不同于青铜器铸造，钱币是经济领域的产品，它要讲究成本和效率，要讲究标准化；不断追求低成本、高效率和标准化是铸钱工艺发展的方向。在经历了汉代大规模的石范铸钱、铜范铸钱以及其后的叠铸工艺之后，至北朝终于孕育诞生了砂型铸造，极大地提高了铸造工艺的效率。我国在盛唐时年铸钱 3 亿多，北宋时达五十多亿之巨，如果没有翻砂工艺的技术支撑，那是不可想象的。

翻砂工艺在 10—11 世纪传到中亚，伊斯兰国家用翻砂工艺铸造镜子等器具。

15 世纪以后，翻砂工艺逐渐传到欧洲，被用于机器制造[1]；至 17、18 世纪，翻砂工艺在英国等工业化先行国家成为机器制造业的支撑技术。可以这么说，没有翻砂工艺，就没有近代机器制造业，也就没有近代工业革命。直至现代，翻砂工艺仍发挥着极其重要的作用，仍是机器制造业不可或缺的支撑技术[2]；虽然砂型用料有所不同，但工艺思想一脉相承。可见，翻砂工艺这一由中国传统铸造业发明的技术工艺，对人类技术文明的发展有着巨大的贡献，堪称中国古代的重大发明。

从工艺思想上可以这么说，正是翻砂工艺把中国传统的范铸工艺思想传递给了现代世界[3]。

第三节　翻砂工艺与中国近代化工业[4]

翻砂铸造工艺在中国古代灿烂的技术文明中发挥了举足轻重的作用，创造过辉煌的成就。至 19 世纪中后期，工业革命的浪潮席卷欧美，翻砂工艺为大机器生产中的基础性铸件的制造发挥了巨大的作用，从而成就了第二次工业革命；如果没有砂型铸造也就没有珍妮纺织机及其创造的工业革命。工业革命带来了一次全新的生产革命，改变了社会经济结构，受资本主义经济冲击的大清朝也在这股浪潮中开始尝试新式的大工业生产。然而，翻砂工艺进入到中国的近代工业化大生产中，到底是传统手工业发展的必然还是受西方大工业生产的影响，是一个严肃且有意思的课题，也是技术史研究中的一个深刻的话题。同时，它还反映出中西技术思想差异及其背后深远的文化因素。对这个问题的探讨，将有助于我们对中西技术史的深入研究。然而，客观上引领这次工业革命的并不是发明翻砂工艺的中国人，而是西方人，李约瑟曾经就提出过类似的疑问。西方传入中国的近代翻砂铸造技术是与西方率先发生的机械大工业生产相匹配的，该项技术随着洋务运动的进行、中国近代工业体系的出现而逐步与中国本土的翻砂工艺相结合，从

---

[1]　参见 *The Pirotechnia of Vannoccio Biringuccio*, translated from the Italian with an introduction and notes by CyrilStanley Smith and Martha Teach Gnudi, New York: The American Institute of Mining and Metallurgical Engineers, 1942.

[2]　据悉，现在美国波音飞机制造公司最先进的发动机叶片还是用翻砂工艺制造的。

[3]　翻砂工艺本质上仍是"模范—熔液—浇铸"体系，只不过是用砂型代替了硬型的范而已。

[4]　本部分引自周芄君、周卫荣、潜伟：《翻砂工艺与中国近代工业化》，《江西理工大学学报》2012 年第 6 期。

而为中国的近现代工业化做出了重要的贡献。

一、翻砂工艺在近代中国工业化进程中的应用情况

毋庸置疑，工业革命的核心推动力之一是技术的革新与进步。然而，什么样的技术进步才能促成一次伟大的能称之为工业革命的浪潮呢？中国虽然没有引领世界工业化的浪潮，但是翻砂铸造工艺在中国近代工业化进程中却发挥了巨大的作用。在此，简单介绍一个基本的脉络，以利于人们理解翻砂工艺在中国近代工业化产生、发展中的影响。

1. 上海

上海是中国近代工业的发源地。鸦片战争后，作为通商口岸，上海门户大开，受西方浪潮的冲击，在对外贸易的同时，手工生产开始转为机器生产。清代晚期，洋务运动中兴起了大批军工业，它们成为中国近代工业化的先驱，在外御强敌的过程中也同时推动了中国近代工业化的进程。如近代军工业的先驱者之一的江南制造局于 1867 年迁至上海高昌庙后，设有 8 个工厂，这八个厂分别是机器厂、木工厂、铸铜铁厂、熟铁厂、轮船厂、锅炉、枪厂和工程处[1]。虽然没见有专门的翻砂工厂，但几乎所有的制造都离不开翻砂铸造，其中的铸铜铁厂的作业便是"翻砂、造模、熔铸铜铁件"。通过查看铸铜铁厂的厂房图，可以发现，在铸铜铁厂中设有专门的翻砂车间[2]（图 4-21），可见，铸铜铁厂的铸造工艺采用的便是翻砂法。1867—1904 年间制造局制造车床 138 台，制成钻床、铣床、翻砂机等机具 117 台。由此可见，江南制造局的大量基础性铸件都是运用翻砂法生产制作的，没有

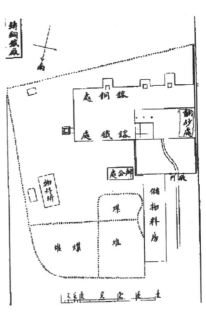

图 4-21　翻砂车间位置图

---

[1]　丁贤俊：《洋务运动史话》，社会科学文献出版社，2000 年，第 58 页。

[2]　魏允恭：《近代中国史料丛刊》（第 41 辑），《江南制造局记》，台湾文海出版社，1966 年，第 22 页。

基础工艺的支持，也不会有后续的生产及工厂的发展。

根据《上海科学技术志》[1]中《工业技术》的记载，"鸦片战争前，上海的铸造作坊，称为'冶坊'，一般只能生产铁锅、汤罐和犁头等。鸦片战争后，开始为近代机器翻造零星铸件，同时也出现了新式的翻砂工场"。1850年，美国商人开办的伯维船厂翻砂工场是上海最早的近代工业翻砂场。此外，当时的上海还有诸多其他专业翻砂厂和使用翻砂工艺用于工业生产的，如表4-1。上海不仅工厂数量多，而且工业总产值在全国工业总产值中也占据巨大的分量。以1933年的翻砂行业生产为例，上海的翻砂工厂的全年总产值占全国总产值的88.8%[2]。另外截至1937年八一三事变前，上海全市有铸造厂（场）160多家，大多为手工生产。

表4-1　清末民初具有代表性的上海翻砂工厂一览表

时间	厂名	主要产品	生产方式	创办方	地址
1850年	伯维船厂翻砂工场			美商	上海
1867年	江南制造局铸铜铁厂	铸铜铁件		清政府官僚	上海高昌庙
1890年	顺昌翻砂厂	"田鸡炉"和机器零件	手工翻铸	顾光裕、罗治记、邓永奉	上海市闸北海宁路
1917年	公一昌翻砂厂	生铁水管	翻砂卧浇工艺		上海
1921年	慎和翻砂厂	铸铁管		丁福联	上海周家嘴路安国路
1928年	施长发翻砂厂	水道铜阀门	手工翻砂	施仁孝	上海东长治路德润里34号
1930年	机器模型工场	机器模型		马荣位	上海市昆明路766号
1934年	上海大鑫钢铁厂	钢件		余名珏	

2. 福州

福州船政局也是在洋务运动中兴起的近代造船厂。在沈经传所著的《福州船政局》[3]一书中明确指出，该局的铸铁厂是为轮船翻砂制造各种机器铁件。林庆

---

[1] 上海地方志办公室编：《上海科学技术志》（第七编），《工业技术》，上海社会科学出版社，2003年。

[2] 汪朝光：《20世纪中华学术经典文库·历史学·中国近代史卷》，兰州大学版社，2000年，第398页。

[3] 沈传经：《福州船政局》，四川人民出版社，1987年，第82页。

元主编的《福州船政局史稿》[1]也同样提到了船厂的铸铁厂，他认为铸铁厂就是翻砂车间，"翻砂车间（铸铁厂）占地 2400 平方米，有十五马力动力设备一台"。同时他还介绍了翻砂车间分为铸铁和铸铜两部分，1873 年外国工人离开车间后，中国工人独立铸造了一台新型的蒸汽机的铸件和旧型号蒸汽机的铸件。在孙毓棠编写的《中国近代工业史资料》[2]（第一辑：1840—1895 年）上册中，他也提到了福州船政局自制的一百五十匹马力的轮机，由于轮机是机制轮船的核心部件，他还给出了它的制造程序，其工序中便有翻砂工艺的应用。"一是按轮机各个部件的尺寸分别缩画图式，二是模厂按图式大小，制造木制横型，三是打铁、铸铁各厂，照模型打制或翻砂成器件。"可见翻砂工艺不仅在完成军工厂的生产中非常重要，在造船业中也是一个核心技术。因为蒸汽动力在当时的工业生产和运输业中非常重要，需要靠蒸汽动力发动轮船和火车，而运输业又能影响工业的发展，故蒸汽动力设备的生产工艺需要采用一种先进的制造工艺，而翻砂工艺荣幸地担当起这项重任，足见翻砂工艺占据了当时制造业中的重要位置。在福州，除福州船政局一类厂的铸铁间和翻砂厂能修理帆船、轮船的机件外，民营资本家经营的工厂也有能利用翻砂技术进行此类修理工作的。如罗肇前在《福建近代产业史》中介绍的广福利机器厂[3]，该厂建于 1912 年，于 1922 年增设翻砂间和铸铁间，不但能修理帆、轮船的机件，还能自己制造柴油机。

3. 金陵

金陵即今日之南京。金陵有一家很有代表性的军工厂——金陵制造局。金陵制造局的机器正厂设有火炉翻砂厂、翻砂模坑屋。吴熙敬主编的《中国近现代技术史》中更明确提出"金陵机器局扩建的翻砂厂中，设有翻砂模坑，即地坑造型，为手工铸造大型炮座之用。是年开办的汉阳荣华昌翻砂厂是具有一定规模、中国最初的专业铸造厂"[4]。1869 年该局"已能制造多种口径火炮、炮车、炮弹、枪支及各种军用品"[5]。到 1879 年，金陵制造局拥有机器厂 3 家，翻砂、熟铁、

[1]　林庆元：《福建船政局史稿》，福建人民出版社，1999 年，第 48—53 页。

[2]　孙毓棠编：《中国近代工业史资料》（第一辑：1840—1895 年）（上），中华书局，1962 年，第 103 页。

[3]　罗肇前：《福建近代产业史》，厦门大学出版社，2002 年，第 114 页。

[4]　吴熙敬：《中国近现代技术史》（上卷），科学出版社，2000 年，第 453、454 页。

[5]　乐秀祺：《金陵机器制造局在中国近代化进程中的作用》，《上海师范大学学报》1989 年第 4 期。

木作厂各 2 家。光绪皇帝在回复时任两江总督曾国藩的一封奏折中批示说："器制造局仿照外洋制造各式炮位、车辆、架具、炮弹、铜火以及添配炮垒需用物件，分设机器、翻砂、铁木、火箭各厂，雇募工匠，常期制造，实物纷繁，监督工作，采办料物，催提押运，搬抬起卸各项，在在需人，必须分派经理，以期周妥。"[1]此份光绪的回奏中提到要建的厂子时专门提及的与机器、铁木等并列的"翻砂"，由此可见翻砂工艺是金陵制造局的一项极其重要的生产工艺，更是当时军工生产的技术支撑。

4. 湖南

关于近代湖南翻砂业的发展情况，在朱羲农、朱保训所著的《湖南实业志》中我们可以了解到一些情况，如"湖南长沙翻砂业，始于民国三年。当时湘省矿业，日渐发展，矿山需要之炉门、铁板、厂瓢、炉桥等，须由翻砂厂翻制，于是长沙下碧湘街之倪茂昌，合资一千元，应时创立。民国六年，庆和丰亦开办于楚湘街。在民国十九年以前，市内专业翻砂者有四家，斯时湖南之锑、锌、铅、锡之销路颇大，翻砂业连带兴旺"[2]。另外湖南地区翻砂厂的产品种类，以机械零件、矿山炉桥、轮船汽缸、机器带轮、轧面机件、印刷机器等占多数。根据目前搜集到的资料就长沙、湘潭两县的翻砂工厂生产情况统计如下（详见表 4-2 及表 4-3）。

表 4-2　长沙县翻砂工厂生产情况

厂名	设立年月	原料	主要产品	设备
倪茂昌	民国三年	生铁	机械零件	冶炉两座，马达一架，马力三匹
庆和丰	民国六年	生铁	机械零件	冶炉一座，马达一架，马力三匹
福泰隆	民国十八年	生铁	机械零件	冶炉一座，电力马达一架，马力三匹

表 4-3　湘潭县翻砂工厂生产情况

厂名	设立年月	原料	主要产品	设备
杨乾顺	民国九年	生铁钢	翻制轮船汽车零件及修理	冶炉一座，风箱一座
谭福泰	民国十九年	生铁钢	翻制轮船汽车零件及修理	冶炉一座，风箱一座
黄利顺	民国二十年	废铁旧铜	翻制轮船汽车零件及修理	冶炉一座，风箱一座

---

[1] 中国史学会主编，中国科学院近代史研究所史料编辑室、中央档案馆明清档案部编辑组编：《中国近代史资料丛刊·洋务运动》，上海人民出版社，1961 年，第 207、208 页。

[2] 朱羲农、朱保训：《湖南实业志》（卷二），湖南人民出版社，2008 年，第 1067、1068 页。

5. 山东

据政协山东省潍坊市潍城区委员会学宣文史委员会编的《潍城文史资料·第5辑》记载[1]，潍县翻砂业是从1915年同盛铁厂的建立开始的。此后，潍县的手工制品从原来生产简单的犁和耙、车钏、车铜、打铁用的帖子，生活用的炉口、炉底等扩大到能够生产织布机、水车、弹花机、轧花机等，一切铸件毛坯全部由同盛铁厂供应，到1929年，增加了铸锅。

6. 兰州

兰州自古既是丝绸之路的必经之路，又是历代政权掌控的重要军事基地。其经济、工业发展对整个西部有很大的影响作用。清同治十一年（1872年）左宗棠在兰州设立兰州机器局[2]，这是兰州近代工业的先锋。清光绪年间（1875—1908年），兰州先后建成4家商营机制翻砂厂，分别为三益成、三益铭、永福祥、永盛祥；民国初期，又新建成3家私营翻砂厂，分别为元兴福、德盛公、永顺和。这些翻砂厂主要为封建军阀政府制造弹药、枪械外，在民用方面生产一些铁铧、铁锅、火炉、车串等手工小农具和日用金属品[3]。由此可见，兰州的军用武器的制造和农用、日用品的生产很依赖翻砂工艺。

二、翻砂工艺与中国近代工业化之关系

中国近代工业是自洋务运动以来"师夷长技"的产物，从结构上看是完全效仿西方资本主义社会的机器大工业生产方式，机器大工业生产从生产组织的角度看是组合工具为根本的生产工具，而组合工具需要机器以不同造型呈现出来才能有效地实现组合。翻砂铸造在于造型的灵活性，且造型材料——砂，在所有的铸造工艺中适应造型条件的能力极强，故翻砂铸造在近代中国工业化过程中起到的作用举足轻重，没有中国工匠对传统翻砂工艺的继承和对适应于机器大工业生产的翻砂工艺的学习以及有效地完成本土和西洋工艺的耦合，中国的近现代工业化组合工具复杂造型就没法顺利完成，工业化的进程将会受阻。

---

[1]　孟兆华、宋秀岩供稿，蒯兆松整理：《潍城文史资料·第5辑》，政协山东省潍坊市潍城区委员会学宣文史委员会编，2003年，第86—90页。

[2]　罗尔纲：《晚清兵志·第6卷·兵工厂志》，中华书局，1999年，第235页。

[3]　（清）升允、长庚修，安维峻修纂：《甘肃新通志·工业志》，江苏广陵古籍刻印社，1989年，第52页。

翻砂工艺在中国近代工业化的过程中发挥了基础性的建设作用，让各种铸件的生产得以顺利进行，从而使得利用大机器生产的工业化在近代中国开始萌芽发展。但推动这个过程进行的还需要看到是西方技术与中国本土翻砂手工艺融合发展的一个过程。同时，这个问题反映出的也不仅仅是翻砂工艺对工业化生产的促进作用，同时也是时代背景下的一个必然趋势。既是大的社会环境成就了翻砂工艺对工业化进程的推进，同时也是工业化对翻砂工艺的需要使得翻砂工艺站上了时代的舞台。

洋务运动对实现中国近代工业化功不可没，并帮助翻砂工艺在这次工业化进程中发挥了积极作用。通过洋务运动建立起的军工厂在进行各种铸件的生产甚至炮弹的生产中都离不开翻砂工艺。可谓翻砂铸就了近代军工业。

军工生产是中国近代工业的主要内容，同时民用品的生产也是不可忽视的一个重要部分。民族资本主义和由传统手工作坊发展起来的铸造厂、翻砂厂对于近代工业的发展也同样起到了重要的促进作用。

由此可见，翻砂工艺不仅仅是一项重要的传统手工艺，同时也是中国近代工业化的功臣。

第五章

铸钱工艺与钱范真伪鉴定

　　自清中期以降，由于金石学与文物收藏之风的兴起，各类文物仿古与伪作几乎从未停止过，古代钱范也难免成为好古者仿造的对象。就现有的情况来看，有的仿品或臆造品已在钱币拍卖会上呈现，有的被博物馆收藏甚至著录于钱币研究的著作或工具书中。总体而言，早期的钱范赝品，以石范和铜范居多，陶范较少，但随着泉学与钱币收藏的繁盛，陶范赝品也随之增多；时至当下，各种钱范赝品可谓层出不穷，如果不将这些赝品钱范加以剔除，将会误导钱币学术研究之方向，让后学者莫衷一是或者在一些错误的基础上得出一个又一个错误的结论。本章我们将从铸钱工艺入手，对清代至目前所发现的各类有代表性的钱范赝品进行剖析，并结合钱范与铸钱工艺进行具体的讨论辨析，力求为将来的研究者在钱范辨伪方面提供一个可供借鉴的基础。

第一节　陶质钱范的工艺特征与真伪鉴定

一、铸钱陶范的基本特点与常见特征

　　（1）陶范铸钱以春秋战国时期为主，至秦汉时期多用作背范，偶尔用作面范（叠铸范片除外）。

　　（2）空首布皆为单型腔范，这不仅是因为空首布体形较大，而且因为空首布空銎的技术要求所决定，要铸出头部中空的布币必须一对一、由头部泥芯处浇注，否则难以成形。

　　平首布主要是多枚平置，但也有单枚型的，水口皆在首部。

　　刀币范皆为多型腔，常见有三型腔、四型腔、五型腔，水口皆开在环柄部。

　　（3）合范符皆在范的两侧，为成对的刻划痕。

　　（4）所有铸钱陶范皆有较长的浇注压头。这是浇注系统设计的要求，要顺利

铸出合格的铸件，必须留有足够长的浇注压头。

（5）为降低陶范的应力，以免在陶范晾干或烘烤过程中出现变形或裂痕，往往会在范背按有指窝、深刻线条或在范背中部挖去部分范土。

（6）在陶范范面浇铸口两边或浇铸口立面两侧往往刻有各种记号，同一套范面背记号相同。

（7）先秦时期陶范用料通常由细砂和炼泥组成，成分比较单一；秦汉尤其是汉代陶背范变化较明显，通常基体拌有粗沙粒及蚌壳片等粗料，但背范范面皆有一层细泥料。

（8）为提高范面光洁度和便于浇铸，在范面往往会涂刷一层草木灰。

二、陶范赝品举例及真伪鉴定

1. 三、四、五字刀币合体陶范赝品[1]

2015 年，在山东临淄古玩城中见到两块三、四、五字刀币在同一块陶范上的残断范，背面有指窝，范长 270、宽 130、厚 32 毫米，三枚刀币顺向排列，自

左至右分别为齐大刀三字刀、齐之大刀四字刀、节墨之大刀五字刀。范表面有过火而形成的黑色，下面范色因经焙烧而变为红色（图 5-1）。

尽管这两块范已被业内藏家高价收藏，但赝品身份特征明显，具体情况如下：

（1）从理论上讲，三字与四字、五字刀的铸造时间上是有先后的，四、五字刀要早于三字刀已是学术界的共识。周卫荣《中国古代钱币合金成分研究》[2]对三、四、五字刀币做了金属合金成分研究，三字刀含铜量平均数值都在 50%，而四、五字刀含铜量都在 70% 左右，由同一块范铸造的刀币，含铜量是不可能有如此悬殊的。

（2）陶范中夹砂内容不对。这两块齐刀范陶质发黑，且夹杂有星点发亮的云母砂粒，真齐刀范一般都是夹砂灰陶，并且不会有云母砂粒掺杂其中。

图 5-1 临淄古玩城所见齐刀币合体陶范赝品

---

［1］ 陈旭：《齐刀币范辨伪研究》，《中国钱币》2019 年第 3 期。

［2］ 周卫荣：《中国古代钱币合金成分研究》，中华书局，2004 年。

（3）残破状况不合常规。齐刀范出土大多数是残破的，残破刀范是因为当时铸钱毁范造成的，所以出土后是不可能再对接成完整的，除非原本就是完整范，出土时弄断了才有可能再对接起来，但这种情况断碴都是新碴，断碴上绝对不会有硬土锈，而这几块都能拼接成一块完整范，且断面和范面背一样都布满了硬硬的土锈，这正是作伪者在伪造过程中的漏洞。

（4）缺少范号。为了在铸钱过程中容易识别，便于铸造，面背是同一合范的都在范的浇铸口左侧、右侧或浇铸口立面上刻一文字或符号，而这两块范皆没有。

这两块合体范可以说是近年来所见的从残破度、陶质、刻模、刀形、尺寸、排列、指窝等诸方面伪造都比较到位的赝品。

2. 三字刀币陶范赝品

近年来出现的仿制水平略低一些的三字刀币陶范（图 5-2）。范长 275、宽 132、厚 33 毫米。尺寸、厚薄、刀币排列方式等，完全按三字刀陶范真品仿制，刀形及文字摹刻逼真，但陶质较粗劣疏松，没有铸造使用痕迹，没有范号，三字刀面地张没有下凹处，是按三字刀背范刻制手法刻制的。这样的范根本就铸不出刀币来，陶范背面制作粗劣，无指窝或刻痕，毫无真范背面的特点。因齐刀范完整者发现极少，故这类假陶范多是以完整形式出现，以求高价，但不排除无意或人为弄残骗人的情况。

图 5-2　三字刀币陶范赝品

清代藏家陈介祺收藏齐刀币范丰富，藏斋号称"千化范室"，终其一生都没有收藏到一块完整的，潘承弼《古埚考释》曾记录，光绪六年庚辰（1880 年），金石学家山东福山王懿荣乞假归扫，次年二月返京。途经潍县，拜访陈介祺。停留数日，遍观收藏。在谈到所见齐刀范时说："范亦陶成者，范正面凡列三刀，其范首尾或有字，又记数者。簠斋所得将千余，无一完者，皆临淄出土，完者乃以两残范配合作成。"

目前完整真品三字刀币陶范共有两次出土记录，一次是 1965 年山东青州出土三枚完整齐刀范，面范两块，背范一块，现藏青州市博物馆。另一次是 2016 年 4 月，山东临淄出土了十数枚完整的三字刀币陶范[1]，现多已流入各地钱币藏家手中，偶有在拍卖中出现，价格颇高，在市面上极难见到。

3. 小结

通过以上对代表性的各类假齐刀币范的辨伪研究，可以让我们在齐刀范的鉴定方面能有据可循，有理可依，在收藏上不至于造成经济损失，在钱币研究上不至于被误导方向，更避免了将来会出现后人看当今的假刀范时，就像今人看清代齐刀铜范母时那样的迷茫，为今后齐刀币铸造工艺及钱币的研究营造一片净土。

第二节　石质钱范的工艺特征与真伪鉴定

一、石范的基本特征

（1）石范铸钱以汉代半两时期为主，战国时期只有极少数的石质钱范发现，且多是小型的刀、布、圜钱，大型的空首布、齐刀币无石范发现。

（2）石范背面多有刻划文字、数字或符号等（图 5-3）。

（3）石范上不会出现合范的榫卯结构。

（4）石范材质多以滑石、绿泥石等为主。

图 5-3　带刻划文字的石范

---

[1]　陈旭：《齐刀币制范及铸造工艺的新研究》，《中国钱币》2018 年第 5 期。

二、石范赝品举例及真伪鉴定

1. 卢氏空首布石范赝品

此范收入于罗振玉《古器物范图录》（图 5-4）。徐达元曾作专文指出系赝品，根据我们范铸工艺的研究成果，此范显然不符合空首布范铸工艺的基本构成，原因有三：

（1）空首布头是空的，中间夹带着泥芯，要成功铸造出空首布，必须从头部泥芯处浇注铜水，而此范从头侧下部开水口，共用一个浇注口，铸出的空首布要么头部实心，要么严重浇不足。事实上，所有出土的空首布范都是水口在头部，即从首部泥芯处实施浇注，面范、背范一对一造型的单型腔范，山西侯马、河南新郑以及洛阳出土的空首布范

图 5-4　卢氏空首布石范赝品

无一例外。

（2）空首布头部的三角形空洞是泥芯在铜水浇注过程中与范壁相碰阻碍了铜水的通过而形成，并不是在范上预设的，此范显然是画蛇添足了。照此范绝对铸不出空首的布币。

（3）出土空首布范皆是厚实的陶范（厚约 40 毫米），采用刻划符作合范对应标志，此范为石范，用三角形榫卯构造。战国以降尤其是汉代铸钱石范出土很多，从不采用三角形榫卯，三角形榫卯只发现于铜质钱范。从整体情况看，此范当是模仿汉以后钱范的臆造品。

2. "齐之大刀"四字刀石范赝品

"齐之大刀"背"上"四字刀石范，长 250、宽 100、厚 10 毫米，范上贴有上海博物馆发还编号：045730，为中国著名古泉收藏家张叔驯先生旧藏，后由张氏后人提供，在 2014 年上海崇源春季艺术品拍卖会上拍出了 189750 元的高价（图 5-5）。此范无需细鉴便知是一件漏洞百出的赝品。原因如下：

图 5-5 "齐之大刀"四字刀石范赝品

（1）此范将刀币文字刻反，将币面"齐之大刀"四字刻到了背面上，这样做出的刀币面是背，背是面。

（2）主浇道和支浇道过于狭窄，不利于铜液流动。

（3）刀币钱模排列和浇道方式错误。现在虽未发现四字刀钱范出土，但通过三字刀、齐明刀、燕明刀等各类刀范对比看，皆是面范一块，背范一块，刀模顺向排列三至五枚，且浇铸口皆在刀环处。而此范在一块范上面、背钱模各一，在环、刀身、刀尖三处有浇口，像钱币这样的小型器物在浇铸时一个浇口就足够了，没有必要开三个浇口，多此一举也说明刻范者不懂钱币铸造工艺。

（4）刀背模地张不应该下凹。刀币范背模都是由阴线刻成，地张与范面是齐平的，只有这样，铸出的刀币才是平背的，而此范刀币背模地张下凹，这样铸出的刀币背面是凸起的，已完全不是四字刀的形制。刻此范者多此一举，不仅费时费力，还弄巧成拙，可证其根本就不了解齐刀币的形制。二十余年前业内曾见过一块"安阳之大刀"五字刀残石范赝品，刻法与之如出一辙。

（5）齐刀币范无石范。齐刀币范目前发现皆为夹砂陶范，尚无石范的出土与发现。从铸造工艺上讲，陶范比石范更适合铸造，陶范可塑性强，透气性好，易于铜液流动，更容易刻划与修范，所以铸出的刀币刀型优美，文字流畅，边廓细腻，刀面平整，而这正是石范所不能完成的。仔细察看汉代石范铸造的半两钱、五铢钱可知，字体虽还算精美，但字口多粗钝且由于石范透气性不好，常常造成钱币表面出现呈橘皮状或雨丝状的收缩纹，故铸造小型钱币还可以用石范，若铸造齐刀币这样形体较大的钱币就不如陶范好用了。现虽不能完全排除当年齐国铸造齐刀币偶然会用石范试铸的可能，但齐国境内目前还未出土发现过齐刀币石范。汉半两石范通常厚度都在 20 毫米左右，而此石范极薄，仅 10 毫米，这个厚度，是完全经受不住铸造过程中来自各方面的冲击和压力的，极易断裂，古人怎能费这么大的力气制作一件经不起实用的钱范呢？因此，我们可以说，目前所见齐刀币石范皆系赝品。

综上所述，任何一点都可断定此范为赝品。因张氏抗战时期就已定居美国直至去世，如若真是张氏旧藏，那必定是藏于此时之前，故此范应是清末或者民初不懂齐刀铸造工艺的作伪者臆造之赝品。此范币模排列方式与《古泉汇》所载三字刀铜范母相似，或可认为是以此为蓝本所作。

与之相类似的在旧书图录、民间收藏及偶尔拍卖中还有早期仿造的赒六刀石范（传张叔驯旧藏，图 5-6）和第重权钱石范（清杨幼云旧藏，2018 年某拍卖公司拍出，图 5-7）等，基本可以断定都为这一时期的赝品。

图 5-6 赒六刀石范赝品

图 5-7 第重权钱石范赝品

此外，我们还在一藏家处见到过三字刀石范一块（图 5-8），包浆熟旧，排列方式与陶范相同，所刻刀形拘谨，字体呆板，笔画无力，也是一件赝品。

另外，2003 年前后，临淄又出土了大量的制作汉半两范的石坯，通长 27、宽 12.5、厚 2.5 厘米左右，土锈、结晶锈历历在目（图 5-9）。这就给了造假者可乘之机，于是用老坯刻的假齐刀石范、赒六刀石范、半两石范、五铢石范等时有出现，范面皆有烟熏火燎之相，颇掩人目，上当者不少。更有甚者说可以订货，你需要什么范，就给你刻什么范；所见这类石范较多，无一是真品[1]。

图 5-8 三字刀石范赝品　　　　　　　图 5-9　临淄出土石坯

第三节　铜（金属）范的工艺特征与真伪鉴定

一、铜（金属）范的基本特征

（1）铸钱铜范的使用，以汉五铢时期为多，大都有合范榫卯结构。战国时期，楚国蚁鼻钱、秦国半两钱用铜范铸造，另有极少的布币、圜钱铜范发现，无合范榫卯结构。

（2）到了汉五铢时期，为了便于铸后加工并保持面轮的美观，有的五铢铜面范已经不设支浇道，而将支浇道设置在了背范上（图 5-10），遇到这类铜范切不可盲目判假。

（3）用于制作陶范的铜（金属）范母多出现于秦汉和王莽时期，战国时期极少见，目前发现有燕"一刀"铅范母（图 5-11）、燕"坪阴"方足布铅范母（图 5-12）等。

---

[1]　陈旭：《从临淄出土齐刀范看齐刀币的分期及相关问题研究》，《中国钱币》2013 年第 1 期。

图 5-10　五铢铜范

图 5-11　燕"一刀"铅范母

图 5-12　燕"坪阴"方足布铅范母

二、金属范赝品举例与真伪鉴定

1. 卢氏空首布铜范赝品

流传于民间的空首布铜范如图 5-13；图版八，3，此范旧谱中曾有过著录，在冶铸史界和钱币界有一定影响。显然，此范与上述石范如出一辙，所不同的是铜范而已，故不再赘述，定为臆造品无疑[1]。

---

[1]　周卫荣：《中国古代铸钱工艺及其对传统铸造业发展的贡献》，《文物科技研究》（第6辑），科学出版社，2009年。

图 5-13 卢氏空首布铜范赝品

2. 平首布铜范赝品[1]

（1）"梁新釿五二十当寽"铜范，此范收录于罗振玉《古器物范图录》（图 5-14）。

（2）"梁一釿"铜范，此范收录于罗振玉《古器物范图录》及刘体智《小校经阁金文》（图 5-15）。

（3）尖足布铜范，此范收录于罗振玉《古器物范图录》（图 5-16）。

（4）"虞一釿"铜范，此范收录于刘体智《小校经阁金文》（图 5-17）。

图 5-14 "梁新釿五二十当寽"铜范赝品　　　图 5-15 "梁一釿"铜范赝品

［1］ 周卫荣等：《内蒙古"安阳、戈邑"布币铁范与钱范赝品》，《内蒙古金融研究·钱币文集》（第八辑），内蒙古自治区钱币学会，2006 年。

图 5-16　尖足布铜范赝品　　　　　图 5-17　"虞一釿"铜范赝品

上述这些范皆为臆造品，理由如下：

（1）口细而短，压头不够，这样的铜范根本不可能浇注出完好的布币来。

（2）榫卯结构不符，这类圆柱（头）型榫卯构造，起源于汉代叠铸范母，当系汉以后钱范之特征，先秦尚未产生，另外梅桥《古泉拓本》中也有类似的"垣釿"布铁范，系同一性质。

3. "三铢"叠铸铜范母赝品

此范收录于刘体智《小校经阁金文》（图 5-18）。

仅从钱文"铢"字上即可判定此范为臆造，因真品三铢钱的"铢"字的"金"字旁下面是由四横一竖组成（图 5-19），而此范的"铢"字的"金"字旁则与"五铢"的相同，是由"王"和四个点组成的。这是因为造假者对"三铢"钱的基本情况不了解造成的。

图 5-18　"三铢"叠铸铜范母赝品　　　　　图 5-19　三铢钱

4. 齐刀币叠铸铜范母赝品

图 5-20；图版八，1，现藏于上海博物馆的齐刀币叠铸铜范母，最早著录于清代山东李佐贤所著《古泉汇》一书，书载道光年间出于临淄，后归诸城刘燕庭收藏。范呈长方形，平背，面有边廓，如铜盘，四杀其角。中列齐大刀面背钱模各一，中间有一凸起圆柱，圆柱通过浇道与钱模相连，钱模左右有三对榫卯结构。从形制上看是叠铸范片的铜范母，并为后来罗振玉的《古器物范图录》《中国历代货币大系》《古钱新典》《齐币图释》等大型钱币研究专著及一些冶铸史著作所著录，由此几乎被学术界公认为是我国古代叠铸工艺和叠铸法铸钱的最早范例，这也就相当于将叠铸法工艺的使用定到了战国时期。这一点能否成立，关键在于铜范母的真伪。2001 年我们启动铸钱工艺研究时就曾提出过质疑，并著《齐刀铜范母与叠铸工艺》[1] 一文专门予以讨论。文中通过对正反钱模的对比、浇注口状况及叠铸工艺特点等几方面进行研究，得出了"所谓齐大刀铜范母并非战国之物，而是后人之伪作"的结论。

图 5-20　齐刀币叠铸铜范母赝品（正 / 背）

2017 年，上海博物馆青铜部的吴旦敏在上海博物馆文保中心对这枚齐刀铜

---

[1]　周卫荣：《齐刀铜范母与叠铸工艺》，《中国钱币》2002 年第 2 期。

范母实物进行了检测分析，也给出了如下意见：

（1）此范重 1115.9 克，长 21.2、宽 110、厚 25 毫米，钱模形制与战国晚期铸"粗字反化三字刀"基本一致，范通体表面都有较厚的熟旧传世黑色包浆，但没有出土铜器所特有的氧化铜、氧化亚铜、碳酸铜以及土锈互相叠压情况的残存，由此可判断这是一件没有入过土的器物。

（2）范内贯穿于中央的竖线是铸造铜范母时遗留下的范线，范线两侧由于铸造时合模不精准，造成了范线两侧、刀面与刀背不在一个水平面上，形成了一个近一毫米的错台（图 5-21）。这样是造不出合格的陶叠范的，这样的陶范叠放在一起都不能在一个平面上，怎能铸出齐刀币？战汉时期铸币法则严格，如果出现此类不合格的铜范，在战国当时就销毁重铸了，绝无留世的可能。

图 5-21　齐刀币叠铸铜范母赝品形成了错台

（3）合范的榫卯结构极不精整，制作随意，如果制成陶范是很难对合在一起的。

（4）铜质暗红，与真正的战汉铜范的铜色有偏差，符合明清时仿古铜器的铜色。

（5）范背面铸造粗劣，铸痕杂乱无章，毫无战汉时期铜器铸造特点，极类明清山东潍县仿造的战汉铜壶、铜鼎的底部特点，明清时铜器仿古最著名的有苏州、陕西、北京、潍县四地，各有特点，目前存世许多明清仿古铜器出自潍县。

（6）从考古资料看，叠铸工艺自秦汉始出现原始形态，发展至王莽时期才达到成熟阶段，而齐刀币铜范母的形制和工艺明显具有成熟阶段的特征，在秦汉原始形态出现之前的战国时期便出现成熟阶段的叠铸工艺是不可能的。

（7）《古泉汇》一书成于 1864 年，而在此前成书于 1820 年（嘉庆二十五年）、山东初尚龄所著的《吉金所见录》中没有记录此范，初氏对齐刀币研究甚深，是他将齐刀归断为春秋战国时期，打破了过去附会三皇五帝的舛说，如果此范出现于嘉庆二十五年以前，他是不会不知道的，况且其他的钱币典籍也无记载，说明此范在此之前就未出现过，故可判定此范出现于 1821 年（道光元年）至 1864 年（同治三年）的四十三年之间，而《古泉汇》又载此范道光年间就已出现，这也就正好互证了此范的作伪时间应是道光年间。

根据以上几家的研究结论，上海博物馆所藏齐刀币铜范母很可能即系清代道光年间，山东潍县略懂古钱铸造工艺的仿古匠人，以齐国晚期"粗字反化（刀）三字刀币"为范本，并参照汉代叠铸铜范母实物，制作的一件臆造品。另外，在李氏与鲍康著《续泉汇》中载有一品背"工"的齐三字刀铜范母（图 5-22）与之相类，在刘体智《小校经阁金文》还载有齐节墨五字刀铜范母一块（图 5-23），也应为同时期的臆造品[1]。

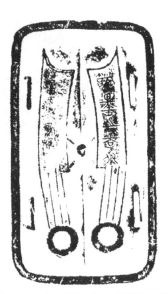

图 5-22　背"工"齐三字刀铜范母赝品　　　图 5-23　齐节墨五字刀铜范母赝品

5. "安阳、戈邑"布币铁范赝品[2]

自从内蒙古发现"安阳、戈邑"布币铁范的消息公布以后，在学术界引起了很大的反响，尤其是钱币界和冶铸史界。由于这两种布币属于战国中后期之物，

---

　[1]　见周卫荣等：《内蒙古"安阳、戈邑"布币铁范与钱范赝品》，《内蒙古金融研究·钱币文集》（第八辑），内蒙古自治区钱币学会，2006 年。

　[2]　见周卫荣等：《内蒙古"安阳、戈邑"布币铁范与钱范赝品》，《内蒙古金融研究·钱币文集》（第八辑），内蒙古自治区钱币学会，2006 年。

无疑这块范当系我国最早的铁范，也是最早的金属布币范；又两种布币同范，这也是至今为止的首次发现，所以无论是钱币界、货币史界还是冶铸史界，都给予了很大的关注，有肯定的，也有质疑的。鉴于这些独特性和唯一性，该范在铸钱工艺发展史上有重要的影响，因此很早就引起了我们的关注。2005 年，利用出席内蒙古钱币学会换届大会的机会，在内蒙古自治区钱币学会的安排下，我们对铁范实物做了专门的鉴定和研究，具体情况如下。

（1）"安阳、戈邑"布范的基本特征

铁范实物（图 5-24；图版八，2），近似正方形，长 10、宽 9、厚 1.4 厘米，重900 克。范面：左戈邑，右安阳，两布型腔大致平行，相距 0.5—0.8 厘米。戈邑布：通长 5、首宽 2、首长 1.6、肩宽3、裆深 1.2、足宽 1.2、足距 1 厘米；安阳布：通长 5.1、首宽 2、首长 1.6、肩宽3.1、裆深 1.2、足宽 1.1、足距 1.2 厘米。水口的两不相邻的两足上，开口宽约 3 厘米，而两布外侧的两足上，各有一道 3.5厘米长排气孔道。范面四角各有一个深约0.5 厘米的定位卯眼。背范大致平整，带赭黑色铁锈。

图 5-24　"安阳、戈邑"布币铁范赝品

（2）"安阳、戈邑"布范的工艺特征分析

第一，此范基本工艺特征不对。

首先榫卯结构与先秦钱范不符。先秦钱范采用的是合范符（刻划符号，图 5-25）合范。从未见过有这类圆豆形榫卯，这种榫卯结构要在汉以后才会有。

图 5-25　合范符

其次，浇注口水口与战国布币范不符。战国布范的浇口都在布首，从未出现过开在足部的。

最后，此范四个定位卯眼与范腔不在一个基准面上，无法与其背范密合后实施浇铸。

第二，此范制作工艺不对。

通过仔细观察，我们发现此范不是浇铸而成，而是用现代工艺制作而成。

首先，此范存在明显的分层，不是一个完整的铸造体，钱腔和浇注系统明显是在外层上做的，因此它不是铸件，而是锻制件，面背也都能看到锻打痕迹，尤其是背面，锻痕很明显很清楚。

其次，整体材质像是非常坚硬的钢，用放大镜观察钱腔、水口和排气道，也不是铸态，而是很像现代工具的镗制。

（3）"安阳、戈邑"布范合金成分检测

为了彻底搞清楚该范的材质，在内蒙古自治区博物馆和北京科学技术大学冶金与材料史研究所的支持下，我们对此做了取样分析。

我们首先考虑用小工具取样，未果。但有两个发现，一是此范背面外裹有一层较厚的蜡，似专为做假秀而为；二是范材极其坚硬，很像现代工具钢。不得已最后采用了线切割的办法，花了近一小时才取下一小点试样。

经用带能谱扫描电镜无标样分析，结果如下（不包括碳的数据）：

第一次分析：铁 87.1%、锰 8%、硅 4.1%；第二次分析：铁 87.4%、锰 8%、硅 3.9%。由此可见，这是一块地道的合金钢，在战国是不可能有的。

因此，我们可以明确"安阳、戈邑"布币铁范当系当代伪造之赝品。

第六章

黄 铜 铸 钱

中国古代铜钱从材质上划分，大致可分为两类：青铜钱和黄铜钱。黄铜钱的产生与青铜钱有着不同的社会政治、经济、文化与技术背景。青铜钱是在我国铸币产生的初期，在青铜文化的大背景下产生的，黄铜钱则不然，在我国不仅出现较晚，而且在不同的历史时期，同一名称还有着完全不同的概念和含义，因此，要阐述我国黄铜钱的源流首先得考究黄铜的历史。

第一节　黄铜冶铸技术的产生与发展[1]

今天所说的黄铜，是指铜锌合金（Cu-Zn），即是指以锌为主要合金元素的铜基合金，当然，也可以包含少量的其他金属，如铅、锡等。根据现有的考古出土报告，早在新石器时代我国先民就已经发明了黄铜制器，如陕西临潼姜寨仰韶文化遗址出土的黄铜片和黄铜管[2]；山东胶县三里河龙山文化遗址出土的黄铜锥[3]。但是，我国史前的黄铜炼制技术并没有留传和发展起来，在其后的夏、商、周三代乃至于汉代，都只见青铜的辉煌，黄铜冶炼至今没有发现一丝踪迹。东汉以后，黄铜伴随着佛教从西域传来，使得在相当长的时期内（大约从魏晋南北朝到五代），我国都从西域获得黄铜（鍮石）。我国古代有据可凭的炼制黄铜的活动是从公元 10 世纪（五代末至北宋）开始的，但即便至此，黄铜炼制在很大程度上也只是金丹术士们从事的一种活动，并没有作为一种冶金技术加以发展。明代中叶以后，黄铜铸币的产生与发展，有力地推动了中国黄铜冶炼技术的发展，并

---

[1]　本部分引自周卫荣：《黄铜冶铸技术在中国的产生与发展》，《故宫学术季刊》2000年第 18 卷第 1 期。

[2]　半坡博物馆、陕西省考古研究所、临潼县博物馆：《姜寨——新石器时代遗址发掘报告》，文物出版社，1988 年，第 148 页。

[3]　中国社会科学院考古研究所：《胶县三里河》，文物出版社，1988 年，第 196—199 页。

对炼锌技术的最终产生，起了不可忽视的促进作用。从整体的发展过程来看，黄铜冶铸在中国可分为四个阶段，即：①偶发性黄铜期；②外来黄铜期；③矿炼黄铜期；④单质锌黄铜期。

一、偶发性黄铜

1973 年，陕西省西安半坡博物馆姜寨遗址考古队在陕西临潼姜寨仰韶文化一期遗址中发现了两件铜质器物。一件是圆形薄片（标本 T74F29：15），已残缺成半圆形，直径 4.8、厚 0.1 厘米（图 6-1）。经检测，成分为铜 66.54%、锌 25.56%、锡 0.87%、铅 5.92%、硫 0.8%、铁 1.11%；金相组织为带轻微树枝状晶偏析的 Cu-Zn α 相，系铸态组织。另一件是管状物（标本 T259③：39），系由铜片卷成，残长 50、直径 4 毫米（图 6-2），经扫描电子显微镜 X 射线能谱仪半定量分析，含铜 69%、锌 32%、铁 0.5% 及硫 0.5%—0.6%[1]。显然，这两件器物都是典型的黄铜合金，这也是至今为止在我国所发现的最早的金属制器，年代为公元前 4700—前 4000 年[2]。此后，1974 年山东胶县三里河龙山文化遗址（公元前 2300—前 1800 年）又出土了两截黄铜质锥形物，含锌量为 20.2%—26.4%[3]（图 6-3）。这两处的发现，不仅在我国是最早的黄铜实物，也是迄今世界上所发现的较早的冶炼黄铜，特别是姜寨的黄铜器，在世界上也属于最早的人工冶炼金属制器之一，其在人类文明史上的意义无疑是十分重大的。

图 6-1　临潼姜寨出土圆形黄铜薄片

图 6-2　临潼姜寨出土圆形黄铜管

［1］ 半坡博物馆、陕西省考古研究所、临潼县博物馆：《姜寨——新石器时代遗址发掘报告》，文物出版社，1988 年，第 148 页。

［2］ 文物编辑委员会：《文物考古工作十年（1979—1989）》，文物出版社，1991 年，第 296 页。

［3］ 中国社会科学院考古研究所：《胶县三里河》，文物出版社，1988 年，第 196—199 页。

图 6-3　胶县三里河出土黄铜锥形物

　　然而，这种早期的黄铜炼制技术并没有发展起来，在此后的两千余年中，我国经历了辉煌的青铜时代，从夏商周三代到秦汉，铜和青铜制器无数，可至今为止尚未发现一件是黄铜质的，黄铜在中国绝迹了[1]。因此，可以这么说，不管我国史前的黄铜是怎样获得的，有一点是可以肯定的，即这种技术并没有被认识和掌握，更没有得到发展并流传下来；这些早期的黄铜只是一种偶发性的产物，并不是作为一种冶金技术积累、发展的结晶[2]。

　　这一时期的黄铜器，从合金成分上来说当属于含杂质较多的多元黄铜，除了基本合金元素锌外，常见的铅、锡、铁等成分都有，这是中国古代黄铜的一个特点，也是其直接源于矿物烧制活动的一个证明。从制作工艺来看，属于简单浇铸，当系后来青铜时代范铸工艺的雏形。

二、外 来 黄 铜

　　东汉以后，随着佛教的传入，中西交通的拓展，黄铜也由西域国家引入我国。

　　在元代以前，今天所称的黄铜并不叫黄铜，而是称鍮石（鍮䥑、鋀䥑）或鍮。据考查，现存古籍中，汉以后方见有关鍮石的记载，早期多见于佛书，三国时月支国支谦所译佛典《佛说阿难四事经》中说："世人愚惑，心存颠倒，自欺自误，犹以金价买鍮铜也。"[3]东晋安帝隆安年间（公元 397—401 年）鸠摩罗什

[1]　据笔者考查，国内外已报道的个别含锌较高的器物，不是器物本身之真伪有问题就是分析的方法有问题；另参见 W. T. Chase, *Zinc in Chinese Bronzes*，"中国古代青铜技术"国际学术讨论会论文，1997 年 12 月 5—6 日，上海博物馆。

[2]　学术界有一种看法，认为我国史前的黄铜冶铸技术之所以没有发展起来，是因为青铜冶铸技术的迅速发展和发达，也就是说，青铜技术抑制了黄铜冶炼的发展。这一观点似乎有一定的道理，但其忽略了一个事实，即在青铜冶炼兴盛之前，并没有出现一个比较普遍使用黄铜的时期；考古遗址、遗物中也没有发现任何青铜替代黄铜的迹象。

[3]　载《大正大藏经》卷 14，第 757 页。

译之《妙法莲华经》中也提到鍮石一词。一般的汉文文献中，据北宋李昉《太平御览》引三国魏人钟会《刍荛论》说："夫莠生似禾，鍮石像金。"东晋王嘉《拾遗记》说：后赵武帝"石虎……又为四时浴室，用鍮石、珷玞为堤岸，或以琥珀为瓶杓"[1]。梁宗懔《荆楚岁时记》云：荆楚"七月七日……是夕人家妇女结彩缕、穿七孔针，或以金、银、鍮石为针"。然而，一直到隋，鍮石的记载都十分稀少；鍮石一般多用于佛事或贵族装饰物。唐以后，鍮石的记载稍多，但仍与金银并列，《新唐书·舆服志》载："（高宗）上元元年制定：六、七品用银带，八、九品用鍮石带，庶人用铜铁带。"又《新唐书·食货志》云："（文宗）大和三年，诏佛像以铅、锡、土、木为之，饰带以金、银、鍮石……"

在相当长的时期内，鍮石是中西交通、丝路贸易中的主要西来物品，吐鲁番出土文书中有不少鍮石交易的记载，如哈拉和卓90号墓（公元5世纪）出土的一残帐上记有"归买鍮石……毯百八十张……诸将绵"[2]，阿斯塔那514号墓所出文书载"翟萨畔买香五百七十二斤，鍮石叁拾"[3]。至唐代，敦煌文献中关于鍮石及其贸易的记录更为常见，如：伯希和收藏敦煌文书第2613《唐咸通十四年沙州某寺交割常住物等点检历》载"鍮石香宝子贰"，第4004《庚子后某寺交割常住什物点检历》载"新造鍮石莲花贰并座具全……新造鍮石金渡香炉壹柄"，第2596《癸酉年二月沙州莲台寺诸家散施历状》载"鍮石瓶子一双，鍮石钗子六十四只"[4]，等等。不仅如此，鍮石还是隋唐时期西域国家进献中国的重要贡品。《隋书·西域传》载波斯盛产"……金刚、金、银、鍮石、铜、镔铁、锡……波斯每遣使贡献"[5]。唐朝中亚两河流域的九姓胡进贡唐帝国的贡品清单中也列有鍮石[6]。鍮石实物，近年来在丝绸之路上也有出土发现，如：1983年在青海都兰8至9世纪的吐蕃墓中发现了5件鍮石器物[7]（图6-4），1995年在新疆罗

---

[1]（晋）王嘉：《拾遗记》，上海书局，1981年，第217页。

[2] 国家文物局古文献研究室、新疆维吾尔自治区博物馆、武汉大学历史系编：《吐鲁番出土文书》（第2册），文物出版社，1981年，第24页。

[3] 国家文物局古文献研究室、新疆维吾尔自治区博物馆、武汉大学历史系编：《吐鲁番出土文书》（第3册），文物出版社，1981年，第318页。

[4] 转引自姜伯勤：《敦煌吐鲁番文书与丝绸之路》，文物出版社，1994年，第67、68页。

[5]（唐）魏徵、令狐德棻：《隋书·西域传》，中华书局，1973年，第1856页。

[6] 蔡鸿生：《唐代九姓胡贡品分析》，《文史》1988年第31期。

[7] 李秀辉、韩汝玢：《青海都兰吐蕃墓葬出土金属文物的研究》，《自然科学史研究》1992年第11卷第3期。

布泊西侧营盘墓地（汉晋时期）发现 3 件鍮石器[1]。

五代以后，西夏的崛起阻断了内地与西域的交往，鍮石的西来也随着中西贸易的衰落而基本中断[2]。

图 6-4 青海都兰出土鍮石器物

外来黄铜的炼制，慧琳《一切经音义》卷 39 说 "西域以铜铁杂药合为之"、卷 60 说 "西戎蕃国药炼铜所成"。所谓得药，即指锌矿炉甘石，这种用铜和锌矿直接冶炼黄铜的做法在罗马帝国的奥古斯丁（Augustine）时代已经很流行[3]。这种外来黄铜的成分，根据李秀辉等人对青海都兰吐蕃墓和新疆营盘墓地出土鍮石器的分析，锌含量在 17%—30%，并含有 3%—9% 不等的铅及少量铁杂质，有的还含有少量银和锑等元素[4]，充分体现了矿炼黄铜的特点。

三、矿 炼 黄 铜

五代以后，就在丝路贸易受阻、西来鍮石被阻断的同时，中国又找回了已丢失数千年的炼制黄铜的方法。

就现有的资料来看，我国大约是从五代到宋这一时期摸索出炼制鍮石的方法的。首先掌握这一方法的是追求长生不死药的炼丹家们，他们在长期从事金属和矿物的实验中，终于摸索出了用炉甘石和赤铜炼制鍮石的方法。根据赵匡华的考证，到目前为止，有关这一技艺的文字记载最早见于五代末至宋初的《日华子点庚法》[5]，其原文如下：

百炼赤铜一斤，太原炉甘石一斤，细研，水飞过石一两，搅匀，铁

---

[1] 李文瑛、周金玲：《营盘墓地的考古发现与研究》，《新疆文物》1998 年第 1 期。

[2] 宋代，偶尔也有西域国来贡鍮石，参见《宋史·列传第二百四十九·外国六·龟兹》，中华书局，1985 年，第 14116 页。

[3] R. F. Tylecote. *A History of Metallurgy*. The Metals Society, London, 1976, pp. 59-61.

[4] 李秀辉、韩汝玢：《青海都兰吐蕃墓葬出土金属文物的研究》，《自然科学史研究》1992 年第 11 卷第 3 期；营盘墓地出土鍮石器的合金成分待发。

[5] 日华子，五代末至宋初的炼丹家和医药学家，《日华子点庚法》收于宋人汇辑的《诸家神品丹法》卷 6，见《道藏》洞神部众术类，总第 594 册。

合内固济阴干，用木炭八斤，风炉内自辰时下火，煅二日夜足，冷取出，再入气炉内煅，急扇三时辰，取出打开，去泥，水洗其物，颗颗如鸡冠色。

这里，虽然炼丹家的言语有点含混，但显然是记载了一个很好的用炉甘石和红铜炼制黄铜的过程，其化学反应式如下：

$$Cu+ZnCO_3 \xrightarrow{煅烧} Cu + ZnO \xrightarrow{C} Cu\text{-}Zn（黄铜）$$

在这一过程中，炉甘石的作用是最为关键的，所以，宋元时期的方士们把其比作神药，尊其为"炉先生"[1]。不过，文中所谓的"鸡冠色"，当是指金黄色鸡冠，而不应是橘红色。

其后不久，方士崔昉[2]《外丹本草》即有简明记述："用铜一斤，炉甘石一斤，炼之即成鍮石一斤半。"[3]

大约在宋真宗时期（公元 998—1022 年），这种用赤铜和炉甘石炼制鍮石的方法开始从方士手中传到民间。《宋会要辑稿·食货三四》载："景德三年（1006年），神骑卒赵荣伐登闻鼓言，能以药点铜为鍮石。帝曰：民间无铜，皆镕钱为之，此术甚无谓也。诏禁止之，其来自外番者，不在此限。"[4]宋李焘《续资治通鉴长编》卷71 也说"（大中祥符二年）民间多熔钱点药以为鍮石，销毁货币，滋民奸盗，命有司议定科禁，请以犯铜法论"[5]。可见，一直到宋代黄铜在我国都是稀罕之物。

但是，在此后的相当长的时期内，鍮石炼制在中国并没有得到相应的发展，究其原因，可能正如上引文献所述，与朝廷的禁令有关。我国古代在汉以后的大多数时期内，政府普遍采用在民间禁铜的政策；隋唐以后，又禁民间用鍮。民间既无铜又禁用鍮，这种源于民间（首先是炼丹家和炼金术士）的炼鍮技术自然就难以得到发展。

入元以后，作为铜锌合金，鍮石这个外来词逐渐被放弃，而代之以黄铜的称谓，如元人所撰《格物粗谈》一书，有的地方用"鍮石"："铜器或鍮石上青，以

---

[1]（明）李时珍：《本草纲目·炉甘石》卷 9，上海古籍出版社，1991 年，第 664 页。

[2] 字晦叔，号文真子，宋仁宗时曾在湖南为官。参见《道藏》总第 602、603 册。

[3]（明）李时珍：《本草纲目·炉甘石》卷 9，上海古籍出版社，1991 年，第 664 页。

[4]（清）徐松：《宋会要辑稿·食货三四》第 138 册，中华书局，1997 年，第 5404 页。

[5]（宋）李焘撰：《续资治通鉴长编》卷 71（第 1 册），上海古籍出版社影印，1986年，第 622 页。

醋浸过（夜），洗之自落。"有的地方用黄铜："赤铜入炉甘石炼为黄铜，其色如金。"[1]而在李时珍《本草纲目》中，鍮石就已经是一个历史名词了，其曰："炉甘石……赤铜得之，即变为黄，今之黄铜皆此物点化也。"[2]明代以后成为专称，而不再称鍮石。

但是，并不是说我国古代在元以前就没有"黄铜"的称谓，就文献记载来看，早在西汉初期东方朔的《神异经》中就谈到了"黄铜"，其《中荒经》曰"西北有宫，黄铜为墙，题曰地皇之宫"；又说"西南裔外老寿山以黄铜为墙"。但其所说的黄铜不可能是现在意义上的黄铜，当是指略带黄色的青铜。青铜在含锡量不是很高时颜色多发黄[3]，而我国古代用青铜作建筑材料是经常有的。这应是古人（元以前）所说"黄铜"多数情况下的含义。另外，在宋代，为了与由胆水所炼的赤铜即所谓的胆铜相区别[4]，常把由黄色铜矿（黄铜矿 $CuFeS_2$ 等硫化铜矿多呈黄色）火法冶炼所得之赤铜称作黄铜。如《宋史·志第一百三十三·食货下二》载："（庆历初）军兴，陕西移用不足……采洛南县红崖山、虢州青水冶青铜，置阜民、朱阳二监铸钱……而陕西复采仪州竹尖岭黄铜，置博济监铸大钱。"这里所谓的"青水冶青铜"即是胆水炼铜，而"复采仪州竹尖岭黄铜"显然是指火法炼铜。又如《宋会要辑稿·食货卷三三》载"……饶州兴利场胆铜五万一千二十九斤八两；信州铅山场胆铜三十八万斤；宝丰场黄铜二千斤；池州铜陵县胆铜一千三百九十八斤；兴国军大冶县黄铜一千四百斤；韶州岑水场黄铜三百一十六万三千七百斤，胆铜八十万斤……"这在李心传《建炎以来系年要录》中有更清楚的表述，其卷一四八记载：绍兴十三年闰四月，"其后岁收铜二十（六）万斤，洞川府、兴、利、饶、信、池、潭、连、韶、汀、建、南剑州、邵武军凡十四场，总二十六万三千一百六十九斤九两，系胆、黄二色"。所以，不能简单地把文献中提到的黄铜与现代概念的黄铜混为一谈[5]。

---

[1]（宋）苏轼：《格物粗谈》卷下，引自《丛书集成初编》，第1344册，中华书局，1983年，第27、37页。

[2]（明）李时珍：《本草纲目·炉甘石》卷9，上海古籍出版社，1991年，第664页。

[3] 青铜并不是人们通常所说的青色，一般来说，它的颜色随着含锡量的增加，由棕变黄、变白。当含锡量超过10%后，常呈白色。

[4] 胆水即硫酸铜溶液。

[5] 钱币界常有人说，史书中有宋代用黄铜铸钱的记载，所谓的"记载"可能就是指这些。

四、单质锌黄铜

黄铜冶铸至天启年产生了新的飞跃，那就是单质锌黄铜（sheltering brass）的广泛使用。

中国古代，单质锌黄铜的出现与单质锌的出现不是同步的，之间明显地存在着一段滞后期，也就是说在单质锌提炼成功之后，并没有马上用于配炼黄铜，对此，宋应星《天工开物》有这样的记述："凡红铜升黄为锤锻用者，……以泥瓦罐载铜十斤，继入炉甘石六斤，坐于炉内，自然熔化，后人因炉甘石烟洪飞损，改用倭铅……"[1]

中国古代单质锌的冶炼萌生于明嘉靖年间，形成于明万历年间，是在长期的矿炼黄铜的实践中产生并发展起来的[2]，但把它用于配制黄铜，则是从天启年开始的。

明嘉靖以后，由于铜钱从青铜转向了黄铜，因此，黄铜在中国使用最多、也对冶与铸要求最讲究的就是铸钱业。从文献记载来看，这一时期有关铸钱原料的记述存在一个明显的分界，即在天启年以前，铸钱原料皆言铜（黄铜）、锡若干，而在天启以后，则转变为铜、铅（窝铅）若干。如《续文献通考·钱币五》载："（天启）三年正月，四川巡按温皋谟条议蜀中钱法……蜀与滇邻，铜所聚也，向所鼓铸之钱，缘不肖有司克铜添铅，低假难用……"又"至三年九月，御史游凤翔言：……旧制铜七铅三，今且铜铅对掺，故钱色不黄而白，又减去斤两，致钱千文只重五斤四两，是取之铜与铅者，又不知若干文矣。"[3]这与上文中有关嘉靖和万历年间的铸钱料例的记述形成鲜明的对照。不仅如此，通过元素分析还找到了这两种不同黄铜原料制钱的内在差异，即天启年以前的黄铜钱与天启年以后的黄铜钱在微量元素镉的含量上有着明显的不同：前者镉含量较低，一般都在10ppm以下，而后者则要远远超过这一数值[4]；并且，业已发现，这一特征也存

---

[1] （明）宋应星，钟广言注释：《天工开物·五金·铜》，广东人民出版社，1976年，第357页。

[2] 周卫荣：《中国炼锌历史的再考证》，《汉学研究》1996年第14卷第1期，台湾。

[3] 《续文献通考·钱币五》卷11。

[4] 周卫荣、樊祥熹、何琳：《中国古代使用单质锌黄铜的实验证据——兼与 M. R. Cowell 商榷》，《自然科学史研究》1994年第13卷第1期。

在于这一时期的佛像、香炉、钟等其他类型的黄铜器物中[1]。由于黄铜合金中镉元素是随锌元素而来，因此，这一特征的显现，显然表征了黄铜中锌元素来源的不同。

锌和镉在元素周期中是相邻的同族元素（IIB），根据自然界中矿物共生原理，锌矿通常都伴有含量不等的共生镉矿。在矿炼黄铜时期，黄铜是在开放的炼炉中用锌矿点炼红铜而来，由于"炉甘石烟洪飞损"大，再加上镉的沸点比锌还低（镉的沸点是 76.5℃，锌为 907.5℃），容易挥发，因此，很难保留下来。但如果采用单质锌配制黄铜，由于我国古代的锌是采用蒸馏法制得，在冶炼中有一个冷凝过程，因此，镉元素同样容易被保留下来，而随金属锌进入黄铜合金。所以，从冶金史的角度综合考察上述两方面的资料，不难推出天启年开始大规模用单质锌配炼黄铜的结论[2]。

单质锌黄铜的大量生产，标志着中国古代的黄铜铸造进一步走向成熟。

第二节　黄铜铸钱的源流

中国古代黄铜的使用，到明代中期发生了重大转折，那就是用黄铜铸造流通货币——制钱，这极大地推动了黄铜冶炼的发展。

我国古代何时开始将黄铜用于铸钱的问题，在学术界曾长期有所争论。20世纪一二十年代，章鸿钊先生根据《汉书·食货志》"王莽居摄，变汉制，铸作钱布皆用铜，淆以连锡"的记载和他的几枚莽钱的分析数据提出，汉代的"连"即是锌，汉代已经有铜锌合金（即黄铜）钱了[3]。后来，又有报道说，有一枚宋代绍圣钱，化验结果是：铜 55.49%、铅 25.80%、锡 3.07%、锌 13.15%（注：所化验之绍圣钱极有可能是安南所铸的）。于是，章先生进一步指出：《宋史·食货志》记载的"初，蔡京主行夹锡钱。……每缗用铜八斤，黑锡半之，白锡又半之"，其中的"白锡"即是锌。这些结果使得学术界不少同志相信，至迟到宋代

---

[1]　Zhou Weirong, Fan Xiangxi. Application of Zinc and Cadmium for the Dating and Authenticating of Metal Relics in Ancient China, *Bulletin of the Metals Museum*, Vol. 22, (1994-II), pp. 16-21.

[2]　周卫荣、樊祥熹：《中国古代黄铜铸钱历程研究》，《亚洲科技与文明》，香港明报出版社，1995 年，第 218—234 页。

[3]　章鸿钊：《再述中国用锌的起源》，《科学》1925 年第 9 卷第 9 期。

肯定已将金属锌用于铸钱，也就是说有黄铜钱了。近年来，有学者对这一问题进行了从文献到实物的一系列的研究考证[1]，证实所谓汉代的"连"实际上即是铅，这里所说的王莽变"汉制"变的是币制，而不是币材，莽钱仍然是铜、铅、锡合金的青铜钱而不是黄铜钱；《宋史·食货志》中的"白锡"就是锡，"黑锡"即是铅，宋钱也是铜、铅、锡合金的青铜钱，所谓汉代的黄铜钱和宋代的黄铜钱都是没有根据的。事实上直到宋代，黄铜仍是非常稀贵的宝货，经常有人违犯禁令，冒杀头之罪去"熔钱点鍮"，怎可能倒过来用黄铜去铸钱呢？[2]

再者，在中国古代，几乎每个朝代对铸钱的合金材料都有明确的规定，汉代即有文献记载："……铸作钱布皆用铜，殽以连锡。"[3] 宋代的铸钱用料是："凡铸钱用铜三斤十两，铅一斤八两，锡八两，得钱千，重五斤（火耗十两）……"[4] 明代前期尽管没有明确的用料则例，但基本上是遵照前代的惯例[5]。弘治十八年，有一则官方料倒："铜一斤配好锡二两。"[6] 正德（公元 1506—1521 年）初，南京户部尚书郑纪在其《疏通钱法疏》中的奏文中仍言："臣闻铸钱之法，每铸料一百斤，用薄饼南铜七十五斤，黑铅二十五斤，加番锡三、四斤……"[7]（但正德年间并没有铸行铜钱）。可见，直到 1521 年，中国的制钱都是青铜钱，我们的分析表明，直到弘治年间，铜钱中的合金元素都主要是铅和锡，锌的浓度很低。典型的铅 10%—20%、锡 6%—10%、锌 0.1%；仅有两个试样含锌量超过了 1%。

最早将黄铜用于铸钱，是在明代中期，这不仅有明确的文献依据，而且有大量的实物为证。其中，最早的黄铜钱是嘉靖通宝（图 6-5）；而《明会典》所载"嘉靖中则例：通宝钱六百万文，合用二火黄铜四万七千二百七十二斤，水

图 6-5　嘉靖通宝

［1］周卫荣：《中国古代用锌历史新探》，《自然科学史研究》1991 年第 10 卷第 3 期。

［2］Zhou Weirong, Fan Xiangxi. A Study on the Development of Brass for Coinage in China, *Bulletin of the Metals Museum*, Vol. 20, (1993-II), pp. 35-45.

［3］《汉书·食货志》。

［4］《宋史·食货志》。

［5］《明史·食货志》。

［6］《明史·食货志》。

［7］见《东园文集》卷 3，《四库全书·别集类》。

锡四千七百二十八斤……"这里"水锡"就是锡[1];"二火黄铜"是指这种黄铜是用炉甘石(calamine $ZnCO_3$)两次点化红铜所得的黄铜,亦即所谓的矿炼黄铜(cementation brass)[2]。显然已明文规定用黄铜铸钱了。实物的分析结果亦证实了这一点;明钱自嘉庆通宝始,含锌量猛增到百分之十几、二十几,明显地高于铅和锡的含量,因此文献和实物两方面的材料都表明:明代从嘉靖年起采用了新的铸钱材料,即用黄铜铸钱。这是中国古代铸钱史上的一个划时代的转折。但是这一记载只是指嘉靖中,并没有道明是从何年开始的。就实物分析的结果来看,嘉靖年的制钱也并非都用黄铜铸造,也有基本上不含锌的青铜制钱。这一转变究竟是从哪一年开始的呢?

嘉靖朝历四十五年,其间曾多次铸钱。《续文献通考》载:"嘉靖三十二年十一月谕工部铸造洪武至正德纪元九号钱。每号一百万锭,嘉靖纪元号一千万锭,每锭五千文。内工部六分,南京公布四分,各分铸……是年定例,令黄铜照例行,户部买办锡麻等料……"根据《明史》《明会要》等的记载,嘉靖六年、七年、二十三年都规定铸制钱,但都不见有定则例的,唯见三十二年言定例,并且首提用黄铜铸钱;又按《明会典》的记载:"(嘉靖)三十二年照新式铸钱",对照上引"嘉靖中则侧",嘉靖年的则例当为嘉靖三十二年制定,由是开始用黄铜铸钱。

关于嘉靖年用黄铜铸钱的时间,还有一个材料可以参证。《明会典》载:"(嘉靖)三十四年题准云南铸钱,每年扣发留该省盐课银二万两,就近买料雇匠鼓铸嘉靖通宝钱,年额三千三百一万二千文……"顾祖禹《读史方舆纪要》载:"(云南)临安府,木角甸山,在州东百三十里,地名备乐村,产炉甘石,旧封闭,嘉靖中,开局铸钱,取以入铜,自是复启。"云南在嘉靖年间是自嘉靖三十四年开局铸钱的[3],顾氏所言嘉靖中开局铸钱,当即指嘉靖三十四年用炉甘石入铜铸钱,分明是用黄铜铸钱了,这一时间,与前述朝廷定例相去只两年。当是最早的有关黄铜铸钱的可信记录。

由上述分析可知,明自嘉靖三十二年起,朝廷定制用黄铜铸钱;实际情况,云南地方三十四年也已肯定用黄铜铸钱了。但是应当估计到,一项技术的成熟与推广应用不会是突然的,必然存在一个逐步发展的过程,少数弘治钱已有较高的

---

[1] 周卫荣:《我国古代黄铜铸钱考略》,《文物春秋》1991年第2期。

[2] 赵匡华、周卫荣:《明代铜钱化学成分剖析》,《自然科学史研究》1988年第7卷第1期。

[3] 参见师范《滇系》;尹继善等修,靖道汉等纂《云南通志·课程》。

含锌量或许正是表明了这一点。

然而，大英博物馆的鲍曼和考威尔等人则认为，"中国古代由黄铜代替青铜铸钱的转变发生在 16 世纪初期，特别是弘治后期 1503—1505 年"[1]。其根据是：

（1）弘治钱中发现有含锌量达 10% 左右；

（2）《明会典》和《续文献通考·钱币》记载："（弘治十八年铸钱）铜一斤加好锡二两"，他们认为这里的"好锡"就是锌。

其一，这里的"好锡"不是锌，而是锡，理由是在明代锌的名称只与"铅"有关，称"倭铅""窝铅"，有的场合也简称"铅"，从未有见与"锡"有关联的，这里所谓的"好锡"就是上等锡，即品质好的锡，并无他意。这种在金属名称前加溢美之词的情况在中国古代是经常有的，类似的名称还有"高锡""白锡""水锡"等。所谓的"好锡"是指锡，而与锌无关。他们显然是误解了"好锡"的意思。再者，按照上述规定，弘治钱中铜与"好锡"之比为 8∶1，这一比例，无论是对分析的弘治钱还是鲍曼等分析的弘治钱，都只与铜锡比相符（有的符合得很好，有的近似），而与铜锌比悬殊。

其二，无论是国内还是国外，至今为止所分析的弘治钱，锌含量大都低于 1%，只有个别达 10%[2]。

其三，在有关明代文献中，只有到嘉靖年以后，方见有用黄铜铸钱的记载，而在这之前，官方的规定都是用铜、锡、铅铸钱。这一点上文已经陈述。

因此，中国使用黄铜铸钱的时间应当定为嘉靖年比较妥当，至于个别含锌弘治钱的出现，可视为用黄铜铸钱这一重大转变即将到来的前兆。

从文献记录和实物的分析成分来看，明代用黄铜铸钱，起初是从无意识开始的。人们选用黄铜，并没有完全意识到它是一种新型的具有良好铸造性能的合金材料，而很可能是受铜料匮乏之困的结果。

首先，官方则例明文规定"黄铜与锡配铸"。按照上文所引文献，嘉靖年间的则例黄铜与锡之比为 10∶1。如此用料铸钱，显然是不了解黄铜的性质。黄铜

---

[1] S. G. E. Bowman, et al. Two Thousand Years of Coinage in China: An Analytical Survey, *Historical Metallurgy* (JHMS), 1989, 23(1), pp. 25-30; M. R. Cowell, et al. The Chinese Cash: Composition and Production, *Metallurgy in Nimismatics III*, London, 1993, pp. 185-198.

[2] S. G. E. Bowman, et al. Two Thousand Years of Coinage in China: An Analytical Survey, *Historical Metallurgy* (JHMS), 1989, 23(1), pp. 25-30; M. R. Cowell, et al. The Chinese Cash: Composition and Production, *Metallurgy in Nimismatics III*, London, 1993, pp. 185-198.

与铜不一样，其本身就具有良好的铸造性能，根本无需加锡；配加如此大量的锡，不仅多余，而且对铸币的质量有害无益（这也是为什么嘉靖钱大都锈蚀严重、质量欠佳的原因），更何况锡在明代委实属紧俏物资，常常仰仗从南洋进口。到万历年，情况逐渐变化。首先是锡的用量下降了，按《明会典》万历中则例："金背钱一万文合用四火黄铜八十五斤八两六钱一分三厘一毫，水锡五斤一十一两二钱四分八毫八丝……火漆钱一万文合用二火黄铜、水锡，斤两同前。"黄铜与锡之比降为 15∶1。再后来，就彻底不加锡了。据《春明梦余录》卷四十七（《天府广记》卷二十二）"宝源局"条下的记载："工部条议：铸钱必用水锡者，以铜性燥烈，非用锡引则积角不整，字书不明，倘有四火黄铜，则水锡乃不需之物。"四火黄铜，含锌量较高的黄铜[1]；水锡即锡[2]。这些记载与今天实物分析的结果正相符合，即由嘉靖钱到万历钱，含锡量逐渐下降，直至最后消失。这一状况清晰地反映了人们在用黄铜铸钱后，在铸钱实践中，随着经验的积累，逐步认识到了黄铜具有不同于红铜的良好的铸造性能："倘有四火黄铜，则水锡乃不需之物。"

其次，从早期铸钱黄铜的制作和使用来看，当时铸钱工匠（技师）也没有把黄铜当作一种新型的合金来对待。

嘉靖、万历年的铸钱黄铜有两个特点：

（1）黄铜是由锌矿炉甘石"点化"红铜而来，即所谓的矿炼黄铜（cementation brass），而不是用金属锌与铜熔炼而来。

（2）黄铜的制备不是在铸钱局，而是在有关的矿场。按户、工两部规定，各地直接收买黄铜铸造。如《续文献通考·钱币五》曰："（万历）二十八年三月发宝源局样钱，令湖广如式铸造……务采四火黄铜依样铸造。"《工部厂库须知》卷之七"宝源局"载："本部每季铸解太仓钱一百五十万文………户部关领铜价办四火黄铜四万五百斤……水锡二千五百六十六斤二两三钱九分……"张溥在《国朝经济录》中讲得更清楚："万历初，从科臣议，行天下省直一体开铸，与在所旧钱兼行，降钱式……许借官币银于州县收买黄铜鼓铸，其红铜升点成黄而用之。"

钱局铸钱也仍把黄铜与以前的红铜一样对待，铸钱时不仅按规定配锡，而且

---

［1］　赵匡华、周卫荣：《明代铜钱化学成分剖析》，《自然科学史研究》1988 年第 7 卷第 1 期。

［2］　周卫荣：《"水锡"考辨》，《文物春秋》1992 年第 3 期。

还配加铅。人们在讲述铸钱用料时，常常也照旧称铜、锡若干，如《工部厂库须知》和《明会典》载"（嘉靖）四十二年题准，每钱一千文，旧重七斤八两，今重八斤。每铜五万斤、锡五千斤铸钱六百万文，共重四万八千斤，除耗四千斤，仍扣剩铜锡三千斤……"与前引嘉靖中则例加以对照即知，这两者的规定实际上是一回事：同是铸六百万文钱，共用铜锡 52000 斤（此 55000—3000＝则例 47272＋4728），铜锡比也同是 10：1（此 50000：5000＝则例 47272：4728）。所以，这里记的"铜"实际上是黄铜。又如万历二十六年给事中郝敬条议钱法十四事："……三曰……每铜加锡一斤铸钱一百三十文有奇。铜锡验勘原解足色下火……四曰……其铸法，每铜一斤和锡数两则钱色光润，宜于该省出锡地方每岁酌量派徵本色锡若干解赴钱运司收贮，照数转给，每给铜一百斤搭锡若干斤……"显然，这里也把黄铜省称铜了，因为万历年已不再有青铜钱了。另外，铸钱用铅而不言铅，也是沿袭以前的则例习惯。

再从黄铜铸钱发生的背景来看，此举很可能是铜料匮乏情况下的抉择。

《续文献通考》载："（嘉靖）三十二年十一月谕工部铸造洪武至正德纪元九号钱，每号一百万锭，嘉靖纪元号一千万锭，每锭五千文。内工部六分，南京工部四分，各分铸……是年定例，令黄铜照例行，户部买办锡麻等料……"

根据文献的记载，嘉靖六年、七年、二十三年都规定铸币，但都不见有定则例的，唯见三十二年言定例，并且首提用黄铜铸钱。又据《明会典》的记载"（嘉靖三十二年）照新式铸洪武至正德纪元九号钱……"讲明三十二年是照新式铸钱，因此，上述所谓的"嘉靖中则例"很可能即是嘉靖三十二年制定的，由是开启将黄铜用于铸钱。明代，由于矿产资源匮乏，"我朝坑冶之利，比前代不及什之一二"[1]，所以，自洪武至正德铸钱都很少。然而，嘉靖三十二年下谕要铸一千九百万锭钱，这必然带来铜料的紧张。因此，用黄铜铸钱很可能是在这样的背景下产生的。

第三节　黄铜铸钱的成熟与发展

我国古代用黄铜铸钱的起因是为了拓宽铸钱的原料，当时，人们并没有意识到在用一种新型的合金材料，所以，仍按红铜一样对待，铸币时继续配加铅锡。

---

[1] 邱浚《大学衍义补》卷二十九《山泽之利》下。钱币界常有人说，文献中有宋代用黄铜铸钱的记载，所谓的"记载"可能就是这些。

因此，就合金的本质严格来说，早期的黄铜钱有点既非青铜也非黄铜，明显地带有过渡性质；但这并不能否认嘉靖年已经用黄铜铸钱的事实，因为用黄铜铸钱是一回事，是否为纯黄铜钱又是一回事。万历后期，大量使用四火黄铜铸钱而不再用锡，标志着我国古代黄铜铸钱开始走向成熟。

然而，纵观整个万历时期，铸钱黄铜的制备都是用炉甘石"点化"法，也就是矿炼黄铜，而非金属锌熔炼。这一古老的传统方法制备黄铜有两个缺点，一是污染严重、损耗大，二是含锌量难以控制，因此，很不便于黄铜铸钱的进一步提高与发展。这一情况大约在天启初年发生了转变。

从文献记载来看，天启年以后的铸钱用料与其前的嘉靖、万历截然不同，再不提铜（黄铜）、锡若干，而直言铜（黄铜）、铅（窝铅）若干。如《续文献通考·钱币五》载："（天启）三年正月，四川巡按温皋谟条议蜀中钱……蜀与滇邻，铜所聚也，向所鼓铸之钱，缘不肖有司克铜添铅，低假难用……"又"至三年九月，御史游凤翔言：……旧制铜七铅三，今且铜铅对掺，故钱色不黄而白，又减去斤两，致钱千文只重五斤四两，是取之铜与铅者，又不知若干文矣。"这里的"铅"肯定是指"窝铅"，即锌。因为，明代至此铸钱是很少用铅的，并且明代铸钱用铅也从不言铅，而金属锌（窝铅）的生产已经开始，且常常省称为"铅"[1]。到崇祯年间，文献中的记载更加明白，崇祯三年户部尚书侯恂陈鼓铸事宜八条中说："据今见行配铸则例，每红铜五十七斤入窝铅四十三斤，作黄铜一百斤。"[2]

大英博物馆的麦克·考维尔（M. R. Cowell）[3]和我们都注意到，中国古代铜钱中的镉含量在1621年（明天启元年）有一个明显的分界，在这以前，铜钱中的镉含量大都测不出来，即使测出来也从不超过0.002%，而在这以后，镉含量则明显增高（尽管还在痕量元素水平），有的甚至达0.01%。这应是天启元年开始普遍使用单质锌配铜铸钱的实验证据[4]。因为，镉和锌在周期表中为同族元素（IIB），锌矿常伴有少量共生镉矿。在1621年以前，由于采用炉甘石点炼法生产

[1] 周卫荣：《中国炼锌历史的再考证》，《汉学研究》1996年第14卷第1期，台湾。

[2] （清）孙承泽《天府广记》卷二十二"宝源局"。

[3] M. R. Cowell, et al. The Chinese Cash: Composition and Production, *Metallurgy in Nimismatics III*, London, 1993, pp. 185-198.

[4] 周卫荣、樊祥熹、何琳：《中国古代使用单质锌黄铜的实验证据》，《自然科学史研究》1994年第13卷第1期。

黄铜，"炉甘石烟洪飞损"大，再加上镉的沸点低，容易挥发，所以很难保留下来；1621 年以后，因是用单质锌配铜铸钱。而锌是用蒸馏法从锌矿中还原出来，有一个冷凝过程，所以镉元素也同样容易被保留下来。

从明天启元年起，我国的黄铜铸钱就已经摆脱了古老的炉甘石点化法生产黄铜，开始了将锌作为一种单一的金属元素配制黄铜的新时代。这表明，至此人们已经对黄铜有了新的更进一步的认识，知道它是金属铜和锌的合金。因此，我们可以说，我国古代的黄铜铸钱至明天启年已臻成熟（图 6-6）。

图 6-6　天启通宝

黄铜，本来是一种不同于青铜的又一种具有良好铸造性能的铜合金，但由于早期的黄铜皆由炉甘石点化铜而来，而我国古代对铜和青铜在日常使用中并不加严格地区分，因此，在矿炼黄铜阶段，黄铜中常常混有铅锡的成分。另一方面，由于用黄铜铸钱伊始，人们只是把它当作一种良铜对待，铸造时还照样配加铅锡。这些因素使得我国古代的工匠，几乎是在铸黄铜钱的伊始就能体会到铅在铸造黄铜中的作用。《明史·食货志》"钱钞"言："（嘉靖）时所铸钱有金背，有火漆，有镟边。议者以铸钱艰难，工匠劳费……于是，铸工竞杂铅锡锉冶……"所以，我国古代的黄铜钱，在万历后期黄铜铸造日趋成熟以后，铅成分还经常不断地存在，这除了有偶然引入等方面的因素外，主要的应是这种技术因素的存在，即黄铜中加铅有助于切削加工。随着实践的不断发展，至乾隆年，人们不但认识到黄铜中铅元素的作用，而且认识到了锡元素的存在对黄铜性能的影响。乾隆五年，"青钱"的铸造就是一个典型的事例。

黄铜铸钱在明晚期已臻成熟，所以清初铸钱基本上是沿袭了明代的做法，即采用崇祯时期的铜七铅（白铅）三或铜六铅四的配比铸造制钱[1]。但雍正以后，一方面，一味追求铸钱数额，常常在正额之外加卯鼓铸；另一方面，铜料（主要为来自日本的洋铜）的供应日益紧张，雍正五年遂改为"铜铅各半配铸制钱"，并大肆搜刮民间铜器以充铜料[2]。乾隆以后，虽然滇铜得到了开发，并逐步承担

---

［1］《清朝文献通考》卷 13《钱币考一》、卷 14《钱币考二》，《清会典事例》卷 214《户部·钱法》、卷 890《工部·鼓铸》。

［2］ 见《清朝文献通考》卷 15《钱币考三》。

起全国铸币的铜料供应，但由于民间铜器先前搜刮殆尽，所以，社会上毁钱做器现象非常严重，制钱常常"铸不敷用"，钱价居高不下。在这种情况下，乾隆五年，浙江布政使张若震奏言："钱价之贵，实由私毁，欲清其弊，当绝其源。访之旧时，炉匠咸云，配合铜铅，加入点锡，即成青钱，设有销毁，但可改造乐器，难作小件，民间无利可图。随令户部试铸，每红铜五十斤，配合白铅四十一斤八两，黑铅六斤八两，再加点锡二斤，共为百斤，即铸成青钱，以所铸钱复投炉内熔成铜斤，锤击即碎，不能打造器皿。"[1] 于是，这一奏章很快得到了批准，并经朝议后，在各省推行。

清朝乾隆年间青钱的合金配比为：铜 50%、锌 41.5%、铅 6.5%、锡 2%。这是一个典型的四元黄铜组成，从冶金学角度来看，这一铸钱用料配比是比较科学的。首先，其锌当量控制在 45% 左右（锌的烧损率按 15% 计，锡的锌当量系数为 +2，铅的当量系数为 +1），按照铸造黄铜的技术要求，基本上达到了在最大限度地降低铸钱成本的同时保证铸币良好合金性能的程度。其次，6.5% 的铅，虽然就黄铜合金而言稍稍偏高了（已开始降低合金的机械性能），但对铸钱来说，组成仍然可行，同时却能进一步降低铸钱的成本和有效地改善铸币的后加工性能。其三，2% 的锡，不仅能在铸币表面形成 SnO_2 保护膜而提高铸币的抗腐蚀能力，而且因其已超过了锡在黄铜中的溶解度（约 1%[2]），在合金组织产生了锡的脆性化合物，从而能起到阻止民间私毁制钱打造器物的作用。这一事例说明，至迟到清乾隆年间，我国已经认识到多元黄铜的性能和作用，掌握了有关技术，并将其应用到实际生产中（图 6-7）。

图 6-7 乾隆通宝

在中国古代，自汉代铁器取代了铜制兵器和工具后，铜的主要的（也是最大的）用途就是铸币。因此，从研究黄铜铸钱发展历程得出的结论，也基本反映了铸造铜合金的发展状况。

---

[1] 见《清朝文献通考》卷 16《钱币考四》。

[2]《铸造有色合金及其熔炼》编写组：《铸造有色合金及其熔炼》，国防工业出版社，1980 年，第 178 页。

附录　中国古代铸钱术语

Appendix: Ancient Chinese Coin Casting Terminology

1. 范围（scope）

本标准规定了描述、研究中国古代铸钱材料、铸钱合金、铸钱工具装备和铸钱工艺等方面的基本术语和定义。

本标准适用于中国古代铸钱研究著作、论文、科普作品的撰写以及文献翻译等。

2. 基本术语（basic terms）

2.1　铸钱（coin casting）　　熔炼金属，制造钱范、砂型，将熔融金属浇入钱范、砂型，凝固后获得具有一定形状、尺寸和性能钱币铸件的成形方法。

2.2　铸钱工艺（coin casting process，coin casting technology）　　应用铸钱的有关经验和知识生产钱币的技术和方法。包括范型材料制备、制范造型、金属熔炼、浇注和凝固控制等。广义上的铸钱工艺包括毛坯钱币的修整加工工艺。

2.3　铸钱工【铸钱匠】（coin caster，coin founder）　　历史上从事钱币铸造的手工业者。

2.4　铸钱作坊（coin foundry）　　历史上铸造钱币的场所。

2.5　模（pattern，model）（mold）　　"模"在历史上演变出两个读音，即mó和mú，分别指不同性质的模范关系。

其一，模读mó时，指模样（pattern，model），是模最初的含义，即拟铸造钱币的样子。在范铸法时代，多指用来模印的祖模、母模、范母，用来翻制钱范，再用钱范铸钱；在翻砂法时代，多指祖钱（雕母）、母钱，用来翻制铸型，再用铸型铸钱。钱模工作流程中不接触熔融金属液，钱范、钱型则要承接熔融金属液来铸钱。模不一定都是阳文，金属范铸钱的石质祖模就是阴文。

其二，模读mú时，指铸范、铸型（mold），直接用来铸造钱币。模mú的读音晚于模 mó 的读音，是后世模范关系淆乱的产物。

2.6　范（mold）　刻制或模印出用来铸造钱币的空腔和浇注系统的铸造材料，用来承接熔融金属液，凝固后开范可获取钱币铸件。范是直接接触熔融金属液来铸钱的铸造器具。历史上的钱范按材质可分为陶范、石范、金属范（铜范、铁范）等。范是范铸法铸钱的核心词。范不一定都是阴文，铸造金属范的陶母范就是阳文。正确的模范关系即模是范之母，范是钱币铸件之母。

2.7　型（mold）　古时"型"与"范"意义相近，是承接熔融金属液制造铸件的铸范。因其土字部首，最初的字义应是陶范。近现代翻砂铸造中，称模印型砂制成的铸型为砂型，即"型"的含义由指古代硬质陶范，变成了指反复打碎使用的软质砂型。古代的模范关系，变成了近现代的模型关系。

2.8　镕【容】（metal mold）　古代铸钱的金属范，按材质主要有青铜范和铁范两类。

2.9　范铸法铸钱（coin casting with hard molds）　用钱范等材料工具铸造钱币的方法和过程。中国古代铸钱分为范铸法铸钱和翻砂法铸钱两个阶段。范铸法铸钱起源于中国古代青铜器范铸，是中国古代铸钱前期阶段的代表性工艺，到南北朝时期被翻砂法铸钱取代。

2.10　翻砂法铸钱（coin casting with sand molds）　用型砂、母钱、浇道模等材料工具制造砂型，来铸造钱币的方法和过程。翻砂法铸钱的核心是母钱翻砂。翻砂法铸钱起源于南北朝时期，是中国古代铸钱后期阶段的主要铸钱工艺。

2.11　钱币铸件【毛坯钱币】（rough coin casting）　带有完整浇注系统和铸钱的钱树，或是从钱树上掰离，带有明显的铸柄茬口和飞翅的铸坯钱币。

2.12　钱炉（furnace of coin casting）　古代铸钱用熔炉，每一炉都有一批工种完整的铸钱匠人，为首的称"炉头"。钱炉后来演变成表述铸钱规模的名词。

2.13　卯（mao）　指官府铸钱机构的开铸期限，以一期为一卯，后来演变为一期铸钱的数额，且数量有变化。历史上曾有每卯定额铸钱"12，880，000文""四千串"等不同数额的规定。

2.14　官铸（official coin casting）　官府铸钱机构铸造钱币，所铸钱币符合官方规定的标准。如上林三官铸钱等。明清时期，官府钱局往往私下铸造轻小钱币混入流通，属官方非法铸造，称"局私"。

2.15　私铸（private coin casting，illegal coin casting）　非官方铸造钱币。在政府允许民间铸钱时，私铸钱币只要达到官府规定的标准就是合法的；在铸币权收归官府，不允许民间铸钱时，私铸就是非法的，也称"盗铸"。

3. 铸钱合金、材料和工艺
（coin casting alloy，coin casting materials and coin casting process）

3.1 铸钱合金（coin casting alloy） 具有适当的钱币铸造性能，用于生产钱币铸件的合金。

3.1.1 青铜钱（bronze coin） 中国古代铜、铅、锡三元合金的铸币。中国青铜铸币从东周一直延续到明朝后期（嘉靖时期）。

3.1.2 黄铜钱（brass coin） 中国古代铜、锌二元合金的铸币。明朝嘉靖、万历时期开始铸造黄铜钱。

3.1.3 铁钱（iron coin） 中国古代特定历史时期、特定地域或政权铸行的铁质钱币，民间私铸也铸造铁钱。铁钱价值较低，不利于商贸往来和经济发展。

3.1.4 铅钱（lead coin） 中国古代特定历史时期、特定地域或政权铸行的铅质钱币，民间私铸也铸造铅钱。铅钱价值较低，不利于商贸往来和经济发展。

3.2 铸钱材料和工艺（coin casting materials and coin casting process）

3.2.1 熔炼（smelting） 通过加热铸钱金属由固态转变为液态，并通过冶金反应去除金属液中的杂质，使其温度和成分达到铸钱要求的过程和操作。

3.2.2 熔炼损耗【熔损】【烧损】（melting loss） 金属炉料在熔炼过程中，由于蒸发、氧化和扒渣时带走液态金属，所造成的损耗。

3.2.3 铸造性能（castability） 铸钱金属在铸造成形过程中获得外形准确、内部健全铸件的能力。

3.2.4 坩埚（crucible） 是熔化和精炼铸钱金属液体的容器，是重要的铸钱器具装备，中国古代主要采用可塑性的耐火黏土来制作坩埚。

3.2.5 炉料（charge） 加入坩埚中的铸钱合金块。

3.2.6 回炉料（foundry returns） 铸钱过程中作废的钱币铸件、浇道柄等废金属送回坩埚重熔的炉料。

3.2.7 浇注系统（gating system, running system） 是铸范、铸型中熔融液态金属进入范腔、型腔的通道之总称，基本组元有：浇口杯、直浇道、横浇道和内浇道等。

3.2.8 浇注（pouring） 将熔融金属从坩埚、浇包注入铸范、铸型的操作。

3.2.9 浇口杯（pouring cup） 漏斗型外浇口，单独制造或直接在铸型内形成，成为直浇道顶部的扩大部分。

3.2.10 直浇道（sprue） 浇注系统中的垂直通道。将熔融金属从浇口杯引入横浇道和内浇道；提供足够的压力，使金属液在重力作用下克服沿程阻力在规定的时间内充满钱币铸范、铸型。直浇道的大小会影响金属液的流动速度和填充时间。

3.2.11　横浇道（runner）　浇注系统中连接直浇道和内浇道的水平通道部分。古代铸钱是较为简单的铸造工艺，浇注系统也较为简单，一般仅有直浇道和内浇道，很少有横浇道的设置。

3.2.12　内浇道（ingate）　浇注系统中引导金属液进入钱币铸范、铸型（砂型）的部分。内浇道是液态金属进入铸范范腔、铸型型腔的最后一段通道，主要作用是控制金属液充填铸范、铸型的速度和方向，调节铸范、铸型各部分的温度和钱币铸件的凝固顺序，并对钱币铸件有一定的补缩作用。

3.2.13　范腔（mold cavity）　范铸法铸钱中，铸范中的空腔部分，主要包括钱腔和浇道，浇注后形成钱币铸件。

3.2.14　型腔（mold cavity）　翻砂法铸钱中，铸型中的空腔部分，主要包括钱腔和浇道，浇注后形成钱币铸件。

3.2.15　钱腔（coin cavity）　范腔、型腔中浇注后形成钱币本体的空腔部分。

3.2.16　浇注温度（pouring temperature）　金属液浇注铸范、铸型时测定的温度。

3.2.17　流动性（fluidity）　金属液本身的流动能力。

3.2.18　充范（mold filling）　范铸法铸钱中，熔融金属液通过浇道向铸造范腔中充填的过程。

3.2.19　充型（mold filling）　翻砂法铸钱中，熔融金属液通过浇道向铸造型腔中充填的过程。

3.2.20　充范能力（mold filling capacity）　范铸法铸钱中，熔融金属液充满铸范范腔，获得轮廓清晰、形状准确的钱币铸件的能力。

3.2.21　充型能力（mold filling capacity）　翻砂法铸钱中，熔融金属液充满铸型型腔，获得轮廓清晰、形状准确的钱币铸件的能力。

3.2.22　充范速度（filling speed）　范铸法铸钱中，铸钱金属液由内浇道进入范腔的线速度。

3.2.23　充型速度（filling speed）　翻砂法铸钱中，铸钱金属液由内浇道进入型腔的线速度。

3.2.24　凝固（solidification）　铸钱液态合金温度下降到熔点以下时发生的从液态转变为固态的过程。

3.2.25 收缩（contraction） 铸钱合金从液态凝固和冷却至室温过程中产生的体积和尺寸缩减。

3.2.26 拔模斜度【起模斜度】（pattern draft） 在范铸法铸钱中，为使泥范从金属范母（阳模）中取出，平行于起模方向在范母（阳模）壁上的斜度。在翻砂法铸钱中，为使母钱侧边和直浇道模容易从铸型中脱离，平行于起模方向在母钱侧边和直浇道模壁上的斜度。

3.2.27 起模性（liftability） 在范铸法铸钱中，范泥对起模（脱模）过程的适应能力。在翻砂法铸钱中，型砂对起模过程的适应能力。通常用型砂韧性表示其起模性。造型材料的起模性好，造型操作方便，制成的砂型形状准确、轮廓清晰。

3.2.28 透气性（permeability） 在范铸法铸钱中，熔融金属液浇入钱范后，钱范内充满大量气体，这些气体必须由铸范内顺利排出去，钱范这种能让气体透过的性能称为透气性。陶范因材质、加工等的不同显示出不一样的透气性，石范和金属范本体几乎没有透气性，石范和金属范可以通过设置排气道或与陶范组合等方式来改善透气性。在翻砂法铸钱中，高温金属液浇入钱币铸型后，型内充满大量气体，这些气体必须由铸型内顺利排出去，型砂这种能让气体透过的性能称为透气性。否则将会使铸件产生气孔、浇不足等缺陷。铸型的透气性受型砂的粒度、黏土含量、水分含量及砂型紧实度等因素的影响。砂的粒度越细、黏土及水分含量越高、砂型紧实度越高，透气性则越差。

3.2.29 耐火性（fire resistance） 在范铸法铸钱中，熔融的高温金属液体浇入后对铸范产生强烈的热作用，钱范抵抗高温热作用的能力即耐火性。在翻砂法铸钱中，高温金属液体浇进后对铸型产生强烈的热作用，型砂具有的抵抗高温热作用的能力。如造型材料的耐火性差，铸件易产生黏砂。型砂中二氧化硅含量越多，型砂颗粒越大，耐火性越好。

3.2.30 退让性（deformability, yieldability） 翻砂法铸钱中，钱币铸件在冷凝时，体积发生收缩，型砂应具有一定的被压缩的能力，称为退让性。

3.2.31 溃散性（collapsibility） 翻砂法铸钱中，钱币铸件浇注并凝固后，砂型被打碎的难、易程度，也叫除砂性。

4. 范铸法铸钱（coin casting with hard molds）

4.1 块范竖式铸钱（vertical coin casting with block molds） 两两相合的块状钱范竖直浇铸的铸钱工艺。范铸法铸钱按范型材质可以分为"陶范铸钱""石范铸钱""金属范铸钱"和"模印范竖式铸钱"四种类型。

4.1.1　陶范铸钱（coin casting with clay molds）　两两相合的陶范竖直浇铸的铸钱工艺。中国古代东周时期的空首布就采用了陶范铸钱工艺。

4.1.2　石范铸钱（coin casting with stone molds）　将刻制的石范两两扣合竖直浇铸的铸钱工艺。

4.1.3　金属范铸钱（coin casting with metal molds）　先刻制石质祖模（阴文），模印出泥质母范（阳文），经阴干焙烧成陶母范后，再浇铸出金属范（阴文），最后用金属范铸钱的工艺。金属范的材质主要有青铜范和铁范两种。

4.1.3.1　石质祖模（stone pattern，stone model）　先选择石板刻制出拟铸造的金属范的样子，是制作金属范的第一步。

4.1.3.2　陶母范（pottery mold for casting metal mold）　将刻制好的石质祖模压印出泥质母范，经阴干焙烧成陶母范。陶母范钱文为阳文，但不是模，陶母范是直接承接熔融金属液的，在铸造学上的本质是铸。陶母范是铸造金属范的陶范，所铸金属范再来铸钱，是金属范之母，故称母范，以区别于直接铸钱的钱范。

4.1.3.3　金属面范（metal face mold）　官式金属范铸钱一般采用金属面范和陶背范的组合，金属面范包括主要的钱腔和浇道，金属面范结实精致，可多次重复使用，所铸钱币形制精整。

4.1.3.4　陶背范（pottery back mold）　官式金属范铸钱一般采用金属面范和陶背范的组合，陶背范主要是钱腔背部外缘和内郭的部分，采用陶背范可提高铸范的透气性。陶背范一般分为粗砂范体层和细料范面层两部分，由黏土细砂构成的范面层可保证铸钱的规整光洁，粗砂范体层可保证陶范不变性，并有良好的透气性。

4.1.4　模印范竖式铸钱（vertical coin casting with embossed clay molds）
先制作出金属范母（阳模），再用范母将省练好的泥料压印出阴文的泥范，泥范扣合好后，阴干焙烧成陶范，浇注时，陶范竖立放置，每一对陶范共用一个直浇道的铸钱工艺。模印范竖式铸钱工艺，是中国古代块范铸钱时期出现的一种较为特殊的铸钱技术，压印泥范似叠范铸钱，但扣合的钱范却又竖直浇铸，且仅一对陶范共用一个直浇道。金属范母按材质主要有铜范母和铅范母两种。

4.1.5　合范符（mark of fit molds）　为保证一组面范和背范两两扣合准确，在面范和背范范面对应的位置往往刻制出同样的符号，以保证是正确的一组面背范；并在相合的钱范侧面刻出几道贯通的直线，以保证面范和背范扣合准确。这种范面和范侧刻制出的用以保证合范准确的符号和直线，称合范符。合范符多出现在陶范铸钱和石范铸钱工艺中。

4.1.6 范芯【陶芯】（pottery core） 中国古代，在铸造空首布时，为铸造空首布的空銎，先用陶土制成内芯，安放在范腔内部的铸范组元。

4.1.7 范夹【范箍】（molds clip） 范铸法铸钱时，为保证两两扣合的钱范夹紧，在扣合的钱范侧面用铁夹、绳箍等工具夹紧，以避免涨范、跑火。这种夹紧钱范的工具称范夹、范箍。

4.2 叠范铸钱（coin casting with overlaped pottery molds） 先以金属范母（阳模）翻印出众多泥质范片，层层正背相叠平放，再外糊草拌泥形成范包，并在阴干焙烧后共用一个直浇道垂直分层浇铸钱币的铸钱工艺。叠范铸钱实际上是一种模印范层叠式浇铸的铸钱工艺。

4.2.1 金属范母【金属阳模】（metal pattern，metal model） 由专门制作的陶母范浇铸而成，经修整后模印泥范片组成叠铸范包。金属范母钱文是阳文的，用来压印阴文的铸钱用范片，是范片之母，称"范母"。出土的金属范母实物背面有"母一""母二""新母"等字样。金属范母按材质主要有铜范母和铅范母两种。

4.2.2 范片（embossed thin clay mold） 叠范铸钱中，由金属范母（阳模）压印出的阴文的泥质片状钱范。阴干焙烧后称陶范片。

4.2.3 范包（clay molds group） 叠范铸钱中，由金属范母压印出的阴文的泥范片重叠成柱状体，外糊草拌泥，顶部设置出浇口杯，阴干焙烧后可浇注金属液的陶范集合体。浇铸后敲碎范包可见立体钱树。

5. 翻砂法铸钱（coin casting with sand molds）

5.1 翻砂【造型】（molding） 用型砂、模样等材料工具制造砂型的方法和过程。

5.2 母钱翻砂（molding with pattern coins） 用型砂、母钱、浇道模等材料工具制造铸钱砂型的方法和过程。翻砂法铸钱的核心就是母钱翻砂。

5.3 钱样（coin sample） 铸造钱币之前，刻制出拟铸钱币的样子，供主管官员审核。清代铸钱局的钱样是用洁净细腻的象牙刻制的，由钱法堂侍郎鉴定。

5.4 祖钱【雕母】（grandfather coin，carved coin as pattern） 明清铸钱，钱样被选定后，便依样用精炼铜雕刻成祖钱，钱币收藏界多称为"雕母"。祖钱未被采用前，其中间方形穿口没有完全凿开，俗称"金口未开"；祖钱一旦被采用，便由铸钱局指定专门工匠凿开，俗称"开金口"，用来制作母钱。

5.5 母钱（coin as pattern） 用开金口的祖钱经过精细翻砂铸造而成。母钱形制规整、地章光洁、字口清晰。母钱是翻砂铸钱的母模，用来翻制大量的流通钱币。

5.6　样钱（sample coin）　中央政府给各地铸钱机构发放的标准铸钱，作为各地铸钱的标准样式。各地铸造钱币也要定期上呈中央以备审核，各地上呈的铸钱也称样钱。

5.7　流通钱（coin）　历朝铸行的用于流通的普通铜钱，以区别于祖钱、母钱和样钱等。

5.8　制钱（official coin）　明清时期官府铸行的铜钱的称谓，以区别于前朝留下的旧钱和本朝私铸钱。

5.9　直浇道模（sprue pattern）　与母钱一起放置在平整的砂型表面，用来翻印出直浇道。

5.10　型砂（molding sand）　是母钱翻砂法铸钱的范型材料，与传统范铸法中的陶范、石范、金属范等硬范相比，属于软范、软型，可以打碎重复使用，降低了生产成本，提高了铸钱效率。型砂分天然型砂和混合型砂，天然型砂是天然沉积的含有适量黏土的硅砂；混合型砂是按一定比例混合的造型材料，经过混制，符合造型要求的混合料。

5.11　砂型【铸型】（sand mold）　用型砂制成的铸型。

5.12　砂箱（flask，molding box）　是容纳和支承砂型的硬框，是构成铸型的一部分。

5.13　砂舂（sand rammer）　手工翻砂时，舂实砂箱内型砂用的手动工具。

5.14　舂砂（ramming）　翻砂造型时，用砂舂将填入砂箱的型砂上下垂直舂紧压实的操作。

5.15　刮刀【拨砂刀】【镘刀】（scraper）　一端或两端带有平板形、尖形或圆弧形薄硬片的拨砂修型工具，主要用于刮通直浇道和钱腔之间的内浇道，钱腔与钱腔之间的内浇道。

5.16　起模（stripping）　使母钱、浇道模与砂型分离的操作。

5.17　合型【合箱】[mold assembling，closing（sand molding）]　将铸型的各个组元如上型（上箱）、下型（下箱）等合成一个完整铸型的操作。

5.18　充型（mold filling）　铸造过程中熔融金属液通过一定的流动通道向铸造型腔中充填的过程。

5.19　分型面（mold joint，mold parting，parting face）　为了使母钱及直浇道模能从铸型中顺利取出，将铸钱型腔以面的形式分出上下两个砂型（砂箱），砂型分离的面称为分型面。

5.20 开箱（opening） 砂型浇注后，待钱币铸件冷至落砂温度时，将上下砂箱打开的操作。

5.21 钱树（coins tree） 在翻砂法铸钱中，浇铸完成后开箱取钱，首先得到的树枝状的钱币铸件。钱树保留了完整的浇道铸柄和毛坯钱币。

5.22 看火（watch fire, smelting metal） 熔炼铸钱合金熔液工序的操作。古代负责看火工序的匠人称看火匠。

5.23 锉边（file the edge of the coin） 锉掉钱币边缘残余的铸柄和飞翅的操作。

5.24 滚边【镟边】（grind the edge of the coin） 用方条将钱币串在一起，整体旋转打磨钱币边侧的操作。古代负责滚边和锉边工序的匠人称滚锉匠。

5.25 磨钱（grind the surface of the coin） 打磨钱币正面和背面的操作。

5.26 洗眼（file the square hole of the coin） 锉磨修整钱币方形穿口的操作。古代负责磨钱和洗眼工序的匠人称磨洗匠。

5.27 刷灰【清砂】（cleaning） 刷除清洗粘附在钱币地章表面上残灰和细砂的操作。古代负责刷灰工序的匠人称刷灰匠。

6. 铸造缺陷（casting defect）

6.1 铸造缺陷（casting defect） 铸钱生产过程中，由于种种原因，在所铸钱币表面和内部产生的各种缺陷的总称。

6.2 飞翅【飞边】【流铜】（joint flash, fins） 浇注时，熔融金属渗入钱范分范面或砂型分型面的间隙而形成的薄片状金属突起物，形似"飞翅"。钱币收藏界多称该缺陷为"流铜"。范铸法铸钱和翻砂法铸钱都可能出现这种缺陷。

6.3 脉纹（veining, finning） 由于钱范（特别是陶质钱范）或铸钱砂型出现龟裂，浇注的熔融金属液渗入其中，形成不规则线状、枝杈状、网脉状突起物。范铸法铸钱和翻砂法铸钱都可能出现这种缺陷。

6.4 掉砂（crush, drop） 由于砂型的局部损坏，导致所铸钱币局部多肉。母钱翻砂时，母钱表面有时会粘掉砂型表面的砂粒，也会造成所铸钱币局部多肉。

6.5 拔砂过度（scraping sand too deep） 翻砂铸钱过程中，在拔通直浇道和钱腔之间的内浇道或钱腔和钱腔之间的内浇道时，由于拔砂过深导致所铸钱币相关部位局部增厚。是翻砂铸钱独有的铸造缺陷。

6.6 涨范【抬范】（cope raise, raised mold, swelling） 范铸法铸钱中，

由于熔融金属液的浮力使扣合不紧的钱范局部或全部撑开抬起，金属液进入钱范间隙，在分范面上发生平板状突起，造成所铸钱币厚度增加。

6.7　涨箱【抬箱】(cope raise，raised mold，swelling)　翻砂铸钱时，由于金属液的浮力使扣合不紧的砂箱、砂型局部或全部撑开抬起，金属液进入砂箱、砂型间隙，在分型面上发生平板状突起，造成所铸钱币厚度增加。

6.8　气孔 (blowhole, gas cavaity)　在所铸钱币表面或钱肉内由气体形成的内表面光滑的孔洞类缺陷，是由于浇注温度低，陶范、砂型透气性不好，陶范、砂型发气量大等原因造成的。

6.9　缩孔 (shrinkage cavity)　在所铸钱币最后凝固部位出现的较大的收缩孔，本质上是由于补缩不充分引起的。在厚断面处或壁厚变化大的部位的表面或内部发生，铸件表面产生凹陷或孔洞。

6.10　缩陷 (depression)　在凝固速度慢的部位形成的浅的凹陷，往往出现在所铸钱币厚断面处的上表面。中心部厚断面处冒口的补缩作用不够而产生收缩。

6.11　冷隔 (cold lap, cold shut)　熔融金属合流处的铸造钱币表面出现隔缝，冷隔缝与表面垂直，边缘带圆角。缺陷位置一般出现在所铸钱币的宽大表面、低温金属流汇合的部位。原因有金属流的前沿温度过低、两股金属流不完全熔合或完全不熔合；浇注速度低，金属液停流；浇注温度低，金属液合流处不熔合；陶范、砂型透气性差，范型内气体压力高等。

6.12　浇不足【浇不到】(misrun)　铸造钱币残缺或轮廓不完整。常出现在远离浇口的部位及薄壁处。浇不足缺陷的成因有浇注温度过低，熔融金属的流动性和填充性差，铸造钱币的内浇道截面过小，钱范、砂型的排气不充分等。

6.13　未浇满 (poured short)　铸件上部产生缺肉，其边角略呈圆形，浇冒口顶面与铸件平齐。

6.14　跑火 (bleeding from parting，run-out from parting)　因浇注过程中金属液从分范面、分型面处流出而产生的铸造钱币分范面、分型面以上部分严重凹陷和残缺。有时会沿未充满的范腔、型腔表面留下类似飞翅的残片。

6.15　错范 (shift)　范铸法铸钱时，由于合范时错位，铸造钱币在分范面错开，钱币正背轮廓不在一个同心圆上，呈上下交错状。

6.16　错箱【错型】(shift)　翻砂法铸钱时，由于合箱、合型时错位，铸造钱币在分型面错开，钱币正背轮廓不在一个同心圆上，呈上下交错状。

6.17　舂移 (ram away，ram off)　在舂压叠铸范片或舂砂过程中，泥范局部偏离范母或砂型局部偏离模样造成的缺陷。

后　记

　　2002 年，当我着手开展"中国古代范铸法铸钱工艺模拟实验研究"课题时，就计划要写一本铸钱工艺方面的著作；2006 年，在"蚁鼻钱铸造工艺模拟实验研究"课题结项后，就打算启动书稿。后来，因馆里不断有新的工作安排，就耽搁了下来，这一搁就是十多年过去了。十多年来，尽管我在全国钱币学会的学术会议上、秘书长培训班上和一些高校、文博系统的讲座中经常讲授中国古代铸钱工艺研究方面的内容，但著书一事一直未能如愿以偿。近年来，随着钱币界和科技史界同仁好友的呼吁加敦促，终于下定决心来完成这一夙愿。但当我伏案撰稿时，常常因颈椎旧疾不能如意行文、达意成稿，好在得到了孟祥伟、杨君、陈旭诸君的相助，他们都为本书的完成做了不少工作。

　　本书基本按照我十多年来研究青铜范铸与铸钱工艺的体系脉络和内容完成。陈旭同志加入后，又拓展了齐国刀币铸造工艺及相关钱范辨析方面的内容；杨君同志专门草拟了中国古代铸钱工艺方面的名词术语篇章，这是一项我一直想做而未做的工作；孟祥伟同志日常工作上进，加入此项工作后，投入了不少时间和精力来协助我完稿统稿补缺。然而，尽管此书可谓是十五年甚至是二十年磨出的剑，但正如我在序言中所述，还有不少不尽如人意的地方。无论是陶范铸造、铜范铸造还是翻砂工艺，都还有一些工艺细节有待业内同仁与后学将来做进一步的工作；而书中存在的不足与错误，还望业内同好不吝批评指正。

本书在出版过程中，科学出版社的孙莉与董苗女士给予了积极支持，并为之付出了辛勤劳动，在此一并致以诚挚的谢意。

周卫荣

2021 年 12 月 28 日

1.山东临淄出土刀币陶范

2.耸肩尖足空首布陶范（中国钱币博物馆藏）

3.河南新郑郑韩故城出土空首布陶范

图版二

1. 半两钱石范　　　　　　　2. 郡国五铢钱石范（中国钱币博物馆藏）

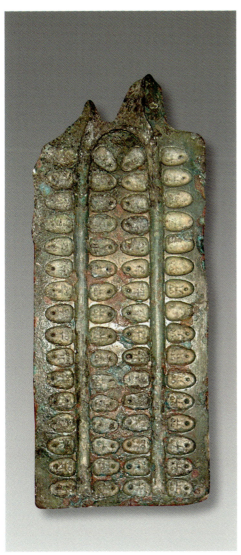

1. 蚁鼻钱铜范（安徽省繁昌县博物馆藏）　　2. 蚁鼻钱铜范（安徽省繁昌县博物馆藏）

1.蚁鼻钱铜范（上海博物馆藏）　　　　2.大布黄千铜范（中国钱币博物馆藏）

1.五铢钱铜范

2.五铢钱铜范（中国钱币博物馆藏）

3.五铢叠铸陶范包（中国钱币博物馆藏）

4.南朝"萧梁"公式女钱叠铸陶范包
（中国钱币博物馆藏）

图版六

1. 半两钱叠铸铜范母

2. 半两钱叠铸铜范母

3. 大泉五十叠铸铜范母

4. 大布黄千叠铸铜范母（中国钱币博物馆藏）

1.陕西宝鸡出土乾元重宝钱树

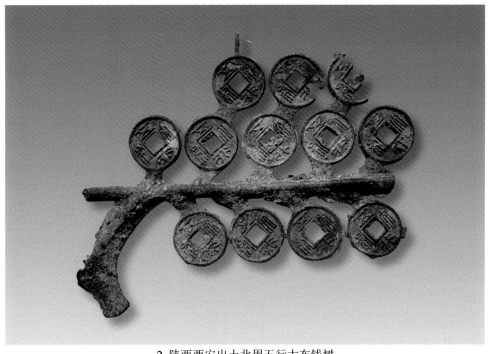

2.陕西西安出土北周五行大布钱树

1.齐刀币叠铸铜范母赝品

2."安阳、戈邑"布币铁范赝品

3.卢氏空首布铜范赝品

1. 光面范坯

2. 刻线范坯

1. 半成品刀范

2. 成品刀范

1. 五铢铜母范

2. 五铢铜母范

图版一二

1.半两铜母范

2.铜贝陶范（中国钱币博物馆藏）

3.安阳布石范

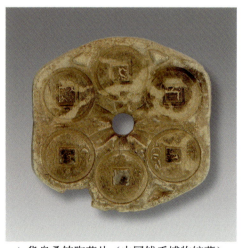

4.货泉叠铸陶范片（中国钱币博物馆藏）